깊은 호흡이, 자신의 내면의 감정을 내어준다.

ㄱ

감사 12

괴로움 26

ㅁ

무기력 42

미련 56

믿는다 66

ㅂ

받아들인다 78

배려 94

불만 110

불안 130

ㅅ

사랑 146

솔직하다 166

ㅇ

여유 182

열정 200

의심 220

이해 238

ㅈ

자존심 254

자책 270

즐거움 280

질투 294

집착 310

짜증 330

ㅍ

편안하다 348

ㅎ

행복 362

희생 376

프롤로그

**'나의 감정'은,
이 세상에서 단 한 사람만이 온전히 가질 수 있다.**

모든 사람이 감정을 가지고 있고 느끼고 있지만, 그 누구도 온전히 내 것과 똑같은 감정을 느끼거나 가질 수는 없다. 나만이 가진 나의 감정을 스스로 숨기고자 하는 것도, 드러내고자 하는 것도, 더 알고 싶어 하는 것도, 더 알고 싶어 하지 않는 것도, 모두 내가 선택할 수 있는 것이었다.

내 안의 나를 느끼는 건, 모두 나의 감정이 보내주는 신호가 기준이 된다. 감정은 보통 나에게 일어나는 일 중에 '마음에 걸리는 일'을 통해 불편하게 느끼고 있다는 신호를 보내고 눈치챌 수 있게 했었다. 그 신호 자체가 불편하고 어렵기만 했던 나는, 무언가를 더 열심히 해야 한다는 신호로 알아듣기도 하고, 누군가를 위해 더 노력해야 한다는 신호로 알아듣기도 했다. 그게 나의 감정을 마주하라는 신호로 전달되기까지는 나에게도 긴 시간이 필요했다.

마음에 걸리는 일이 아니더라도, 나에게서 시작되고 있는 모든 일을 나의 감정에서부터 느껴가며 그 일에 대해 다른 누군가가 알려주는 답이나 감정이 나에게도 알맞은 정답이나 감정이 되는 것이 아니라는 것을, 내 안의 나는 계속해서 여러 느낌과 감정을 통해 신호를 보내주고 있다.

무엇인지 알 수 없었던 나의 감정의 문을 열고 알게 되면서, 나는 더 많은 누군가를 만나 내가 알게 된 것을 전할 수 있었고, 그 모든 순간에 나는 내가 할 수 있는 모든 것을 했다. 그 시간을 통해, 나의 감정 이외에도 더 많은 누군가의 감정이 움직이는 것과 그 감정이 어떤 길을 지나가고 어떤 선택을 하게 하는지를 모두 마주할 수 있었다.

그때, 나는 나의 감정과 다른 누군가의 감정이 다르다는 것도, 누군가의 감정이 나의 감정과 다른 길을 갈 수 있다는 것도 알게 되면서 내 안 더 깊은 곳에 숨어 있던 감정을 마주하고 정리할 수 있었다. 그리고 자신의 감정에 따른 선택을 하는 사람들을 보면서, 나도 나의 감정이 이끄는 새로운 길을 정할 수 있었다.

내가 나의 감정을 아는 것을 선택한 순간부터, 지난 9년간 만나왔던 3,000여 명의 누군가와 내가 만나면서 느꼈던 감정과 내가 마주한 나의 감정을 이 책에 모두 담아내기로 했다. 이 책을 빌어 긴 시간 마주했던 감정을 담아내면서, 내 안 깊은 곳에 숨어 있던 더 많은 감정을 깊게 들여다보는 시간을 가졌고, 쓰고 싶은 48개의 감정 중 24개의 감정을 추려 담아내는 것에 나의 모든 에너지를 쏟았다.

내 안에서 좋은 감정과 좋지 않은 감정을 나누는 것이 느껴지거나 감정에 대해 그럴듯하게 꾸며내려고 하는 내가 나오면, 그 감정은 내 안에서 모습을 숨기고 내 안의 나는 그 감정을 그대로 알려주는 것을 멈춰버렸고, 그 시간만큼 이 책도 멈출 수밖에 없었다.

모든 것을 멈추고, 깊은 수면 아래에 숨어 있는 나의 감정을 마주하고 내 안에 숨어든 감정을 다시 수면 위로 불러들이기를 계속했다. 24개의 나의 감정에서 느껴졌던 것을 어느 것 하나 놓치지 않고 나서야, 나는 비로소 수면 위로 올라와 이 책을 마무리하며 긴 숨을 내쉴 수 있었다.

이 책의 어느 감정 하나 쉽게 쓰여진 구석이 없다. 처음 시작할 때부터 끝날 때까지 과거의 나와 지금의 내가 느꼈던 모든 느낌과 감정을 곤두세워, 그 농도 그대로를 담아내기 위해 만 2년의 시간을 사용하게 했다. 책 '감정'은 감정을 마주하고 싶은 '나'를 위해 시작했고, 감정을 마주하고 싶은 '모두를 위해서'로 끝을 맺을 수 있었다.

감정의 이름만 간략하게 줄지어 두거나, 어려운 단어는 모두 피했다. 감정을 분류하고 분석하는 것에 있어서는 이미 더 잘해 온 누군가가 있다고 생각하기에, 이 책은 감정에 대해 다른 시선과 다른 느낌을 느낄 수 있는 것만으로도 그 역할은 충분하다고 생각한다.

나는 나의 감정이 움직이고 전하고자 하는 것을 생생하게 마주하고 지켜보면서, 자신의 감정을 더 알고 싶어 하는 수많은 누군가에게 전하고 싶었다. 나와 비슷하게도, 그 감정들을 알고 싶지만 무엇이든 속으로 욱여넣고 탈이 난 누군가가 있다면, 나를 느끼는 길 중에는 이런 길도 있을 수 있다는 것을 전하고 싶었다.

이 책을 쓴 나 역시, 여러 감정이 찾아올 때마다 내기 마주했던 감정을 담은 이 글을 가까이 두고 내 감정이 숨어들려고 하는 게 느껴질 때마다, 내가 마주한 감정의 의미와 감정이 보내오는 신호를 제대로 아는 것을 선택하는 것에 도움을 받고 있다. 나의 감정들이 나에게 전해주려는 것을 나를 위해 어떻게 사용하고 싶은지는 나의 선택에 달려 있다. 나는 나의 감정을 내가 앞으로 걸어갈 길에 만나게 될 수많은 순간과 누군가를 나의 마음 깊은 곳에서부터 느끼는 것에 사용하려 한다.

"이 책을 만나는 모든 누군가에게"

모든 감정을 한꺼번에 마주하고 알기 위해, 이 책을 단숨에 읽는 것을 추천하고 싶지는 않다. 되려, 스스로의 감정을 알고 싶지 않다고 느끼거나 자신의 느낌이나 감정을 느끼는 것에 방해가 된다면, 이 책을 바로 덮는 것을 추천한다.

마주하고 싶지 않거나 불편하다고 느껴진다면, 그 또한 내 안에 있는 내가 나를 느끼게 하는 신호를 보내는 중이니 그 신호를 느끼는 것이 더 중요하다. 어떤 것이든 내 안의 나에게 억지로 욱여넣는 것은 나의 감정을 위한 것이 될 수 없다.

내가 한번 느끼기 시작한 감정은 내 안에서 절대 도망가지 않는다. 그 감정은 내가 마주하고 싶을 때까지 내 안에서 나를 기다려주고, 내가 마주하는 선택을 할 때까지 나를 위해 신호를 보내주고 있다. 감정이 보내주는 신호를 내가 진심으로 알고 싶어 할 때, 나의 감정은 그동안 걸쳐왔던 그럴듯한 옷을 무겁게 느끼거나 나의 어딘가가 크게 어긋나 있음을 알려준다. 그 순간이 내가 감정을 마주하기 가장 좋은 타이밍이 와주었음을 알게 하는 신호다.

앞으로 나에게 다가올 모든 감정이 나와 그 길을 끝까지 함께하며, '나'라는 사람을 이루는 의미가 되어주는 존재라는 것을 느낀다면,

모든 선택의 준비는 끝이 난다.

감사는

내 안 깊은 곳에서 나에게

그리고 누군가에게 전해지는 감정이다.

감사는 주고받는 상황에 애쓰기 시작하면, 누군가를 탓하는 마음도 함께 전해지는 감정이었다.

감사를 전할 때, 나의 감사를 알아주길 바라는 마음을 함께 담아 전하면 그 감사는 전하려는 누군가에게 감사가 아닌 다른 느낌으로 전해져 감사를 통해 무언가를 받아내려는 사람으로 느껴지게 했고, 감사를 전하거나 받는 것에 서로 집착할수록, 감사는 자연스러움을 잃고 그동안의 좋았던 시간마저 잊게 해 등을 돌리고 서로를 탓하게 하는 감정이 되어버리기도 했다.

내가 기대하지 않은 것을 받았을 때는 내가 받은 것을 당연하게 느끼지 않는다. 하지만 내가 기대했던 것이 기대한 만큼 돌아오지 않으면 그동안 감사했던 모든 것이 순식간에 탓이 되기도 쉬운 감정이 바로 감사가 가진 두 얼굴이었다. 내가 기대한 것만큼 감사가 돌아오더라도 그 감사에 나는 점점 익숙해져 감사가 가진 또 다른 얼굴을 쉽게 잊어버리고 듣기 좋은 감사가 주는 것에 내 마음까지 휩쓸려가기 쉬웠다.

듣기 좋은 감사에 취해 있는 동안에는, 그 감사가 상황이 변하거나 누군가의 기대에 맞추지 못하면 나에게 탓으로 돌아올 거라고 생각하지 못하고, 나에게 왔던 감사가 나의 탓이 되고 내가 감사했던 마음도 내 안에서 누군가를 향한 탓으로 변하기 시작하면서 감사가 나에게 준 기쁨이 한순간에 큰 아픔이 될 수도 있다는 것을 감사에 휩쓸리고 있던 나는 알지 못했었다.

감사를 누군가에게 기대할수록 내가 기대한 만큼 돌려받고 누군가가 기대하는 만큼 돌려줘야 한다는 생각에 사로잡히게 해 감사가 주는 느낌은 사라지고 서로의 체면을 살리기 위한 도구가 되어, 서로 감사를 주고받으려 할수록 감사가 품고 있는 덫에 걸리고 서로가 주고받았던 감사에 탓이 섞여 결국 마음에서도 점점 더 멀어지게 했었다.

처음에 감사했던 마음이 희미해져 가고, 주고받는 것이 당연해지기 시작하면 서로가 기대한 만큼 더 받지 못하는 것에 대해 생각할수록 미묘하게 사이가 벌어지고 보이지 않는 곳에서 탓이 섞인 감정을 주고받으면서도 누군가에게 감사를 기대하는 마음을 놓지 못했었다.

나에게 감사라는 감정은, 나에게 어떤 순간에는 기대하지 않았던 큰 기쁨을 느끼게도 어떤 순간에는 생각지 못한 큰 아픔을 느끼게도 했었다. 기대하지 않았던 순간에 감사가 느끼게 했던 기쁨은 나를 다시 돌아볼 기회를 주었지만 생각지 못한 아픔을 주었던 감사는 내 안이 불만으로 가득 차오르게 해 내 안의 감사도 누군가를 향한 탓으로 변하게 했었다.

큰 아픔을 느끼게 한 감사는 돌아보면 그 감사를 받는 그 순간에도 오고 가는 말과 행동이 순수하지 않았다. 서로에게 기대하는 것이 있고 그것을 얻기 위해 감사를 사용했고 감사를 느끼기보다 감사를 통해 오고 가는 다른 것이 감사 대신 그 자리를 차지하고 있었다. 김사가 나에게 누군가가 기대하는 것을 얻고 나를 옭아매기 위해 사용하는 감정이 되는 순간부터 나는 감사를 제대로 느끼려 하지 않았고 감사가 순수한 감정이 될 수 없다고 생각하며 감사라는 감정 안에는 많은 탓과 다른 감정들이 숨어들어 서로를 피곤하게 하는 감정이라 느꼈다. 내 안 깊은 곳에 어떤 울림도 주지 못하는 감사를 나는 제대로 마주하려 하지 않았고 그렇게 나는 감사하는 것을 자주 잊기 시작하면서 무언가를 해내고 싶어 하는 스스로에게 감사를 보내는 것도 함께 잊어버렸다.

나는 감사라는 감정을 나의 편의대로 쓰기 시작하면서, 누군가가 머무는 위치나 자리에 따라 내 안에서 감사하는 마음의 크기가 변하는 것과 사라지는 것을 지켜보고 있었고, 누군가가 감사를 사용해 나에게 기대하는 것을 얻고 난 뒤, 기대한 만큼 더 주지 못하는 나를 탓하는 마음도 지켜봤다.

내 안에 열정이 방문하면서 나는 내가 하고 싶은 일을 해내기 위해 애쓰기 시작했고 그 일을 하는 누군가에게 감사하다는 말이나 행동을 받을 기회는 더 많아졌다. 감사가 나의 가치를 올려주는 감정이 되고 나를 인정받고 있다는 것을 가장 크게 느끼게 하는 감정이라는 것을 알게 된 순간부터 나에게 오는 감사가 끊이지 않게 하기 위해, 나는 최선을 다해 모든 일을 누군가가 기대했던 이상의 결과를 내기 시작했다. 썩 내키지 않는 일과 하고 싶지 않은 일도 감사를 통해 느껴지는 인정을 받기 위해 눈앞에 주어진 일에 모든 에너지를 쏟게도 했지만 이상하게도 내 안의 에너지는 점점 고갈되어 가기 시작했고 누군가의 기대를 뛰어넘거나 맞추기 위해 하고 있는 일들은 나에게 감사가 아닌 더 큰 탓이 되어 나에게 돌아오기 시작했다. 나는 그 탓들을 다시 감사로 돌리기 위해 '내가 무엇을 원하는지'보다 나에게 감사를 줄 '사람들이 무엇을 원하고 기대하는지'를 느끼려 애를 썼고 그럴수록 내 안의 나도 다른 누군가가 나를 탓하는 것보다 더 많은 탓을 나에게 쏟아내기 시작했다.

내가 바라지 않는 일을 하고 사람과 사람 사이의 일을 해결하는 것에 나의 에너지를 쏟아부으며, 내 안의 모든 에너지도 소진되고 있다는 것을 느꼈지만, 멈추려 해도 멈춰지지 않고 나오고 싶어도 나올 수 없는 세계에 점점 더 빠져들어 갔다.

그리고 그사이 내가 모든 것을 쏟아부으며 감사로 억지로 돌리려 했던 나를 향한 탓들은 또 다른 큰 탓들이 섞여 나에게 다가오기 시작했고 스스로에게 하고 있는 자책도 심해졌다. 감사에 섞여 전해지는 나를 향한 커다란 탓들이 여기저기에서 눈에 드러날 만큼 커지고 나서야, 나는 내가 주고받았던 것이 감사가 아니었다는 것을 느낄 수 있었다.

내가 그동안 받은 감사는 누군가가 나에게 기대하는 것도 대신 책임져주길 바라는 욕망을 그럴듯한 감사로 포장하고 자신이 바라거나 기대하는 것을 내가 하지 못했을 때는 그 욕망을 나에 대한 원망과 탓으로 모두 보내며 나를 자책하게 하고 그 세계에서 멈출 수도 빠져나오지도 못하게 나를 에너지로 옭아매며 바라는 것을 스스로 얻으려 하지 않고 나를 사용해 손쉽게 얻어내고 싶다는 마음이 느껴지고 있었다. 처음부터 감사라는 감정을 제대로 마주하지 않았던 나에게 느껴진 그 느낌들은 나에게 가혹한 현실을 마주하게 했다. 그런 현실을 만들고 있었던 나를 느끼며 나는 끝없는 자책 속에서 나에게 실망했고 아팠지만, 멈출 수도 빠져나올 수도 없는 그 세계를 벗어날 수 있는 문이 보이기 시작했고, 마음 한구석에는 이제라도 그런 나를 마주하게 되어 다행이라 느낄 수 있었다.

내 주변에서 나에게 눈에 보이는 감사를 전하는 사람들은 내가 하는 모든 것들이 당연하게 내가 해야 하는 것으로 생각하고 있었고, 말이나 작은 행동으로 감사를 받은 대가로 자신들이 기대하는 더 큰 희생을 계속해주길 나에게 기대하고 있었다. 그리고 나는 그 세계에서 빠져나오기 위해 발버둥을 치기 시작했다.

먼저 감사라는 말로 나를 사용해 원하는 것들을 손쉽게 얻어내고 나에게 자신을 위해 더 큰 희생을 바라며 나의 마음을 아프게 휘젓는 것을 아무렇지 않게 하는 누군가를 정면으로 마주하고 내가 앞으로 그 세계에 있지 않을 것을 전했다. 그리고 그때부터 감사를 통해 누군가가 전해오는 나에 대한 인정도 탓도 같은 것으로 느끼기 시작했고, 그 두 가지를 내 안에 들여놓지 않고 그때마다 내가 느끼는 느낌과 감정을 마주하며 내 안 어딘가 숨어 있을 감사를 느끼는 것에 에너지를 쏟았다. 그리고 누군가가 감사라는 감정을 사용해 나를 휘두르려 할 때마다 아무런 반응도 하지 않았다. 내 안은 천천히 금이 가고 있었고 내가 만들어 놓은 감사에 대한 환상도 깨지기 시작했다.

내가 멈출 수도 나올 수도 없었던 세계는 내가 만든 감사에 대한 환상이었다. 그 환상에 젖어 있을 때는 그것이 진짜 감사라는 감정이라 믿으려 애썼지만, 환상과 달리 나의 현실은 계속해서 그동안 감사라고 믿었던 감정에서 깨어나 내가 진짜 감사를 느끼고 알아가야 할 시간이라 나에게 알려주고 있었다.

나는 나에게 묻기 시작했다. 내가 진짜 감사를 알고 싶은 사람인지, 진짜 감사를 느끼고 있는 사람인지, 지금 내가 하고 있는 일이 '정말 감사를 통해 내가 인정받기 위해서 하고 싶은 일인지'에 대해 끊임없이 묻고 물으며 내 안에서 답을 뒤지기 시작했다. 그리고 정말 눈앞에 있는 사람에게 '도움이 되는 일을 하고 싶은지'라는 질문이 시작되면서 나는 내 안의 감사에 한 걸음 더 다가가고 있음을 느낄 수 있었다.

나는 내가 이때까지 받은 감사를 통해 다른 누군가가 나에게 무엇을 주었고 그 감사를 통해 내가 왜 괴로워졌는지를 마주했다. 그들이 나에게 원하는 건 자신을 위한 희생이었다. 내가 그들에게 주고 있는 것은 과한 도움이었다. 스스로의 책임을 나에게 주면서 내가 주는 도움에 익숙해져 스스로 할 수 있던 것들도 하지 않으려는 사람이 되어 나의 도움만을 기대하며 그 자리에 주저앉은 채 그들은 일어나려 하지 않았다. 그리고 스스로에게 질문하는 것보다 나에게 도움을 받는 것이 훨씬 쉽다는 것을 안 순간부터, 그들은 스스로에게 어떤 질문도 하지 않았다.

내가 아무 도움도 되지 못했다는 것과 되려 방해가 되었다고 느끼기 시작하면서 나는 다시 자책을 시작했지만, 그건 언젠가 마주해야 했던 나의 또 다른 현실이었다. 괴로움과 자책을 번갈아 끊임없이 하고 있는 나를 느끼면서 나는 서로에게 도움이 되지 않는 모든 것들을 내 안에서 끊어내기로 마음먹었고, 누군가에게 전하는 것을 하나하나 끊어내며 좋은 사람으로 보이려 하는 마음도 함께 내려놓기 시작했다. 내가 주는 것들을 하나하나 끊어내는 것이 누군가에게 가장 도움이 되는 일이라는 것을 받아들였고, 누구라도 스스로 선택하고 그 기쁨을 온전히 느낄 수 있게 되길 진심으로 바랐다. 스스로 선택하는 것을 망설이는 누군가를 스스로 느끼고 선택할 수 있게 기다렸고, 자신이 기대하는 것을 더 이상 주지 않는 나에게 실망한 누군가는 나의 탓을 하며 떠나갔고, 나는 그때마다 내 안 깊은 곳에 머물며 감사와 섞여 들어왔던 탓과 감정을 마주하고 정화해 나갔다. 정화가 계속되면서 내 안에 숨어있던 감사도 다시 고개를 내밀기 시작했고, 그 모든 것을 마음먹은 스스로에게 탓이 아닌 감사를 보내며 내 안을 단단하게 하는 것을 계속해나갔다.

그리고 나에게는 그렇게 마음먹은 나와 함께하면서 감사를 느끼고 싶은 사람들만이 곁에 남아주었다. 그들과 함께하면서 나는 감사가 무엇인지 더 깊게 느끼기 시작했다. 감사는 그저 누군가가 나의 마음을 느끼고 있다는 것을 내 안 깊은 곳에서 함께 느끼는 것만으로도 내 안이 에너지로 넘치게 했다. 내가 그동안 주고받았던 감사는 내 안의 에너지를 소진하게 하고 고갈되게 했지만, 새롭게 내가 느낀 감사는 느낄수록 내 안 깊은 곳을 울리고 에너지를 채워주는 신기한 감정이었다. 그렇게 느낌으로 나에게 전해져 오는 감사는 되돌려주기 위해 내가 무엇을 하면 좋은지에 대한 것들도 생각하지 않아도 나의 느낌에서 울리고 있는 느낌을 그대로 전하면, 그 느낌 그대로 누군가에게 전해져 그 안을 따뜻한 에너지로 채워주는 감정이 되어 서로의 마음을 자연스럽게 이어주었다.

그 느낌은 같은 공간에 있지 않아도 누군가와 깊은 곳에서 연결되어 있는 느낌을 주며, 혼자 있는 시간에도 스스로를 더 깊이 느끼게 하며 내 안에서 또 다른 느낌을 향한 문이 열리게 했다. 그 문을 통해서 느껴지는 모든 느낌은 내가 무언가를 얻기 위해 하는 감사도, 누군가가 나에게 무언가를 얻기 위해 주는 감사도, 모두 무의미하다는 걸 나에게 분명하게 느끼게 해주었다.

감사는 누군가에게 받기를 기대하고 눈에 잘 보이게 하기 위해 애써야 하는 감정이 아니었다. 눈에 보이지 않아도 서로의 마음에서 느껴지는 느낌을 통해 마음이 연결되어 있음을 느끼는 것만으로도 그 역할을 다하는 감정이었다. 누군가의 마음에서 느껴지는 감사는 나의 깊은 곳을 울리고 내가 어떻게 살고 싶은지를 다시 한번 느끼게 하며 내 안의 나를 더 깊게 느낄 수 있게 했다. 그리고 그렇게 살고 싶은 스스로에게 감사를 느끼게 하고 다시 돌고 돌아 또 다른 누군가도 느낄 수 있게 했다.

감사는 나에게도 누군가에게도 애써 주려 하지 않아도, 그 느낌만으로 그대로 누군가에게 전해지게 했고, 전해지는 감사를 느낄 수 있는 누군가와 깊은 인연으로 자연스럽게 이어지게 했다.

감사는 나에게 좋은 사람을 내가 알아보게 하는 중요한 감정이 되었다. 자신이 기대한 것을 주면 감사가 되고 자신이 기대한 것을 주지 않으면 탓이 되고 있다면 이미 감사가 아닌 다른 감정을 서로 주고받으면서 감사가

가지고 있는 에너지는 모두 사라지고 감사라는 포장지로
싸인 다른 감정을 주고받으면서 서로를 멀어지게 하거나
스스로를 힘들게도 한다.

감사가 가진 에너지는 순수하다.

순수한 감사가 느껴질 때마다 내 마음 깊은 곳에서 울리는
그 느낌을 나는 계속 되새기고 싶어진다.

순수한 감사는 그 에너지만으로도
내 안 깊은 곳의 에너지를 채워준다.

괴로움은

이 세상에서 단 한 사람에게만

그 모습을 온전히 드러내는 감정이다.

'나의 괴로움'의 진짜 모습이 얼마나 크고 내 안에 얼마나 깊게 자리하고 있는지, 나에게 어느 정도의 고통과 아픔을 느끼게 하는지, 내가 아닌 다른 누군가가 그 진짜 모습을 온전히 마주할 수는 없다. 나의 괴로움은 내가 직접 경험한 것으로 그 누구도 나만큼 느끼지 못하는 감정으로 괴로움을 느끼는 순간에는 감당하기 힘든 외로움도 내 안에서 함께 느끼게 한다. 직접 경험하지 않은 것에 대해 누군가는 나의 괴로움이 별게 아니라고 생각할 수도 있고, 나도 다른 누군가의 괴로움을 내가 경험한 괴로움의 크기와 비례해서 추측할 수밖에 없는 감정 중 하나였다.

비슷한 것을 겪었더라도 그 경험을 통해 느껴지는 느낌은 내가 느낀 것과는 전혀 다른 느낌일 수도, 그 괴로움을 마주하러 가는 길 또한 나의 길과는 전혀 다른 길이 있을 수도 있다. 내가 느낀 괴로움을 누군가가 알아주길 바랄수록 나의 괴로움을 마주할 수 있는 길을 놓쳐 누군가의 길을 따라가 헤매고 나의 괴로움을 마주하지 못하는 내가 누군가의 괴로움을 느껴주려 하다 누군가의 괴로움과 나의 괴로움이 뒤섞여 함께 길을 잃어버리면 더 많은 시간을 헤매게 하는 감정이 되어 나를 그 길에 붙들어 두고는 했었다.

그 괴로움을 누군가가 알아주고 느껴주길 바라는 나의 마음이 지나치게 커지면, 나는 그 괴로움을 마주하려는 마음보다 누군가에게 기대고 싶은 마음이 내 안 깊은 곳에 자리 잡아 괴로움에서 벗어나려 애를 쓸수록 나는 점점 힘이 빠져 다른 누군가를 붙들고 싶어진다. 괴로움이라는 산을 끝까지 올라가야 하는 사람은 나라는 것을 내가 느끼기 전까지 나는 경험을 계속하며 외로운 순간에 갇혀 버리기도 했었다.

괴로움에 갇혀 버린 나는 결국, 그 누구도 나 대신 알아주거나 도와줄 수 없는 '나의 감정'이라는 것을 알지 못한 채, 나의 괴로움을 들어주고 알아줄 사람을 찾아다녔지만, 스스로 마주할 생각이 없는 나의 괴로움을 들어주는 사람도 얼마나 힘들고 괴로워하는지 나는 느끼지 못했다. 나는 나의 괴로움에 갇혀 있는 시간 동안 나의 괴로움이 전부인 세상에 살고 있었다.

내 안 한가운데에는 언제나 괴로움이 자리하고 있었다. 항상 괴로움을 말하면서도 벗어날 수도 넘어갈 수도 없다고 말하는 나는, 나의 괴로움을 누군가와 나누고 싶어 하면서도 동시에 숨기고 싶어 하기도 했다. 괴로움은 누군가에게 털어놓으면 순간 시원해지기도 했지만, 그 순간이 지나면 괴로움을 보인 것을 이내 후회하며 괴로움을 털어놓은 사람과의 만남을 한동안 피하고 싶어졌다.

괴로움을 누군가와 나누고 싶어 하면서도 행복하지 않은 나를 들키기 싫다고 느끼는 내가 혼란스러웠고, 나의 괴로운 모습을 누군가에게 보일수록 '그 사람은 어떻게 생각할까, 더 이상 나를 괜찮은 사람이라 생각하지 않겠지'라는 생각으로 머릿속이 복잡해지고는 했다. 그리고, 내가 괴로움을 나누면서 누군가는 내가 가진 괴로움과 자신이 가진 괴로움을 비교하며, '그래도 너보다는 내가 덜 괴롭구나' 하고 스스로를 위로하는 게 느껴질 때마다, 지울 수 있다면 나의 괴로움을 지우개로 다 지워버리고 싶을 만큼 내가 가진 괴로움이 싫었고, 괴로움을 내 안 깊숙한 곳에 숨기고 괜찮은 척 억지로 웃고 또 웃었다. 어쩌다 괴로움을 밖으로 꺼낼 때마다 내 안은 더 시끄러워졌고 나의 괴로움은 사라지지 않았다. 나는 괴로움을 그 누구에게도 내색하지 않으려 내 안 더 깊숙한 곳에 숨겨버렸다. 그리고 그 괴로움은 이제·나만의 감정이 되었고, 나는 점점 더 깊이를 알 수 없는 외로움에 빠져들고 있었다.

괴로움에서도 외로움에서도 벗어나고 싶어질 때마다 드라마나 영화를 보며 괴로움을 느끼고 있는 주인공이 괴로움을 스스로 헤쳐 나가 해결하는 장면을 보고 시도를 해보려 해도, 나의 현실은 그 주인공과는 다르다는 걸 느낄 때마다 나는 나의 괴로움이 차지하고 있는 나의 현실로 돌아와 그저 괴로움에서 벗어나기 위해 괴로움이 느껴질 때마다 아무것도 선택하지 않는 것을 선택했다. 그리고 다시 괴로움을 마주하면 또다시 아무것도 선택하지 않았고 나의 상황은 점점 더 나빠지기 시작했다.

그렇게 '나는 나의 생과 점점 멀어져 가고 있었다.'
그때쯤, 나는 죽고 싶다는 생각을 자주 하기 시작했다. 매일 지하철 창문 너머로 보이는 한강을 바라보며 '저기서 떨어지면 살아나지 않겠지, 차에 제대로 치이면 아프지 않고 한 번에 이 괴로움을 끝낼 수 있을까, 죽는 순간에는 영혼이 이미 몸을 빠져나와 고통을 못 느낀다던데, 정말 그럴까'라는 온갖 죽음의 시나리오를 머릿속에서 그리며 하루를 보내면서도 나는 그게 이상한 생각이라고 느끼지 못했다.

그때의 나에게는 사는 것보다 죽는 생각을 하는 게 더 쉬운 일이었고 나의 괴로움을 넘어가기 위해 무언가를 하려고 애쓰는 것보다 죽는 것이 더 쉬운 일이라고 생각하고 있었고, 딱히 하고 싶은 것도 없었기에, 선택하지 않아 아쉬운 것도 없는 나의 인생에서 매일 진지하게 죽음을 생각했던 그 순간은 내가 마음만 먹으면 언제 어디에서라도 쉽게 죽을 수 있다는 것을 알게 하는 시간이었다.

서서히 마음에서 시작된 정리를 행동으로 옮기려 했을 때, 내 눈에 내가 썼던 카드 명세서가 들어왔다. 많지 않은 금액이더라도 이것만큼은 정리하고 가고 싶다고 생각하며, 죽을 때 죽더라도 남은 사람들에게 폐는 끼치고 싶지 않았고, 내 남은 뒤치다꺼리까지 남에게 맡기고 죽는 것도, 끝까지 나의 괴로움밖에 모르는 사람으로 생을 마감하는 것도 내가 바라는 결말은 아니었다.

나는 내가 남겨둔 것들을 정리하기 위해 마지못해 새로운 일을 시작했고, 그 일이 나에게 또 다른 생의 시작을 하게 하는 입구가 되어 주었다. 하지만 그 이후에도 나의 괴로움은 사라지지 않았고, 나는 습관처럼 다시 죽음을 생각하면서도, 지금의 생에 미련을 느끼고 있는 나를 느꼈고 죽음을 생각할 때마다 내가 느끼고 있는 괴로움을 마주하기 시작했다.

지금의 생을 끝까지 살 거라면, 이렇게 괴로워만 하면서 살 수는 없다는 생각이 들어 나를 괴로움에서 꺼내줄 수 있는 누군가에게 도움을 요청했다. 그 사람의 손을 잡고 빠져나올 때도 있었지만, 나는 다시 같은 괴로움의 늪에 빠지기를 계속했고, 또 다른 누군가의 손을 잡고 빠져나와도 다시 같은 괴로움에서 허우적대며, 나에게 도움을 줄 누군가를 기다리며 스스로 괴로움에서 빠져나올 수 있을 거라고 생각하지 못했다.

스스로 빠져나올 수 없다 생각했던 나는, 괴로움의 늪에 주저앉아 누군가가 나에게 내밀어 줄 손을 기다리고 있었고 나에게 도움을 주는 사람 중 누군가는 나의 괴로움을 사용해 나에게 죄책감을 느끼게 하고 자신이 원하는 곳에 나를 사용하려 했다. 그리고 나는 다시 죽음을 생각하려다 그 생각을 멈추고 괴로움이 가진 에너지를 가만히 느껴보기 시작했다.

그리고 느끼게 되었다. 나의 괴로움을 어느 누구도 온전히 받아줄 수도, 알아줄 수도 없는 이유를. 그 괴로움을 느끼고 있는 건 나였고, 나의 괴로움을 제대로 마주할 수 있는 사람도 그 늪에서 스스로 걸어 나올 수 있는 사람도 이 세상에 오직 한 사람밖에 없다는 것을. 나는 나의 괴로움을 원하는 곳에 사용하려는 누군가를 통해 느껴지는 느낌들을 하나하나 마주하며 나의 괴로움도 진심을 다해 마주하기 시작했다.

다른 누군가의 괴로움과 나의 괴로움을 비교하지 않고 나의 괴로움을 온전히 마주하며 그 감정을 진지하게 대하면서 다른 누군가가 나의 괴로움을 알아주길 바라는 마음이 들 때마다 내가 그 마음을 마주하기 시작했다. 내가 느끼는 괴로움을 내 안에서 내쫓는 대신, 외면하지 않고 마주하려 했다.

그동안 내가 마주하지 않은 괴로움의 양은 어마어마했고, 어떤 괴로움부터 느끼고 마주해야 할지도 알 수 없어 그 순간에 느끼고 있는 괴로움을 마주하기만 했다. 괴로움을 마주하면서 다시 죽고 싶다는 생각이 떠오를 때마다 그 괴로움을 마주하고 풀어내기 위해 더 공을 들였다.

그렇게 괴로움을 마주하는 시간이 길어질수록, 내 안에 가득 쌓여 있던 괴로움이 하나하나 풀려갈수록 나는 지금까지 느껴보지 못한 시원함을 느꼈고 괴로움으로 가득 차 있던 나의 에너지도 변하기 시작했다. 스스로 괴로움을 마주하고 풀어내면서 나는 나의 괴로움을 풀 수 있는 방법을 알게 되었다.

어느 누구도 제대로 느낄 수 없었던 나의 괴로움을 이제 내가 스스로 마주하고 해소하는 것에 익숙해지기 시작하면서 어느 순간부터 나는 괴로움이 모두 해소된 뒤에 느껴지는 시원함을 즐기고 있었고, 그 뒤에 지금까지 느끼지 못했던 나의 느낌과 마음이 느껴지기 시작하면서 괴로움은 내가 그토록 두려워했던 감정에서 빨리 풀어내고 싶은 감정 중 하나가 되어 괴로움이 느껴질 때마다 얼른 풀어내고 그다음 괴로움을 풀어내고 싶어 하는 나를 느낄 수 있었다.

괴로움을 풀어내면서 나는 자신감이 생기기 시작했다. 처음에는 힘들어도 괴로움 뒤에 찾아오는 시원함을 다른 누군가도 함께 느끼길 바라는 내가 있었고 조금만 도와주면 그 사람들도 모두 시원해질 수 있을 거라 자신하고 있었다. 나는 도움을 바라는 누군가의 괴로움에 손을 내밀기 시작했고, 모두의 괴로움이 쉽게 풀려가는 모습을 바라보는 것만으로도 기뻤다. 점점 가벼워지고 시원해지는 사람들을 보는 것이 좋아 나는 할 수 있는 한계를 넘어가기 시작했고, 내 안의 나는 서서히 다시 또 다른 괴로움을 느끼고 있었지만 나는 나의 괴로움을 외면한 채, 다른 누군가의 괴로움에 더 많은 손길을 내밀었다.

내가 내밀었던 많은 손길이 많은 사람들의 괴로움을 풀어내고 있다고 생각했지만, 그건 어디까지나 나의 생각이었다. 내가 손을 내밀었던 사람들은 스스로 괴로움을 해소하는 방법을 찾지 못했고, 스스로 괴로움을 마주하기보다 그 괴로움을 내가 대신 마주해주길 바랐고 괴로움이라는 감정은 누군가가 대신 들어주고 해소해주는 감정이라 생각하거나 괴로움은 스스로 풀어낼 수 없는 감정이라 생각하고 있었다. 그들이 스스로 풀어내지 않는 한 같은 괴로움은 다시 터져 나왔고, 그 상황을 수습하는 것에 나의 에너지를 모두 써 버린 나는 빈껍데기만 남은 열정을 붙잡으려다 괴로워졌고 다시 눈앞의 것에 집착하기 시작했다. 괴로움을 어쩌지 못했던 나로 다시 돌아간 느낌이 들었다.

누군가가 가져오는 괴로움을 모두 받아주고 들어줄수록, 나에게 기대려는 사람은 점점 늘어났고, 자신의 괴로움을 알아달라는 사람들도 넘쳐났다. 어떤 누군가는 자신의 괴로움을 내가 먼저 알아차려 주지 않으면 더 힘든 상태로 자신을 몰아 나를 찾아와 외면할 수 없는 상황을 만들었고, 괴로움을 미리 알아주지 않는 것에 원망하며, 자신을 더 알아달라고 나에게 집착하기 시작했다.

그들은 자신의 괴로움을 나에게 끊임없이 쏟아내고 있었지만, 자신의 괴로움을 스스로 마주하려 하는 사람도 풀어내려 하는 사람도 없었다. 그저 그 괴로움을 알아주길 바랬고 자신의 괴로움으로 안을 가득 채워 내가 얼마나 괴로운지를 전하는 순간에도, 그들은 나의 마음을 느끼려 하기보다 자신의 괴로움을 내가 풀어 주고 해소해 주길 바랐다.

'어디서부터 잘못된 걸까'
'이 상황을 당연하게 만든 건 누구일까'

이 질문이 내 안에서 계속되기 시작하면서, 나는 괴로움을 다시 마주하기 시작했다.

나는 스스로 괴로움을 마주하고 싶은 사람들과 함께하고 있지 않았다. 그들은 예전의 나와 닮아 있었다. 그들은 내가 주는 순간의 시원함에 사로잡혀, 굳이 힘들게 스스로의 괴로움을 풀어야 하는 이유를 느끼지 못하거나 괴로움은 스스로 풀어내는 것이 아니라 누군가가 풀어 주는 것으로 생각하고 있었다.

그리고 나는 내 안에서 느껴지는 괴로움을 마주하며 내가 그 사람에게 진심으로 도움이 되지 않는다는 사실을 마주했고 나의 자신감이 불러온 상황을 마주하기 시작했다.

그리고 그때부터 나는 그 사람의 괴로움을 충분히 느끼고 있지만, 그 감정의 주인인 그 사람이 괴로움을 어떻게 하고 싶은지에 대해 온전히 맡기기 시작했다. 그리고, 괴로움을 스스로 마주하길 바라지 않는 사람은, 내 곁을 떠나는 것을 선택했고 자신의 괴로움을 대신 풀어 줄 다른 누군가를 찾아 나섰다. 그들의 괴로움을 대신 풀어 주지 않는 나는, 더는 그들에게 필요한 사람이 아니었다.

나는 스스로 괴로움을 마주하고 싶은 사람들과 함께하기 시작하면서, 어느 누구도 나의 괴로움을 나만큼 느껴줄 수 없다는 것을 전했다. 스스로 자신의 괴로움을 꺼내어 마주하고, 시간이 걸리더라도 그 괴로움에서 스스로 빠져나오는 그 느낌을 소중히 하기를 바랐다.

괴로움을 스스로 마주하고 풀어낸 뒤, 자신의 방법을 알아가는 누군가의 모습을 바라보면서, 누군가의 괴로움을 내가 온전히 해결해 줄 수 없다면, 괴로움을 스스로 마주하게 하고 스스로 선택하게 하는 것이 내가 누군가를 도와줄 수 있는 유일한 일이라는 것을 나에게 느끼게 했다.

나에게 괴로움은 스스로 마주하고 풀어내야 하는 감정이었다. 괴로움을 이겨내려 할수록, 괴로움을 이기지 못하는 스스로를 탓하게 되고 아직 풀어내지 못한 괴로움이 다시 느껴지기 시작하면 나는 모든 것에 손을 놓으려 할 수도 있다. 괴로움을 숨기고 피하는 대신 마주하고 싶은 순간이 찾아왔을 때, 엉킨 실타래를 풀듯 천천히 풀어내다 보면 괴로움 뒤에 찾아오는 기분 좋은 감정들을 느끼며 살아가게 된다.

괴로움은 내가 했던 경험 속에서만 태어나는 감정이다. 이 세상에서 단 한 사람만 그 모습을 온전히 느끼고 마주할 수 있다.

괴로움이라는 절벽 끝에는 드넓은 바다가 기다리고 있다. 그 끝에서 새로운 것을 발견할 수 있다면 생은 다시 이어진다.

무기력은

내 안의 에너지가 모두 밖으로 빠져나간 후에
마주하게 되는 감정이다.

내가 바라지 않는 현실이 내 눈앞에서 계속되고 있을 때, 나는 나의 현실을 바꾸기 위해 내 안의 에너지를 모두 쓰고도 바뀌지 않는 현실을 바라보며 주저앉아 무기력과 두 손을 잡고 내 안 깊은 어둠으로 끝없이 빠져들었다.

이것저것을 시도한 뒤에도 아무것도 바뀌지 않을 때나, 내가 막을 수 없는 갑작스러운 상황이 계속되고 아무것도 할 수 없다고 느낄수록 내 안에서 의심은 커져 나를 삼키고, 에너지는 점점 떨어지기 시작했다. 하고 싶은 것보다 하기 싫은 것들이 점점 많아지고 가슴이 답답해져 오지만, 참아내야만 한다는 나의 생각이 나의 남은 에너지까지 모두 가져가고 그 에너지마저 내 안에서 빠져나갔을 때, 나는 결국 무기력이 내미는 손을 잡았고 그때부터 나의 시간도 멈췄다.

무기력과 함께하는 동안의 나는, 어떤 것에도 흥미를 느끼지 못했고 나의 현실에서 벗어나 허상에 빠져 허우적댔다. 그럴듯해 보이는 그 망상은 내가 원하는 것이 무엇인지 알려주기도 했지만, 그 허상을 실제 나의 현실로 만들기 위해 해야 하는 것들을 생각하면 시작도 하기 전에 지레 겁부터 나곤 했다. 무기력과 함께하는 나에게는 '시작'이라는 단어가 가장 두려운 말처럼 느껴졌고, 지난 시간들처럼 내가 아무것도 해내지 못하는 끝을 맞이할 거라는 생각에 아무것도 시작하지도, 끝을 내 보지도 못한 채 이번에도 해내지 못할 거라는 생각에만 사로잡혀 있었다.

그렇게 긴 시간 동안 나는 하루 중의 대부분을 누워 눈을 감고 아무것도 하지 않았다. 낮과 밤을 아무것도 하지 않은 채, 오지도 않는 잠을 청하며 다시 망상에 빠졌다. 현실에서의 시간은 아무 의미 없이 나를 스쳐 갔고 허상에서의 시간도 결국 마찬가지였다. 나는 그렇게 긴 시간 동안 나의 시간을 그렇게 흘려보냈다.

그러다, 지난 시간 내가 겪은 일이 떠오를 때마다 내 안에서는 여러 가지 감정이 번갈아 가며 나를 괴롭혀댔다. 어떤 감정은 내가 겪은 일을 다시금 되새기게 해 스스로 겁을 먹고 주저앉게 했고, 내가 아무것도 할 수 없도록 더 강하게 나를 몰아붙였고, 나는 그때마다 무기력이라는 감정을 느끼면서 이제 아무것도 하지 않아도 된다는 생각에 안정감을 되찾았다. 그때의 나에게 무기력은 없어서는 안 될 중요한 감정처럼 느껴졌다.

무기력이 나를 둘러싸고 있는 동안 나의 시간도 흐르지

않고 멈춰 있는 듯했고, 무기력은 나의 모든 현실과 다른 누군가의 말이 내 안으로 들어와 나를 괴롭히지 않도록 차단해주었다. 나를 위해서 하는 누군가의 말도 나에게 아무런 영향도 주지 못했다. 아무것도 하고 싶지 않은 나에게는 나를 탓하는 말도 나를 위해서 하는 누군가의 말도 스쳐 가는 바람처럼 내 귀를 스쳐 갔고 내 안에서 나는 아무것도 하고 싶지 않고, 변하고 싶지 않은 그 마음을 끌어안고 있는 나를 미워하고 괴롭히다 지쳐 다시 무기력의 손을 잡고 잠에 빠져들었다.

잠에서 깨어 있는 시간 동안 나에게는 즐거운 것도 재미있는 것도 없었다. 아무것도 안 하고 숨만 쉬다 다시 나를 괴롭게 하는 생각이 몰려오면 다시 잠을 자려 노력했고, 나의 몸은 이미 빈껍데기만 남아 숨만 쉬고 있을 뿐 어떤 에너지도 느껴지지 않았고 조금이라도 움직이려 하면 예전보다 더 피곤함을 자주 느끼고는 했다. 작은 일을 하는 것조차 그때의 나에게는 힘겹고 버겁기만 했다.

그때마다 할 수 없는 이유를 계속 만들어주고 나를 보호해주는 무기력이 나는 좋았다. 무기력과 함께하고 있으면, 나는 약한 사람이니 당연히 보호받아야 하는 사람이라 생각이 들게 했고 약한 사람이 되어 누군가가 내가 할 일을 대신해주고 나의 현실을 대신 책임져주는 것이 편안하게 느껴져 나는 더 아무것도 하고 싶지 않아졌다.

내가 아무것도 하지 않아도, 성장하려 하지 않아도 누군가가 대신 나를 책임져주고 스스로에게 기대하는 것도, 다른 누군가가 나에게 기대하는 것도 없으니 그 시간 동안 내가 나에게 실망할 일도 없었고, 나에게 더는 아무 일도 일어나지 않으니 그것이 나에게는 무기력에서 벗어나고 싶지 않은 가장 큰 이유가 되어 주었다.

그런 나에게 간혹 누군가가 왜 아무것도 하지 않느냐고 물으면, 내가 능력이 없어서가 아니라 기회가 오지 않아 기다리고 있다거나, 아직 하고 싶은 게 없어서 하지 않는 거라 둘러댔지만, 사실 나는 하고 싶은 것을 찾을 생각도 없었다. 그저 지난날에 상처받은 스스로를 위안하며, 누군가가 대신 책임져 줄 나의 인생을 편안하게 살 수 있으면 그것으로 괜찮다고 생각했고, 그 시간 동안 내 안의 나도 성장을 멈췄다.

시간이 갈수록, 나는 나의 생에 대한 미련도 사라지는 것을 느끼기 시작했다. 이미 세상에 필요한 존재라고 느껴지지 않는 나를 이 세상에 더 둘 필요를 느끼지 못했고 무기력과 함께하는 시간도 점점 지루해지고 있었다.

그렇게 생이 아닌 죽음의 입구에 나는 한 걸음 한 걸음 다가가기 시작하면서 나의 마지막을 하나하나 정리하기 위해 움직이면서, 나는 나도 모르게 무기력에서 빠져나오고 있었다. 무기력에서 빠져나오기 시작하면서 나는 나의 생에 다시 욕심이 생겨나기 시작했고, 무기력으로 가려져 있던 내 눈이 다른 곳을 향하기 시작하면서, 다른 누군가를 담아냈다.

내 눈에 담긴 사람들은 무언가를 스스로 해내려고 하는 사람들이었다. 누군가가 대신 책임져주길 바라는 대신 자신의 인생을 스스로 살아가기 위한 선택을 하고 있는 사람들이었다. 그리고, 아직 내 안에서 크게 자리하고 있던 무기력은 다시 나에게 속삭였다.

'너는 약하니까 스스로 할 수 있는 건 아무것도 없다고.'
'원래 아무것도 하지 않는 게 가장 편한 것이라고.'

내 안은 울컥하기 시작했다, 무기력이 내 안에서 함께한 이후, 나는 처음으로 그 감정에 반항하고 싶어졌다. 아무것도 할 수 없다는 그 말이 내 안 어딘가에 숨어 있던 억울함과 분노를 일으켰고 무기력이 하는 말은 지난 시간 누군가가 나에게 했던 말과 같은 말이었다. 나는 내 안에서 속삭이는 무기력의 하는 말들이 점점 불쾌하게 느껴졌고 무기력과 함께하는 것도 불편해지기 시작했다.

그때마다 무기력은 나를 주저앉히기 위해 더 많은 말로 나를 잡기 위해 애썼고 나는 그때마다 그 말을 듣지 않기 위해 온 힘을 다해 앞으로 나아가려고, 조금이라도 움직이려고 발버둥을 치며 그 말에 잡히지 않으려 노력했다.

나의 무기력은 가장 나를 잘 알고 있는 감정 중 하나였다. 내가 어떤 순간에 아무것도 하고 싶지 않다고 하는지, 내가 어떤 순간에 쉽게 손을 놓아버리는지를 잘 알고 있었고, 자신에게 벗어나려는 나를 붙잡기 위해 번번이 내 안에 덫을 놓고 기다렸다.

무언가를 한 뒤에 뜻대로 되지 않아 손에서 놓고 싶을 때마다 무기력은 다시 편안해지자고 나를 회유했고, 누군가가 대신해 줄 거라는 말로 무언가를 시작하기 전에 두려워하는 나를 붙잡으려 했고, 그때마다 나는 다시 무기력이 놓은 덫을 피하려 애쓰기도, 그 덫에 다시 걸렸다가 겨우 빠져나오기도 하면서 나 역시 무기력에 대해 알아가기 시작했다.

다시 무기력이 쳐 둔 덫에 걸려 버렸을 때의 나는 겉으로는 바쁘게 움직이면서도 누군가가 대신해주길 바라며 그 상황에서 벗어나려 애쓰고 있었지만, 그 덫에서 다시 빠져나와 있을 때의 나는 눈앞의 상황을 내가 스스로 헤쳐나가기를 바라고 있었고 무언가를 해내기 위해 움직이고 있는 스스로를 즐기고 있었다.

무기력의 덫 중에 가장 강한 덫은 달콤한 허상이라는 덫이었다. 허상과 함께 나만의 공간에 다시 갇혀 시간을 보낼 때마다, 나의 현실은 아무것도 하지 않았을 때와 다르게 멈추지 않고 빠르게 뒤를 향해 갔다.

무기력이 쳐 둔 허상에 몇 번이고 걸리기를 계속하다, 나는 계속 무언가를 하고 있음에도 제자리를 맴돌기만 하는 나를 느끼면서 더는 무기력의 덫에 걸리고 싶지 않은 나를 허상에서 빼내기 위해, 정말 내가 하고 싶은 것을 내 안에서 찾기 시작했다. 무기력의 덫에 걸리지 않는다면 더는 지겨운 제자리를 맴돌지 않을 수 있을 거라 생각했고 내가 무엇을 하고 싶은지, 하고 싶지 않은지를 알기 위해 어떤 것을 시작하면 끝까지 해보는 경험을 하기 시작했다.

시작을 스스로 선택하는 경험도, 무엇을 끝까지 해 본 경험도 거의 없었던 나에게는 그 일이 내가 하고 싶은 일인지, 하고 싶지 않은 일이 아닌지를 알기 위해서는 무엇이든 스스로 시작하고 끝까지 가보는 경험이 가장 중요했다. 그 경험을 계속하면서 나는 무기력이 가진 덫 중 가장 강력했던 허상에서도 온전히 빠져나올 수 있었다. 그리고 허상이 주는 달콤함이 더는 달게 느껴지지 않았다.

허상이 통하지 않는 나에게 무기력은 또 다른 덫인 의심을 놓아 나를 걸려들게 했고, 나는 허상에서 빠져나올 때와 같은 방법으로 의심에서 벗어나면서 이젠 무기력이 나에게 스스로 해내는 것을 방해하는 귀찮은 감정이 되었다는 걸 느끼게 됐다.

이제 나는 무기력이 주는 답답한 공기보다 현실의 차가운 공기를 느끼며, 지난 시간 동안 머릿속에 짙게 끼어 있던 안개도 그 공기와 함께 걷히고 있다는 걸 느끼기 시작했다. 따뜻하지도 안락하지도 않은 나의 현실에서 하나하나 직접 부딪히고 경험해 가면서, 사방이 꽉 막힌 공간에만 머물다 탁 트인 들판으로 내달리는 기분이 들 때마다 스스로 해내고 있는 것에 상쾌함을 느낄수록 기분이 좋아졌고, 잠을 자는 시간이 아깝게 느껴질 만큼 내가 사용하고 있는 나의 시간을 대하는 마음도 진지해졌다.

무엇이 내가 하고 싶은 일인지, 하고 싶지 않은 일인지 알기 위해 처음에는 좋은 것, 싫은 것을 가리지 않고 해보다, 많은 경험이 쌓이기 시작하면서 나는 이제 무엇을 하고 싶은지에 대해 내 안에서 느끼기 시작했다.

하고 싶지 않은 일을 하면서 느꼈던 감정과 느낌이 내가 하고 싶은 일이 무엇인지에 대한 힌트를 주었고 점점 내가 스스로 느끼고 선택해나가는 일이 많아지면서 할 수 있는 일이 점점 늘어났고, 나는 무엇이든 끝까지 해보고 난 뒤, 찾아오는 감정들을 느끼는 것을 즐거워했고, 그사이에 무기력이 다시 나에게 끼어들 틈은 없다고 생각했다.

하지만 무기력은 가끔 전처럼 달콤한 말과 허상을 내밀며 나의 마음의 문을 두드렸고, 그때마다 나는 나를 찾아오려 하는 무기력을 다른 감정으로 내보내거나 내가 하고 싶은 일을 내 안에서 되새기면서 허상이 아닌 나의 현실을 마주하는 것을, 앞으로 더 나아가는 것을 선택했다.

나는 나의 현실을 마주하고 그 현실에서 앞으로 한 걸음 한 걸음 나아갈 때마다 무언가를 해내는 기쁨을 느꼈고 내가 스스로 선택하고 해나가는 살아 있는 나를 느끼면서 편안함을 느끼기 시작했다. 아무것도 시작하지 못했던 나는 사라지고, 하고 싶은 것이 온통 내 안을 가득 채워 나의 에너지로 쓰이고 그 에너지로 나는 스스로 가고 싶었던 길을 계속 걸어가게 되었다.

하고 싶은 것을 알기 위해 여러 가지의 선택을 하고 길을 가보면서, 그 길에 한눈을 팔기도 하고 몇 걸음 가다 다시 주저앉다 끝까지 가보고, 수없이 나의 길이 아닌 길을 걸어보면서 그 시간을 통해 나는 나의 길을 찾아낼 수 있었다.

아무것도 하지 않으려 했던 나에게 무기력이 만들어낸 허상은 언제나 달콤했다. 나의 눈을 가리고 무기력이 내미는 달콤한 허상은 나의 현실을 잊게 해주었지만, 그 허상은 나에게 기쁨을 전해주지도 편안함을 전해주지도 못했다.

그게 허상이란 걸 눈치챘을 때조차 머물고 싶다고 느껴지는 완벽해 보이는 허상에서 시간을 보내는 동안, 아무것도 스스로 선택하지 못하고 있다고 생각했지만 나는 무기력이 주는 안락함을 선택하고 있었다.

그 선택을 하고 난 뒤, 내 눈에는 내가 하고 싶은 것이 무엇인지 찾으려 해도 보이지 않았었다. 그저 무기력이 안내하는 생각과 느낌에만 머물러 있는 게 내가 할 수 있는 전부였다.

무기력과 작별할 수 있는 기회는 우연히 찾아왔다. 그 기회는, 내가 무기력과 작별한 뒤에야 그것이 정말 나에게 중요한 순간이었음을 알게 했다.

무기력은 거짓말처럼 완벽하고 달콤한 유토피아를 보여주지만, 그 유토피아를 벗어나면, 완벽하지는 않아도 생생하게 살아 숨 쉬는 시원한 현실을 내가 바꾸어 나가는 기쁨을 느끼게 해 내가 생생히 살아 있다는 것을 느끼게 했다.

스스로 살아 있음을 느끼는 한, 스스로를 당연히 보호받아야 하는 사람이라 생각하지도, 누군가가 내가 할 일을 대신해주고 나의 현실을 대신 책임져주길 바라지도 않게 된다.

누군가가 나 대신 해주는 것이
스스로 해내는 기쁨보다 클 수는 없다.

무기력은 내가 달콤한 허상을 찾으려 하면,
금세 내 곁에 다가와 말을 걸기 시작한다.

내가 자신을 다시 좋아해 주길 간절히 바라면서.

미련은

지난 시간과 선택을

온전히 받아들이기 위해 느끼는 감정이다.

미련은 내가 원했던 것일수록 놓지 못하게 하고 지나온 것을 붙잡게 해, 내 안의 모든 것이 지난 시간에 머물게 하며 나를 그 때로 보내기도 했지만, 그때로 돌아간다 하더라도 내가 같은 선택을 했을 것을 다시금 느끼게 할 뿐이었다.

나의 미련은 처음에는 후회와 닮은 듯했다. 지난 시간에 내가 선택했던 것과 선택하지 못했던 것에 대해 스스로를 탓하게 하다가도, 이내 내가 지나온 시간에서 같은 선택을 할 수밖에 없는 나를 느끼게 하는 감정이기도 했다.

미련을 느끼는 순간마다 나는 내가 지나온 시간에만 존재하며, 그 순간으로 들어가 그때 하지 못한 것을 내 안에서 실컷 해봐도 변하지 않는 그 순간을 계속 살게 했다. 나의 지금을 과거의 나의 눈으로 바라보며 느껴지는 안타까움은 후회가 되어 내가 지금을 바라보며 살 수 없도록 나를 붙들었다.

나는 미련을 그때그때 정리하지 못하고 마음 한편에 쌓아두고는 했다. 어디서부터 어떻게 정리해야 하는지 몰라, 내 안 가득 쌓아 두기만 했던 미련이 그 무게에 못 이겨 무너질 때면 나는 한동안 미련이 주는 안타까움에 갇혀버렸다. 겨우 미련을 헤쳐 나오면, 그 자리에 다시 또 미련이나 다른 감정이 쌓였고, 짐 더미같이 다른 감정과 함께 쌓여버린 미련은 내가 계속해서 길을 잃게 했고 자꾸 뒤를 돌아보게 했다.

그런 순간은 나에게 더 자주 찾아오기 시작했고, 나의 미련에 후회, 짜증, 분노, 집착과 같은 여러 감정이 뒤섞이기 시작하면서 나는 미련이 느껴질 때마다 그 감정을 어떻게든 내 안 깊은 곳 어느 한구석에 처박아 두려 했다. 그리고 미련은 나의 마음이 미련으로 꽉 찰 때까지도 모습을 드러내지 않다가 다른 감정이 새어 나오는 틈을 타 내 안에서 삐져나오기 시작했다. 그때마다 나는 미련을 꾹꾹 다시 누르고 쏟아져 나오는 더 큰 감정을 마주하느라 미련이라는 감정을 마주하는 것을 미뤄두었다.

그렇게 다른 감정을 하나하나 마주하고 내 안이 편안해 졌을 때, 묘하게 내 안을 건드리고 있는 감정을 느끼게 됐다. 그 감정은 아무것도 아닌 일에도 민감하게 반응하며 나를 무겁게 만들거나 내가 무언가를 선택하는 순간마다 답답함을 느끼고 주저하게 하며 내 안에서 나를 건드리고 있었지만, 나는 그 감정이 무엇인지 알고 싶지 않았고 크게 느껴지지 않는 그 감정을 마주하는 것을 뒤로

미뤄둔 채, 새로운 환경에서 하고 싶은 것을 하게 됐다.

그리고 새롭게 마주한 환경에서 그 감정은 전보다 내 안에서 더 크게 느껴지기 시작했고, 나는 그 감정이 무엇인지 알고 싶어졌다. 내 안의 감정을 마주하기 위해서는 그 감정이 어떤 감정인지를 알아야 했는데, 다른 감정과 다르게 미묘한 느낌을 주는 이 감정이 무엇인지를 나는 알 수가 없었다. 감이 잡히지 않았지만 그 감정이 느껴질 때마다 지난 시간을 생각하거나 그 시간으로 돌아가 무언가를 선택하고 더 나아지기 위해 애쓰는 나를 느끼게 되었다.

그리고, 나는 그 감정이 미련이라는 걸 알게 되었다. 미련은 내 마음 한구석에 색이 바랜 채, 덩그러니 남겨져 있었고, 내가 마주했던 감정들에 조금씩 스며들어 나에게 신호를 보내고 내가 언젠가 마주해주길 기다리고 있던 감정이었다.

나는 미련이 느껴질 때마다, 내 안에서 느껴졌던 느낌이 무엇이었는지를 마주했다. 처음에는 후회와 닮은 감정이라 생각했지만 나의 미련은 후회와는 닮지 않았었다. 지난 시간에 다시 돌아간다 해도 나는 내가 했던 선택들을 다시 바꿀 생각이 없었고, 지금의 나에게 다시 물어봐도 내 안의 나는 같은 것을 선택할 거라 전하고 있었다. 나는 그때의 선택들을 후회하지 않았다.

나는 다시 지난 시간으로 돌아가 나의 주변을 돌아보고 느끼기 시작했고, 그동안 내 안 깊은 곳에 숨겨두었던 미련을 알게 됐다. 나의 미련은 안타까움을 닮아 있었다. 나의 미련에서 그때의 나를 안타까워하는 내가 느껴졌고, 같은 길을 함께 걸어가고 싶었던 누군가를 향한 안타까움도 느껴졌다. 그때의 나의 간절함과 그토록 바랐던 모두가 나의 미련과 함께 마음 깊은 곳에 자리하고 있었다. 나는 안타까움을 닮은 오랜 나의 미련을 마주하며 늘 느껴왔었던 이유 모를 답답함이, 나와 누군가에게 보내는 안타까움이, 그때의 나에게로 다시 돌아가게 한다는 것을 알게 됐다.

'그 순간 이렇게 됐더라면 어땠을까'
'그 순간 이렇게 되지 않았었다면 어땠을까'

지나온 수많은 시간과 순간이 내 안에서 되풀이되고 안타까움으로 가득 차오를 때마다, 나는 지금이 아닌 지난 시간에 머물렀고 어느새 그 순간에 갇혀 버리고 말았다. 그동안 내가 마주하지 않았던 미련을 마주하면서 마음 한구석이 아프고 저려 오며 느끼고 싶지 않아 내 안 깊숙이 숨겨두었던, 내가 어떻게 할 수 없었던 모든 순간들이 차례로 파노라마처럼 펼쳐졌다 사라지기를 계속하며, 그때 느끼지 못했던 것을 모두 마주하게 했다.

지난 시간의 나의 모든 감정 하나하나에는 미련이 언제나 함께하고 있었다. 무언가를 선택할 때도 선택하지 않을 때도 남겨져 있던 미련이 나의 지난 시간을 붙들게 했다. 미련이 느껴질 때마다 나는 그 순간을, 그 선택을 하는 누군가를 붙잡고 싶어 했다. 그 순간에 다시 돌아갈 수 있다면 내가 해보지 않은 것들을 모두 해봐야 마음이 시원해질 것만 같았고, 스스로의 길을 간 누군가의 선택을 내가 돌릴 수 있다면 돌려서라도 같은 길을 걷게 하고도 싶었다. 이미 길이 다르다는 것을 알면서도 나는 그렇게 내가 지난 시간 내 안 깊숙이 묻어두었던 미련을 마주하며 지금의 내가 아닌 지난 시간의 나에게 깊이 빠져들기 시작했다.

그리고 한동안 아무것도 선택하지 못한 채, 지난 시간에 머물러 모든 순간들을 되돌려 보고 나서, 나는 미련이 무엇인지 느끼게 되었다. 지난 시간에서 느껴지는 안타까움과 생각을 모두 밖으로 꺼내고 '그때 그 말을 하지 않았다면 어땠을까, 그때 그 선택을 하지 않았다면 모든 것이 달라졌을까, 지금의 내가 그때로 돌아간다면 어떤 선택을 했을까, 그때 모두가 다른 선택을 했다면 지금은 어떻게 변했을까'라는 생각까지, 내가 그동안 만났던 사람을 거치고 내가 마주했던 상황을 다시 느끼고 느끼는 것을 계속하며 나는 나의 미련에서 느껴지는 안타까움을 모두 내 안 깊은 곳에 꺼내어 마주했다.

미련은 그동안 나에게 수많은 길을 보여주며 그 결말이 하나의 길로 흐르고 있다는 것을 스스로 느낄 수 있게 했다. 지난 시간 누군가가 했던 선택은, 내가 그 선택을 되돌렸더라도 또다시 그 선택을 하지 못하게 하거나 나와 같은 길을 가게 할 수 있었을 거라는 확신 대신, 결국 흐르고 흘러 지금과 크게 다르지 않은 결말이 정해져 있었음을 느끼게 했다.

누군가의 선택을 바꾸기 위해서는 누군가의 본성이나 인생의 선택 또한 내가 바꿀 수 있어야 했다. 하지만, 그건 내가 할 수 있는 일이 아니었다. 아주 작은 순간에서조차도. 내가 스스로 선택했던 것을 누군가가 되돌릴 수 있고 누군가가 했던 선택도 내가 되돌릴 수 있다고 생각했던 나와 할 수 없는 것을 하지 못했던 나에게 느꼈던 안타까움을 나의 감정에서 털어냈다. 그리고 다시 돌아가려 해도 되돌릴 수 없는 시간과 내가 되돌릴 수 없는 누군가의 선택에 섞여 있던 미련도 함께 정리하기 시작했다.

누군가의 선택을 받아들이기보다 대신 선택해 줄 수 없는 것에 대해 안타까움을 느끼며, 나를 지난 시간에 묶어두었던 미련은 지난 시간과 다른 누군가의 선택을 내 안 깊은 곳에서 존중하기를 바라는 감정이었다.

나는 다시 미련이 느껴질 때마다, 나의 선택도 누군가의 선택도 존중하기 시작했다. 그리고 미련은 지금 나에 대해 느껴야 할 것을 더 깊이 느끼게 하고 나의 지금을 더 마주하게 하며, 지금 내가 후회하지 않을 선택을 하도록 나를 도왔다. 내 안 깊은 곳에 갇혀 있던 미련이 나에게 마주하게 한 지난 시간을 되돌아보면, 지금을 위해 그 선택을 해온 내가 보인다. 그리고 나는 그 미련을 거울삼아 스스로 선택한 길을 존중하며 그 길을 걸어간다.

미련은, 나와 다른 누군가의 지난 시간을 깊이 느끼게 하는
에너지를 가지고 있다.

내 안 깊은 곳에 자리한 미련은,
나와 누군가의 선택을 존중하게 한다.

믿는다는

누군가가 주는 것이 아닌
온전히 나에게서 시작되는 감정이다.

나에게서 시작되지 않은 믿음은 누군가의 믿음에 부응하기 위해 그 사람의 책임을 떠맡게 되기도 하고, 그 사람이 나를 믿는 마음이 변할 때마다 나도 함께 흔들리게 된다.

'믿는다'는 나를 누군가에게 증명해야 하거나, 나 대신 누군가가 먼저 나를 인정해야 느낄 수 있는 감정이 아니다. 믿음이 나에게서부터 시작된다면, 다른 누군가가 나에게 주는 믿는다는 느낌이 어떤 감정인지 구분할 수 있게 된다.

나는 나를 믿지 않았다. 나를 믿는다는 것이 정확히 어떤 느낌인지도 알 수 없었다. 그래서 나 대신, 나를 믿는 것 같은 사람들의 믿음과 나를 향한 기대에 귀를 기울였다. 누군가가 나를 믿어 주면 내가 인정받는 거 같아 기분이 좋았고, 누군가가 나를 믿고 기대하는 것이 나를 움직이게 하는 에너지가 되어 많은 것을 해낼 수 있게 했지만, 누군가가 나를 믿지 않으면 그 믿음을 받지 못한 나를 탓하며 나는 믿음과 인정을 받기 위해 더 많은 것을 해내려 애를 썼지만, 시간이 갈수록 내가 하고 싶은 것이 무엇이었는지도 잊어버리고 누군가의 믿음에 보답하려 온 힘을 다했다.

누군가의 믿음은 점점 자신의 기대와 욕심이 섞여 나에게 보내지기 시작했고, 나는 그 기대를 뛰어넘기 위해 내가 원하지 않더라도 꾸역꾸역 모든 일을 해내려 안간힘을 썼다.

그리고, 나는 점점 나를 잃어가기 시작했다. 나에게서 더는 나의 느낌이나 생각이 나오지 않았고, 나에게 기대가 섞인 믿음을 보내는 누군가의 생각과 느낌을 읽어내려 최선을 다했다. 그런 내가 스스로 선택하거나 결정할 수 있는 건 아무것도 없었다. 그저 누군가가 원하는 방향을 읽어내고 그것에 맞는 선택을 하는 게 내가 해야 할 일이었고, 그게 나의 역할이라 생각했다.

내 안에 무엇이 있는지, 어떤 것을 하고 싶어 하는지, 어떤 걸 하면 잘 할 수 있는지보다, 누군가가 원하는 일을 하고 누군가가 기대하는 내가 되어 그 믿음에 보답하려 할수록 나는 이러지도 저러지도 못하는 상황에 놓이게 됐다. 그때의 나는 '나를 믿는다'는 것을 다른 누군가의 손에 쥐여 주고, 나에 대한 기대가 섞여 있는 믿음을 위해 원하지 않는 것을 선택하거나, 누군가가 나에게 기대하고 믿었던 만큼의 결과가 나오지 않으면 스스로를 어둠으로 몰고 가 짜증과 분노를 퍼부어 댔다.

누군가의 기대 섞인 믿음을 위해 살아가는 시간에서는 나를 믿는다는 것이 그렇게 중요한 것인지 몰랐다. 그저 누군가가 보내는 믿음에 나를 맞추기 위해 노력하며 누군가가 나에게 기대하지 않으면 내가 부족해서 그런 것으로 나를 탓했다. 누군가가 나를 믿지 않는다고 느껴질 때도 그 믿음을 받기 위해 더 노력하지 못한 나를 아프게 하는 말을 하면서 누군가가 원하는 대로 해내기 위해 어떻게든 나를 바꾸려 했다. 그럴수록 내 안의 나는 혼란스러워하며 괴로워했지만, 나는 그것이 내가 넘어가야 하는 산이라고 생각하고 있었다.

그런 순간이 계속되기 시작하자 나는 나도 모르게 믿는다는 말을 들으면 내 안이 움츠러드는 것을 느꼈고 어떤 날에는 답답함이 거세게 몰아치거나 걷잡을 수 없는 스스로에 대한 분노가 커져 감당할 수 없는 감정의 소용돌이에 휩쓸려 갔다. 누군가의 기대 섞인 믿음이 점점 커질수록 그 믿음에 보답하지 못하고 있는 나를 나조차도 믿을 수 없게 되어 버렸다. 그때부터 나는 어떤 선택을 해야 하는 순간마다 그 선택 뒤에 찾아올 결과를 두려워하기 시작했고, 선택을 해야 하는 순간마다 내 안에서 느껴졌던 답답함은 내 안을 집어삼키기 시작했다. 그리고 답답함은 나의 모든 순간에 퍼져 나갔다.

모든 순간에 참을 수 없는 답답함을 느끼게 되기 시작하면서 나는 이유 없는 우울함을 느끼거나 최악의 상황을 계속 떠올리게 되었고, 어딘가 갇혀 있다는 느낌이 들고 숨이 제대로 쉬어지지 않은 순간이 계속되면서 결국, 내 머릿속의 생각도 모두 꺼져 버렸다.

나는 내가 해야 하는 모든 선택을 모두 미루고 내 안의 나를 만나는 것을 선택했다. 그 선택을 하기 전, 나에게는 나를 스스로 믿는다는 것이 도박처럼 느껴졌지만, 내 안의 나를 만나는 시간 동안 나는 내가 스스로를 믿고 싶은지, 내가 나를 믿으면 어떤 내가 되는지, 나는 어떤 선택을 하고 싶은지, 앞으로의 시간을 어떻게 살아가고 싶은지에 대해 물었다. 그 질문을 받은 내 안의 나는 분명한 답을 주고 있었지만, 머릿속의 나는 그 선택을 했을 때의 최악의 상황을 다시 나에게 보여주려 했다. 머릿속의 생각과 내 안의 나는 그 시간 동안 엎치락뒤치락하며 그 순간에 집중하게 했다. 그리고 나는 머릿속의 생각 대신 내 안의 내가 전하는 답을 따라가 보기로 했다. 지금까지는 머릿속의 생각을 따라가 봤으니 이젠 내 안의 내가 하는 선택들을 따라가 나를 믿는다는 것이 어떤 느낌인지 알고 싶었다.

누군가의 기대 섞인 믿음을 놓을 수 없는 동아줄처럼 생각하며 그 믿음을 살아가는 이유처럼 여겼던 내가, 누군가의 생각과 느낌을 읽고 그 선택을 따라가던 내가 달라지기 시작했다. 나는 더는 누군가의 기대 섞인 믿음에 묶여 스스로 끌려다니며, 내 안을 가득 채웠던 답답함을 참아낼 수도 그 믿음에 나를 끼워 맞출 수도 없었다.

누군가의 기대 섞인 믿음을 저버리기 위해서는 용기가 필요했다. 그리고 누군가의 믿음 대신, 그런 나를 믿는 것에도 전과 비교할 수 없을 만큼 큰 에너지도 필요했다. 그 에너지는 내 안에서 느껴지는 느낌을 따라 스스로 선택을 해나갈 때마다 조금씩 커지기 시작했고, 나는 그때부터 그 에너지와 내가 스스로 선택했을 때 느껴졌던 느낌들을 내 안에 차곡차곡 넣었고, 나의 느낌으로 선택했던 모든 것들은 나에게 나를 믿는다는 감정이 내 안에 뿌리내리게 했다.

내 주변에는 사람들이 점점 많아져, 나는 내가 겪었던 나를 믿는다는 것을 내 안에 쌓을 수 있는 방법을 전하기 시작했다. '누군가가 자신을 믿어주길 바랐던 사람, 누군가에게 믿음을 얻기 위해 애썼던 사람, 누군가가 자신을 믿어주는 것에서 에너지를 얻었던 사람, 자신보다 겉보기에 그럴듯한 이론이나 막연한 무언가를 믿기 위해 애쓰는 사람, 믿을 수 없는 자신 대신 무엇이라도 믿을 수 있는 것을 찾아다니는 사람' 등 믿음에 대해 여러 경험을 한 사람들이 내 곁에 머물렀다. 그들이 내 곁에 머무는 동안 나는 믿음이 가지고 있는 여러 가지 모습을 보게 되었다.

누군가의 기대 섞인 믿음을 받아본 적이 없는 누군가는 나에게 그것을 받기 위해 집착했고, 내가 느끼는 느낌이나 생각을 맞추려 하며 나의 의중을 파악하려 애썼지만 자신의 안에서 느껴지는 느낌이나 생각을 중요하다 여기지 않거나 자신의 느낌을 의심하고 스스로가 하고 있는 생각들을 싫어하기도 했다.

나는 그런 모습이 지난 시간의 나와 같다 느끼기 시작했고, 스스로 설 수 있을 때까지만 돕고 싶었다. 하지만 내가 대신 그들의 감정이나 마음을 느껴줄수록 나에게 기대는 사람들이 늘어났다. 그들은 내가 그들을 믿고 있는지, 믿지 않고 있는지를 확인하려 내 느낌이나 생각을 떠보려 했고 나는 나도 모르게 그들을 위해서라고 생각하며 누군가를 향한 인정이 섞인 믿음을 주기 시작했다.

그리고, 그 믿음은 내가 받았던 기대 섞인 믿음과 크게 다르지 않았다. 내가 대신 인정을 하고 그들을 믿을수록, 나의 현실에서는 여러 가지 상황이 펼쳐졌다. 누군가는 나에게 인정 섞인 믿음을 받고 누군가의 마음을 상하게 하는 일을 아무렇지도 않게 하기도 했고, 스스로도 용납할 수 없는 일을 하고 나서 그 뒷일을 나에게 부탁하기도 했다. 내가 그 일에 대해 분명하게 짚으려 할 때마다 스스로를 믿지 못하는 자신을 내세워, 그런 스스로를 가엽게 여겨주길 바랐다. 그리고 그 인생도 내가 대신 책임져 주길 바라며 자신의 인생을 내 손에 쥐여주려 했다.

스스로를 믿을 생각이 없는 그들은 자신의 책임을 누군가에게 떠넘기면서도 자신을 무작정 믿어주고 받아주길 바랐다. 내 안에서 사라졌던 답답함이 다시 채워지기 시작했고, 나는 그 현실을 하나하나 마주했다. 그 현실에서는 믿음에 집착하고 있는 나와 누군가가 보였고, 그 집착으로 다시 한번 나를 잃어가고 있는 내가 보였다. 그 시간을 통해 나는 믿음이라는 감정이 가지고 있던 여러 모습을 보게 되었고, 믿음이라는 감정을 도구로 사용하고 그 믿음을 주는 사람을 도구로 사용하는 누군가를 느꼈다.

그리고, 그 시간은 누군가가 나를 믿는다는 것이 온전히 사용되지 못했을 때, 나와 누군가를 어떻게 만들어버리는지도 나에게 돌아보게 했다.

나를 내가 보냈던 믿음을 보내는 것을 모두 그만두었다. 그리고 내 안의 느낌과 생각들을 숨기지 않고 꺼내두며, 그들이 나를 파악하려 애쓰지 않아도 모두 보일 수 있게 했다. 그 선택을 한 나는 나에게 인정 섞인 믿음을 받으려 애쓰는 누군가에게 스스로 선택할 기회를 주었고, 그중에서 스스로가 하고 싶은 선택을 해나가며 스스로에 대한 믿음을 느끼고 키우고 싶은 사람만이 내 곁에 남았다.

스스로를 믿기 시작한 사람들은, 자신의 인생을 스스로 선택하고 끝까지 책임지는 순간을 살고 싶다고 나에게 전하고 있었고 나는 그들의 선택을 존중하며 그 선택이 스스로를 믿는 마음을 강하게 만드는 것을 지켜보았다.

누군가의 기대가 섞인 믿음을 받아보고 누군가에게 인정이 섞인 믿음을 주기도 하면서, 나는 스스로를 믿고 있지 않은 한, 누군가와 주고받는 믿음은 서로를 묶어두는 사슬과 같은 감정이 되어 버린다는 걸 알게 되었다.

그때부터, 나는 누군가에게 '믿는다'라는 감정을 전하지 않게 됐다. 그 감정을 사용해 누군가를 내 곁에 묶어두는 것 대신, 스스로 선택한 것을 존중하고 따라가며 스스로에 대한 믿음을 단단하게 하기를 바랐다.

나는 내 안에 있는 믿음의 시작점이 모두 '나'에서 시작될 수 있도록 내 안의 모든 느낌과 생각을 전보다 더 존중하며 느끼기 시작했다. 서로가 주고받는 믿음에 묶이지 않고, 믿음에 집착하지 않아도 나에게서 시작된 느낌을 믿고 선택을 해나가다 보면 누군가의 대단한 이론이나 생각보다 그 느낌이 나에게 더 많은 것을 전해주고 나를 위한 선택을 할 수 있게 해주었다.

나의 믿음은 내 안에서 단단히 뿌리내리기 시작했고, 나를 믿는 나에게서 전해지는 느낌은 내가 스스로 선택을 하는 순간마다 그 선택을 응원했고, 내 안에서 느껴지는 느낌을 가장 소중하게 여기게 했다.

가끔 내 안의 내가 다시 흔들릴 때 나는, 지금 느끼고 있는 것을 외면하고 억지로 그렇게 생각해야 한다는 내 머릿속의 이야기들이었다. 그런 순간마다 나는 다시 깊은 호흡을 하며 내 안의 느낌에 집중하는 시간을 보내고 생각과 느낌을 구분해, 생각에 사로잡혀 무엇이든 섣부르게 선택하지 않았다.

선택을 서두르는 내가 나올 때마다 내 안에서 느껴지는 느낌을 되새기고, 그 순간이 '나를 믿는다'라는 감정이 흔들리고 있는 순간임을 스스로 알 수 있게 했다.

그렇게 내 안의 느낌으로 선택한 일들은 나에게 아픈 자책 대신 스스로를 믿게 하는 현실을 내 눈앞에 가져다주었고 나는 스스로 선택한 일들을 나를 믿으며 끝까지 해낼 수 있었다.

믿음은 나의 느낌을 스스로 존중하는 것에서 시작되고, 그렇게 시작된 믿음은, 나를 잃어버리지 않게 한다.

'믿는다'는 건, 모두 내 안에서 시작된다.

받아들인다는

받아들이고 싶지 않다고 느끼는
나를 받아들이게 하는 감정이다.

'나를 받아들인다'라는 감정은 어떤 상황도 누군가도 막무가내로 '받아줘야 한다'거나 억지로라도 '받아들여야만 한다'와는 다른 에너지를 가지고 있다. 누군가가 내가 받아들이기 어려운 행동이나 모습을 하고 있거나, 내가 원하지 않는 상황을 마주했을 때, 억지로라도 받아들여야만 한다고 생각을 하는 것만으로도, 받아들이고 싶어 하지 않는 내가 더 크게 느껴질수록 나는 편안할 수 없었다.

받아들이고 싶어 하지 않는 스스로에게 마음의 자해와 같은 '자책'을 하고, 받아들이고 싶어 하지 않는 나를 바꾸려 애를 쓸수록 나는 내 안의 나와 연결되는 느낌을 잃어버리고, 답답함과 혼란스러움이 나를 가득 채우다, 내 안에서 괴로움이라는 감정과 함께 뒤섞여버렸다. 그때부터 내 안의 나는 모든 것에 흔들리기 시작했고, 받아들이고 싶지 않은 것을 억지로 참아내려 할수록 어디서부터 오고 있는지도 알 수 없는 느낌이 내 안의 나를 힘껏 조이기 시작했다.

'나를 받아들인다는 감정은, 받아들이고 싶어 하지 않는 나를 천천히 느껴주는 것에서부터 시작된다.'

나는 작은 변화에도 민감했고, 어떤 변화에도 익숙해지지 못하는 사람이었다. 그 무엇도 쉽게 받아들이고 싶지 않은 나에게, 무언가를 받아들여야 하는 순간마다 누군가는 내가 스스로 받아들이기를 기다려주기보다, 내가 받아들이지 못했을 때 겪게 될 최악의 상황만을 이야기하며 그 상황을 받아들여야만 하는 자신의 상황만을 설명하기 바빴다. 나는 그 상황을 마주할 때마다 스스로 받아들이고 싶어질 때까지 기다리는 법을 배우지 못하고 받아들여야만 하는 상황에 굴복하는 것을 배웠다.

받아들이고 싶지 않은 상황에 마지못해 끌려다닐 때마다 내 안은 뾰족한 감정들로 가득해졌고, 받아들이고 싶지 않은 이유에 대해 스스로 느껴볼 새도 없이, 눈앞의 일을 제대로 바라볼 새도 없이 누군가가 시키는 대로 따르고 움직였다.

가끔 내가 받아들이고 싶지 않은 것에 대해 전하려 하면, 나의 주변에 있는 누군가는 그 말을 제대로 들어주기보다 자신의 생각을 큰소리로 나에게 빠르게 전하며 나의 생각이나 행동을 막아버렸다. 그 순간들은 내가 무언가를 받아들이고 싶지 않다고 느끼고 생각하는 것만으로도 잘못된 느낌과 생각을 하고 있는 것으로 느끼게 했고, 내 안의 나는 점점 움츠러들기 시작했다. 내가 받아들이고 싶지 않은 느낌과 생각은 나에게 이질감을 넘어서 불쾌함을 느끼게 했고, 나는 내가 느끼고 있는 느낌과 생각을 쉽게 밖으로 꺼내고 싶지 않아졌다. 누군가가 옳다고 전하는 생각을 따라가는 선택이 좋은 것으로 생각하며 받아들이고 싶지 않은 것을 내 안에 억지로 욱여넣고 내가 원하지 않는 길을 가는 것을 선택하며 내 안의 느낌에서 점점 멀어지기 시작했다.

그러다, 한 번씩 받아들이고 싶지 않은 것을 욱여넣고 있는 나에게 불같이 화를 내기 시작하면, 그 화가 밖으로 나와 한바탕 시끄러워진 후에야 가라앉고는 했다. 그 후에 나는 내 안에서 느껴지는 느낌들을 더 철저하게 무시하려 애썼다. 내가 받아들이고 싶든, 받아들이고 싶지 않든 어차피 누군가의 말이나 누군가가 심어준 생각과 느낌을 쫓아가며 사는 것을 선택하고 있는 나에게, 내 안에서 느껴지는 느낌들은 방해가 될 뿐이었다. 누군가가 말한 대로 해내지 못하는 내가 받아들이고 싶지 않은 나를 이상하다 생각하며 탓하면, 내 안의 내가 잠잠해지고 받아들이고 싶지 않다고 느껴지는 것도 그럭저럭 넘기며 살 수 있을 거라 생각했다. 내가 느끼는 느낌이나 생각은 모두 잘못된 것이거나, 틀린 것이니 나는 내가 원하는 것이 무엇인지에 대해 크게 궁금해하지 않았다. 나에게 고비가 찾아올 때마다, 나는 받아들이고 싶지 않은 것을 조금이라도 덜 느끼고 싶어 마음의 문을 닫아두었고, 그 문을 닫고 있는 동안 나는 스스로가 보호받고 있다고 생각했다. 그리고 문을 닫아둔 시간이 길어지면서 그 문을 어떻게 열어야 하는지도 잊어버리게 됐다.

그 문 안에 갇힌 나의 생각과 느낌들은 문이 열릴 때까지 그 안에 있었다. 그리고 내가 정말 받아들이고 싶지 않은 것이 문 앞까지 다가올 때마다, 닫힌 마음의 문고리를 힘껏 붙잡으며, 나를 보호하기 위해 보이지 않는 전쟁을 하느라 내 안은 항상 긴장되어 있었다. 그리고 혼자 있을 때, 마음의 문이 열리고 내가 받아들이고 싶지 않은 것이 강하게 느껴질 때미다 그렇게 느끼는 내가 싫었고, 받아들여야만 한다고 전하는 누군가와 그 상황이 죽고 싶을 만큼 싫었다. 그 무엇도 받아들이고 싶지 않다고 느낄 때마다 내 안에서 주체할 수 없는 뾰족한 감정들이 한꺼번에 문을 열고 쏟아져 나올 때마다, 나는 누구도 건드릴 수 없을 만큼 날카로운 내가 되기도 하고 아무 이유

없이 끙끙 앓으며 나를 괴롭히는 이상한 내가 되기도 했다.

그리고 나는 생의 끝을 정리하려 시작한 일에서 나의 열정을 만나게 되었고, 열정은 내가 닫아두었던 문을 한꺼번에 열게 하는 에너지를 가지고 있었다. 준비할 새도 없이 갑작스럽게 마음이 열려버린 그 순간부터 나에게는 내가 받아들이고 싶지 않았던 것들이 한꺼번에 쏟아지기 시작했다. 작은 변화도 쉽게 받아들이고 싶어 하지 않는 나에게 열정은 내가 변하길 간절히 바라고 있었다.

열정은 내가 지금까지 겪어보지 못했던 변화와 함께 내가 그동안 받아들이고 싶지 않았던 것을 받아들이게 했다. 열정이 내 안에 머무는 동안 나는 받아들이고 싶지 않았던 것을 받아들이고 싶은 것으로 만들기 위해 모든 방법을 다 동원했다. 보이지 않는 무언가와 싸우고 있는 사람처럼 보일 만큼 처절했고 그 시간을 통해 나는 점점 변하고 있었지만, 나는 아직 모르고 있었다.

받아들이고 싶은 것을 느끼는 나만큼, 받아들이고 싶지

않다고 느끼는 나도 중요한 걸 알려 주고 있다는 것도, 받아들이고 싶지 않은 것에는 내 안의 내가 전하려는 중요한 이유가 함께하고 있다는 걸 나는 수많은 사람을 만나고 나서야 알게 됐다.

받아들이고 싶지 않은 것에는 내가 어떤 사람인지, 어떤 것을 좋아하고, 어떤 것을 하고 싶어 하는지에 대한 답이 숨겨져 있었다. 내가 나에 대해 알고 싶었던 그 질문의 답은 받아들이고 싶은 것이 아닌 내가 받아들이고 싶지 않은 것을 통해 내가 무엇을 원하는지를 알게 했고, 내 안의 나와 더 많은 대화를 나누게 했다.

나를 받아들인다는 감정을 내가 알아갈 때쯤, 나는 더 많은 사람을 만나 마음을 듣고 느끼기 시작했고, 누군가를 통해 받아들이고 싶은 것보다 받아들이고 싶지 않은 것에 대해 느끼는 것이 더 중요하다는 것을 다시 한번 느끼게 됐다.

받아들이고 싶지 않은 스스로의 느낌을 전할 때마다 많은 사람들은 그 느낌을 느껴지는 그대로 전하지 못했다. 받아들이고 싶어 하지 않는 스스로를 느끼며 탓하거나 그런 자신을 느끼고 억지로 받아들이고 싶은 자신으로 만들려 하거나, 누군가의 생각을 신경 쓰느라 그럴듯하게 그 느낌을 포장하려 하는 모습을 보며 내 안의 나는 답답함을 느끼고는 했다.

받아들이고 싶지 않은 나를 내 안에서부터 존중하고 받아들이기 시작하면서, 나는 누군가의 말과 마음을 더 깊게 느끼고 듣기 시작했다. 누군가와 마음을 열고 대화하며 느끼는 것을 주고받는 것이 나에게는 즐거운 일이 되었고, 그 시간은 또 다른 나를 더 편안하게 받아들이게 하는 기회가 되어 주었다.

더 많은 누군가와 더 깊은 대화를 나누기 시작하면서, 받아들이지 못하는 것에 대해 전하는 누군가의 이야기를 들을 때마다 나는 받아들이지 못하는 것인지, 받아들이고 싶지 않은 것인지에 대해 묻기도 하고 받아들이고 싶지 않은 이유에 대해 알게 된다면 스스로를 더 알 수 있게 된다 전했다. 하지만, 스스로가 받아들이지 못한다고 생각하는 사람들은 끝없이 자신의 마음을 자해했고, 자신을 변하게 하기 위해 애를 쓸 뿐, 받아들이고 싶어 하지 않는 스스로를 존중하려 하지 않았다.

누군가는 자신이 원하는 스스로의 모습과 다른 생각을 하고 다른 느낌을 가진 지금의 자신을 증오하며 괴롭혔고,

그런 스스로를 받아들이고 싶어 하지 않으면서 누군가를 변하게 하고 좋은 에너지를 주고 싶다 끊임없이 나에게 전하고 있었다. 하지만, 자신 역시도 자신을 변하게 하려는 누군가를 받아들이고 싶어 하지 않았고, 누군가와 자신의 모습을 비교하며 받아들이고 싶어 하지 않는 사람들을 비난하고 다시 자신을 탓하는 것을 계속했다. 그리고 자신이 원하는 모습과 다른 스스로를 다른 누군가에게 받아달라 하며, 많은 사람들을 곤란하게 하기도 했다. 그들은 자신이 원하는 모습과 다른 지금의 모습을 느낄 때마다, 항상 힘겨워야만 했다.

지금의 자신이 받아들이고 싶지 않은 것을 느끼지 않으려는 사람들은 그 범위가 넓고 깊을수록 스스로의 마음을 자해하는 강도가 기셌다. 나는 그들이 하는 마음의 자해만이라도 어떻게든 멈추게 하고 싶었지만, 그것을 내가 멈추게 하지는 못했다.

그것을 멈출 수 있는 사람도, 계속할 수 있는 사람도 오직 그 사람밖에 없었다. 스스로에게 느껴지는 괴로운 느낌을 다른 누군가가 받아주기를 원했지만, 받아들이고 싶지 않은 것을 느끼고 있는 누군가는 그 모습을 보며 안타까워하기도 하고 받아주려 애쓰다 자신이 지쳐 버리기도 했다. 받아들이고 싶지 않은 것을 느끼는 스스로를 받아들이는 방법을 알게 된 사람들은, 그런 자신을 점점 존중하기 시작했고, 그 이유를 느끼면서 편해지거나 스스로 마음의 문을 열고 받아들이고 싶은 것을 마음껏 자신의 안에 넣어주었다.

그리고, 자신의 느낌과 생각을 받아들이고 싶어 하지 않는 누군가는 내가 대신 자신을 받아주기를 원하면서 맹목적인 희생을 바라기 시작했다. 그들은 받아들이고 싶지 않은 스스로를 누군가가 받아주길 바라는 마음이 커질수록, 자신이 원하는 모습에서도 더 멀어지고 있었다.

나는 그 모습을 보며 받아들이고 싶지 않은 것에 대해 다시 한번 깊게 느끼고 정리하는 시간을 가졌다. 그 시간을 통해 스스로를 받아들이는 감정과 누군가가 받아주길 바라는 감정이 가진 에너지의 차이를 느끼고 정반대의 감정임을 깨닫게 됐다.

누군가가 나를 받아주길 바라는 것은, 그 누군가에게는

받아들이고 싶어 하지 않는 것을 억지로 받아들여야 한다고 전하는 것과 같다. 받아주길 바라는 마음은 스스로를 받아들이고 싶지 않은 사람일수록 더 많이 가지고 있었다. 내가 받아들이고 싶지 않은 나를 누군가에게 떠넘기는 것은 누군가에게 이유 없는 희생을 바라는 것과 같았다.

막연히 누군가에게 자신을 받아주기를 원하는 사람들은, 자신을 받아들이고 싶어 하지 않는 누군가의 마음을 느끼거나 받아들여 주지 않았다. 그리고 아무것도 받아들이고 싶어 하지 않는 스스로를 받아들이는 대신 끊임없이 괴롭게 했다.

나는 받아들이고 싶지 않은 것을 받아들이기 위해 온 에너지를 쓰는 대신, 받아들이고 싶은 에너지를 스스로 선택하면서 전보다 더 많은 것을 받아들일 수 있었다.

그리고, 스스로 받아들이고 싶지 않은 것을 내가 대신 받아주는 것이 나를 위한 것도, 그 사람을 위한 것도 아니라는 걸 '나를 받아들인다'라는 감정을 통해 느꼈고, 내가 무엇을 느끼고 생각하든 그런 나를 온전히 받아들이는 것을 계속하는 동안, '나를 받아들인다'라는 감정을 위해 나는 나의 지난 괴로움과 다시 한번 진지하게 마주하게 됐다. 내가 나를 받아들인다는 감정을 진지하게 느낄수록, 지난 시간의 감정들이 해소되지 못한 채 내 안에 남아 있는 걸 느끼게 됐고, 나는 더 받아들이고 싶은 것을 위해, 남아 있는 감정을 하나하나 제대로 마주하기 시작했고, 받아들이고 싶지 않았던 것에 대해서도 분명히 정리해나가며 나의 과거, 현재, 미래를 더 소중히 대하기 시작했다.

내가 했던 경험에서도 내가 받아들이고 싶지 않은 누군가가 아닌, 그 순간 내가 느꼈던 느낌과 생각들을 받아들이며 내 안을 점점 더 넓혀갔고 더 많은 감정들을 내 안에 받아들여 해소해 가면서 많은 것들이 정리되었다.

그렇게 나는 지난 시간 받아들이고 싶었지만 받아들이지 못했던 나를 만나게 됐다. 내 안에 숨어 있던 감정들과 많은 대화를 나누면서 나는 내가 어떤 사람인지 조금 더 알게 됐고, 진짜의 나를 느끼는 시간을 보냈다.

내가 느낀 나는 무엇이든 느끼고 있더라도 그 느낌이나 생각에 제약을 두고 싶지 않은 사람이었다. 나는 내가 느끼는 모든 것을 받아들이고 싶어 하는 사람이었고, 내가 받아들이고 싶지 않은 것을 골라내, 내 안에서 내보내고 싶어 하는 사람이기도 했다.

그리고, 나는 내가 느끼고 있는 '나의 감정의 가치'를 무엇보다 중요하게 여기기 시작했다. 그것이 내가 가장 받아들이고 싶은 나의 생각이었다. 그때부터 시간이 날 때마다, 나는 나의 감정을 살피고 하나하나 느껴보는 시간을 가졌고, 나의 감정이 품고 있는 의미와 가치를 내 안에서 느낄 때마다 내가 가고 싶은 길을 결정해나갔다.

내가 해내고 싶은 것을 떠올릴 때마다, 내가 느끼는 나의 감정의 가치는 내 안에서 더 단단하게 자리 잡아 내가 가려는 길을 향해 걸어가는 한 걸음 한 걸음이 쉽지 않다고 느낄 때마다 눈앞의 상황이 아닌, 나의 감성과 내가 걸어갈 나의 길에 집중하게 했다.

받아들인다는 감정은,

진짜의 나에게 한 걸음 더 다가가게 한다.

'나의 감정의 가치'를 받아들인 나는

더 많은 나를 받아들이고 싶어 하며 살아간다.

배려는

서로의 선택을 순수하게 존중하는 감정이다.

배려는 그 사람의 그대로의 모습을 느끼게 되면 자연스럽게 그 사람에게 필요한 배려를 줄 수 있게 된다. 지나친 배려는 받고 있는 사람이 배려를 당연히 받아야 하는 것으로 느끼고 배려를 주는 사람과 에너지에 기대게 했고, 배려를 주는 사람은 배려를 받는 사람보다 더 나아 보이고 싶은 욕심을 위해 배려를 사용하게 해, 그 에너지에 끌려다니게 했다. 서로의 마음을 흔들기 위한 도구로 배려라는 감정이 사용될수록, 그 감정은 서로를 향한 욕심으로 물들고 필요하지 않은 배려를 더 많이 주고받으면서도 서로에게 고마움을 느낄 수는 없었다.

내가 살아오면서 받았던 배려 속에 '나를 위한 배려'는 없었다. 내가 받는 배려 안에는, 내 위에 머물고 싶은 누군가의 욕심이 느껴졌고, 내가 그 배려에 보답하길 바라는 누군가의 기대도 느껴졌다. 누군가가 자신이 하고 싶은 배려를 자신의 욕심과 함께 전할 때마다 내 안의 나는 받으면 안 될 것을 받아 버린 것만 같아 마음 한편이 찜찜하고 불편했지만, 그 배려를 받지 않으면 내가 그 사람의 마음을 저버리는 사람이 되는 것이 싫어, 내 안의 불편한 느낌을 뒤로한 채 그 배려를 마지못해 받아 들었다.

그렇게 받은 배려는, 나를 생각하고 느껴주는 누군가의 마음보다 은연중에 나를 하찮게 느끼는 나와 그 배려를 불편하다고 느끼는 나를 나쁘다고 생각하게 했다. 받을 수록 스스로를 탓하게 하는 그 배려를 받아들이기 위해서는 나는 배려에서 느껴지는 찜찜함과 불편함을 별것 아닌 것으로 넘겼고, 나도 누군가를 배려해야 한다는 생각에만 사로잡혀, 누군가를 느끼는 대신 내가 받은 배려와 같은 것을 누군가에게 전하게 되었다.

나에게 필요하지 않은 배려는 갈수록 내 안에서 불편함을 더 크게 느끼게 했고, 그 배려를 주는 누군가도 자신이 주고 싶은 배려를 더 과하게 나를 향해 쏟아냈다. 그리고 그 마음을 다 알아주지 않는 나에게 그 마음을 알아달라는 에너지를 보내거나 마음을 알아주지 않는 나에 대한 이야기를 주변에 전하고 있었다. 그 배려를 주고 있는 누군가는 자신의 만족은 중요하다 생각했지만, 그 배려를 받고 있는 나의 생각과 느낌이 어떤지는 중요하다고 여기지 않았고 나를 배려하기 전, 나의 생각이 어떠한지는 물어보려 하지 않았다.

그저 자신이 얼마나 배려하고 있는지 알아줘야 한다는 말과 에너지를 보내며, 자신의 배려에 보답하길 바랐다. 그리고 나는 내 안에서 느끼고 있는 여러 감정을 뒤로하고 누군가의 마음을 만족하게 하기 위해 마음에도 없는 말을 하며, 그들의 마음을 맞추기 위해 노력하기 시작했고 누군가의 욕심이 섞인 배려를 받으면서, 찜찜한 기분을 떨쳐내기 위해서라도 그 배려에 보답하려 했다.

나를 배려하고 있다고 말하는 누군가가 원하는 것이 무엇인지 더 많이 생각하고 그 배려에 보답하기 위해 노력할수록 내가 원하는 것을 뒤로하고 누군가가 원하는 것에 맞춰주기 시작하면서 내가 원하는 것이 무엇인지에 대해서는 점점 잊어가고 있었다.

그리고, 나는 점점 내가 아닌 '누군가가 원하는 나'로 변해갔다.

나를 배려하고 있다는 그 누군가의 생각을 따라갔고 그 느낌을 따라가며, 나의 느낌과 생각은 모두 그 사람의 눈치를 보며 쉽게 바꿔버렸고, 그게 나의 생각과 느낌이라 생각하려 했다. 내 안의 느낌과 생각 대신 더 많은 누군가의 느낌과 생각에 맞추고 분위기를 살피며 그 분위기에 맞는 느낌과 생각을 하기 위해 나의 머릿속은 언제나 쉬지 않고 돌아가고 있었고 어느새, 내 안은 누군가의 느낌과 생각으로 가득 차버렸다.

나는 무엇이든 스스로 선택하기보다, 다른 누군가의 생각이나 느낌을 들으며 누군가가 아니라고 말하면 그것을 선택하지 않았고, 누군가가 좋다고 하면 그것을 선택했다. 그때마다 내 안의 나는 내가 느끼고 있는 느낌과 생각이 틀린 것으로 확신하며, 누군가의 생각이나 판단을 먼저 듣지 않고서는 나는 아무것도 스스로 선택할 수도 결정할 수도 없는 사람이라 스스로 생각했다.

나는 무엇을 선택해야 하거나 결정해야 하는 순간마다 내가 틀린 선택을 할까 점점 두려워졌고, 그때미다 나를 배려하고 있다 말하는 누군가의 말과 생각을 더 존중하는 것이라며 내 안에서 느껴지는 나의 느낌과 생각을 스스로 묵살해 버렸고, 그들이 원하는 선택을 해나가며 누군가가 쳐놓은 배려의 울타리에 내 안의 나를 가둬 버렸다.

욕심이 섞인 배려를 주고 있는 사람들은 나의 생각과 느낌을 언제나 견제하려 했다. 내가 그들과 다른 생각을 말하거나 궁금해하면 그런 나를 경계했고, 자신들이 나를 배려하고 있다는 것을 더 되새기게 하며 나의 생각을 자신들의 생각으로 덮어씌우고 내가 자신들의 생각 안에서만 머물게 하려 애썼다.

나는 그럴 때마다 내가 받은 배려가 얼마나 대단한 것인지를 내 안에 되새겨야 했고, 그 배려를 받은 대가로 무엇이든 희생해야만 했다. 그들이 자신이 하고 싶지 않은 희생을 나에게 당연한 듯 말하고 요구하고, 자신이 준 것을 다시 돌려받기를 원할 때마다 나는 그것을 내가 원하든 원하지 않든 해내야만 했다.

내가 받고 있는 배려가 무엇인지도 모르고, 그들에게 받은 배려를 돌려주고 내 안에서 느껴지는 불편함을 가시게 하기 위해 내 안에서 느껴지는 생각과 느낌을 억누르는 순간마다 내 안의 나도 나의 현실도 살얼음판처럼 변해가고 있었다.

한 걸음 한 걸음 내디딜 때마다 나를 배려하고 있다고 말하는 모두의 생각을 받아들이고 따라가며 그들의 선택에 맞추느라 나는 나의 현실이 아슬아슬해지는 것도 내 안이 망가지고 있다는 것도 눈치채지 못하고 있었다. 그리고 그 현실의 끝자락에 다다라서야 나를 배려하고 있다고 말하는 누군가의 베일을 벗겨내고, 진짜 모습을 마주할 수 있었다.

나를 배려하고 있다고 말하는 누군가가 나에 대해 다른 누군가에게 전해왔던 말들과 에너지들을 나는 고스란히 들으며, 그제야 나를 배려하고 있다는 모두를 내 안의 내가 어떻게 느끼고 있는지 하나하나 마주하며 살펴보기 시작했다. 그리고 나를 배려하고 있다고 말하는 누군가의 배려가 무엇이었는지 알게 됐다.

그 배려는 나보다 더 나아 보이고 싶은 누군가의 욕심이 가득 담겨 있었다. 겉으로는 모든 것을 나에게 희생하는 것처럼 보였던 그 배려에는 나의 마음과 선택을 흔들고 싶어 하는 에너지로 가득 차 있었고 그 배려를 받을수록 내 안은 흔들렸고 나의 느낌도 생각도 틀린 것으로 믿게 할 만큼 강한 에너지를 가지고 있었다.

내가 그 배려가 무엇인지 하나하나 느껴갈 때마다 내가 더 자라지 않고 자신들의 생각 안에 머무르길 바라는 누군가는 뜻대로 움직여주지 않는 나에 대한 불편함을 전해왔다. 전처럼 내가 스스로 선택하지 않는 선에서 자신들과 머무르길 바라는 그들의 욕심이 느껴질 때마다, 나는 더 괴로워졌다.

욕심이 섞인 배려를 준 그들은, 내가 그들이 원하는 선택을 하지 않을 때마다 스스로를 더 좋은 사람으로 무장해 내가 스스로 느끼고 생각하는 것을 방해하려 애썼고, 그들의 생각을 다시 나에게 덮어씌워 내가 스스로 생각하고 선택하는 것을 두려워하길 바랐다. 내가 그들의 생각에서 조금이라도 벗어나 나의 느낌을 전하려 노력하는 순간마다, 그들은 능숙하게 나의 생각과 느낌을 다시 그들의 생각으로 덮어 내가 하는 선택을 수포로 돌아가게 만들었고 나는 그들이 나에게 하고 있는 배려 안에 있는 나를 향한 그들의 욕심을 더 분명하게 느낄 수 있었다.

그 시간을 보내며 그동안 내가 마주하려 하고 느끼려 하지 않았던, 더 많은 사람의 배려의 본모습을 나는 느끼기 시작했고, 내가 또 다른 누군가에게 주었던 감정도 그와 다르지 않다는 것을 깨닫게 됐다. 내가 누군가에게 주었던 배려에도 나의 욕심이 섞여 있었고, 배려를 받는 누군가의 마음보다 배려를 통해 내가 얻을 수 있는 것에 나도 사로잡혀 있었다. 나의 배려를 받은 누군가도 그런 자신을 알아주길 바라는 욕심 섞인 배려를 나에게 그대로 전하고 있었다.

그것이 욕심이 아닌 배려였다고 스스로에게 세뇌하며, 배려라는 허울 좋은 이름으로 감출 수 없을 만큼의 욕심이 현실에 드러나고 그 욕심으로 인해 서로가 아우성치기 시작하고 나서야, 나는 내가 주고받았던 배려라는 감정에 나의 욕심이 섞여 있었음을 느끼고 마주할 수 있었다.

내가 받은 배려가 욕심인 것을 느끼고 난 뒤에, 내 안은 더 공허해졌다. 나 역시 같은 감정을 주고받았다는 것에서 밀려오는 여러 느낌을 느끼는 것만으로 점점 괴로워졌고, 내 안의 어떤 감정도 누군가와 나누고 싶지 않다고 느끼고 있었다. 그서 누군가의 욕심으로 가득 찬 생각을 따라가기 바빠 어떤 감정을 주고받고 있는지도 알아차리지 못한 나를 계속 탓하다 나도 모르게 또다시 누군가의 생각이나 느낌을 따라가는 나를 멍하니 바라보기만 했다.

내 안에는, 온전한 나의 생각이나 느낌은 없었다. 누군가의 생각과 느낌으로 내 안을 가득 채워 그런 스스로를 대단하다고 생각했고, 그렇게 생각하게 했던 대부분의 것이 내가 아닌 다른 누군가의 생각과 느낌에서 비롯된 것이었다는 걸 느끼는 순간마다 나는 지독한 허무함을 느끼며 그 감정에 빠져들었다.

허무함에서 빠져나오는 순간에는, 다시 괴로운 나를 마주했고 그런 나를 받아들이고 싶은 나는 내 안에서 느껴지는 느낌과 머릿속의 생각을 너덜너덜해질 때까지 곱씹다 스스로 아무것도 선택할 수 없다고 믿고 있는 나와 누군가의 욕심 섞인 배려에 기대어 보낸 많은 시간을 정리했다. 이제 온전히 나의 느낌과 생각만으로 살아가고 싶은 내가 나를 기다리고 있었다.

허무함에서 빠져나올 때마다, 나는 천천히 배려와 다른 나의 감정들을 정리하고 마주하는 것을 계속해나갔고, 나를 흔들리게 했던 그 에너지를 차단하고 그 배려를 나에게 보내고 있는 누군가도 하나하나 내 안에서 내보냈다.

내가 그 배려와 에너지를 차단하는 것을 선택한 순간부터 나를 배려하고 있다는 누군가는 그 욕심을 가리지 못하고 나에게 드러내기 시작했고, 나는 그 에너지를 그 누군가가 스스로 느낄 수 있길 바랐지만 그것 또한 시간이 지난 후에 나의 욕심이라는 것을 이제 느낄 수 있었다.

배려를 보내는 누군가와 그 에너지에서 벗어나는 선택을 해나가며, 나는 느끼고 싶은 감정과 생각을 자유롭게 현실에서 내보이며 눈앞의 아슬아슬한 현실을 헤쳐나갔다. 내가 스스로 선택해나가는 순간이 많아질수록 점점 나의 현실은 내가 바라는 방향을 향해 나아가기 시작했고 그 현실을 스스로 바꿔나가는 것을 즐기고 있는 나를 느낄 수 있었다.

나는 내 안에 다른 누군가의 느낌과 생각으로 가득 채웠던 시간을 통해, 그 무엇보다 내가 무엇을 생각하고 느끼고 있는지를 더 존중하고 싶어졌고 누군가도 스스로의 느낌과 선택을 존중하게 되길 바랐다.

나에게 배려라는 감정은, 그 안에 숨겨진 나를 향한 누군가의 욕심을 느끼게 했고, 그럴듯한 허울을 뒤집어쓴 나를 만나게 하며, 다른 누군가의 생각과 선택으로 만들어진 나를 하나하나 돌아보며 내 안에서 느껴지는 느낌과 나의 생각을 다시 찾게 했다.

그리고 그 시간들을 통해, 나는 진짜의 나의 느낌과 생각을 만나게 됐다. 이제 누군가에게 배려라는 허울만 좋은 감정이 아닌 진짜 배려를 주고 싶다고 느끼는 내가 있었고, 스스로 나를 존중하고 배려하고 싶어졌다.

나의 배려는 존중과 닮아 있었다. 그저 내가 '나'일 수 있게, 누군가가 그대로의 자신을 느끼고 스스로 선택하고 존중해나가는 것을 배려하고 싶었다. 나와 함께 있는 누구라도 그가 '그'일 수 있기를 바랐고 내가 '나'일 수 있기를 바랐다. 그게 내가 느끼는 배려라는 감정이었다.

내가 나의 선택을 존중할수록 내 안의 나를 믿는다는 감정도 두터워지기 시작했고, 존중과 닮은 배려는 혹여 내가 잘못된 선택을 했더라도 그것을 선택한 나를 편안하게 돌아보며, 다음에 더 나은 선택을 하기 위한 배움으로 받아들여 그 선택을 한 스스로를 탓하지 않게 했다.

누군가의 선택에도 나는 더는 어떤 선택이 더 좋다 전하기보다 하고 싶은 선택을 하기를 바랐고, 서로의 선택을 억지로 맞추려 애쓰는 대신, 무엇이 서로를 위한 것인지를 느끼게 했고 나와 다른 것을 선택하는 누군가의 선택을 존중했다. 나의 선택을 바꾸려는 누군가의 생각이나 말에 흔들리지 않았고 스스로 나의 느낌과 생각에서 나오는 그 선택을 존중했다.

나와 함께하려는 누군가와는 서로가 하는 선택을 존중했고 배려가 무엇인지에 대해 스스로 느끼고 생각했고, 서로가 배려가 아니라고 느껴지는 것에 대해서는 분명하게 전했다. 그럴수록 나와 누군가는 서로의 마음이 더 깊이 연결되고 있음을 느꼈고, 서로를 위한 것이 무엇인지를 느끼고 생각하는 시간을 보내며 존중이 담긴 배려를 계속해나갔다.

배려라는 감정은 나에게, 내가 '나'일 수 있게 존중해주는 사람과, 자신의 욕심을 위해 배려를 내세워 나를 흔드는 사람을 스스로 느낄 수 있게 하는 감정이었다. 나의 느낌과 선택을 존중해주는 누군가가 보내주는 배려에는 누군가가 나를 진심으로 위하는 깊은 마음과 존중이 느껴진다.

누군가를 바꾸려 하기보다, 그대로를 존중하는 것만으로 배려는 아무것도 하지 않아도 자연스럽게 전해지고 있었다. 그 사람이 진심으로 원하는 것을 내가 느낄 수 있다면, 그 선택을 존중하는 것만으로도 나의 배려는 온전히 그 사람에게 전해진다.

존중이 담긴 배려는
나에게도, 누군가에게도 그대로 순수하게 전해진다.

배려는 서로를 진심으로 위하고 존중하려 할 때,
서로의 마음에 남아 깊이 연결된다.

불만은

나와 누군가의 기준이 부딪혀

마음에 쌓였을 때 느껴지는 감정이다.

불만은, 짜증이라는 감정을 통해 밖으로 나와 여러 불만이 내 안에 머물고 있다는 것을 나에게 알게 했다. 크기가 작은 불만은 한두 번의 짜증을 통해 밖으로 나와 해결되기도 하지만, 짜증을 통해 나오지 않은 큰 불만은 내 안에서 존재를 더 키운 후, 분노라는 감정을 통해 단숨에 밖으로 나와 다른 누군가에게 내 안에 머무르고 있던 불만을 한꺼번에 보이고 전한다.

분노를 통해 나오지 않은 불만은 점점 내 안에서 크기를 키우거나 다른 감정과 섞여 자신의 존재를 더 자주 드러내며 나의 주변에 있는 상황과 누군가에게 향해 가고 조용한 나의 현실을 복잡하게 만들기도, 나를 곤란하게 하기도 했다. 내 안에 있던 불만이 밖으로 나오는 것을 보며, 나는 내 안에 있는 불만을 마주할 수 있었다. 나의 불만은 나의 기준과 다른 누군가의 기준이 다르다는 것을 받아들이고 싶어 하지 않았고, 나의 기준만이 전부라고 생각하는 감정인 듯했다. 시간이 지난 뒤, 나는 내가 가진 불만을 통해 내가 어떤 기준을 가지고 있는 사람인지를 더 분명하게 알게 되었다.

나의 기준만을 전부라고 여겼던 나의 눈에는 내가 불만을 느낄 만한 것이 잘 보였다. 조금이라도 나의 기준과 다른 것이 보이면 나는 그것에 대해 어떤 불만이 있는지 분명하게 느낄 수 있었고, 내 안에서는 내 눈에 보이는 나의 기준에 맞지 않는 것을 향해 시시콜콜 떠들어 댔다. 나의 기준에서 받아들일 수 없는 상황이나 누군가가 있을 때는 나는 불만에 사로잡혀 공격적인 시선을 보내거나 누군가가 나의 불만을 알아차릴 수 있도록 불만이 가득 담긴 에너지를 보내며 내가 가진 불만을 알아차려 주길 바랐다. 누군가가 내가 가진 불만을 알아차려 주면, 그 사람에게 내가 가진 불만을 쏟아냈고 나의 세상은 점점 온통 불만으로 가득 차 좋은 것을 보거나 느낄 때조차 그 불만에 순식간에 사로잡혔고, 불만은 내가 즐거울 수 있는 순간까지 모두 자신의 것으로 만들어 내가 편안함을 느끼지 못하게 방해하는 것을 즐기고는 했다.

내가 좋아하는 감정을 느끼고 있을 때도 불만은 내 안에서 불쑥 나타나 그것에 만족하기보다 더 나은 것을 바라서 그런 것이라고 끼어들어 산통을 깨버렸고 내가 좋아하지 않는 감정을 느끼고 있을 때는, 아직 일어나지 않은 순간까지 지레짐작하게 하며 내 안을 초조하게 만들어 가만히 있지 못하게 했다.

나보다 더 많은 불만을 느끼고 있는 사람이나 불만을 밖으로 모두 내야 시원하다고 말하는 누군가를 볼 때는, 나는 그들을 곱지 않은 시선으로 바라보며, 그들에게도 불만을 느꼈다. 불만이 내 안에 많아질수록 싫어하는 것도 점점 많아지기 시작했고, 나는 내가 싫어하는 것으로 가득 찬 나의 현실을 싫어했고, 그렇게 느끼는 나도 좋아할 수 없었다. 스스로가 싫어지기 시작하면, 밑도 끝도 없는 불만을 스스로에게도 쏟아내며 탓을 했고, 내가 가지고 있는 기준에 한참 떨어진 생을 살고 있는 내가 한심하게만 느껴졌다. 그리고 결국 나는 그런 나를 세상에서 가장 싫어하게 됐다.

그런 나를 누군가에게 보이기 싫어 나는 입을 다물기 시작했고, 누구도 만나고 싶지 않아 방에만 틀어박혀 있기를 선택했다. 그리고, 그 시간 동안 나는 내가 가지고 있는 불만의 공격을 쉴 새 없이 받아내야 했다. 내 안에 하나의 불만이 느껴지면 뒤이어 그 불만과 연결된 다른 불만들이 느껴졌고, 내가 겪었던 순간에서 좋았던 것을 모두 지워버리고 문제라 느껴졌던 것을 크게 키우고 스스로를 괴롭혀댔다. 계속 느껴지는 불만을 나의 상황이 더 좋아지게 하는 것에 사용하는 대신, 나는 불만에 사로잡혀 나를 괴롭히고 힘들게 하는 것에 집중하고, 더 많은 기준을 나에게 가져와 그 기준대로 해내지 못하는 나를 탓했다.

내 안의 불만은 누군가가 아닌 스스로를 공격하는 감정으로 돌변해가면서, 더 잦은 짜증이나 분노로 밖으로 튀어나와 나를 더 힘들게 했다. 그럴 때는 방에 틀어박혀 불만에 사로잡혀 있는 것이 힘들어 누군가를 만나서 이야기를 나누다 나와 같은 불만을 가진 사람과 서로가 가진 불만을 밖으로 쏟아낼 때마다 잠깐의 시원함을 느끼기도 했지만, 그 시간이 끝나면 나는 그전보다 더 많은 불만에 사로잡혔고 내 안에 차고 넘치는 불만은 점점 불어나 내가 감당할 수 없을 만큼의 에너지로 나를 공격했다.

불만이 가진 에너지를 이길 수 있는 감정이 내 안에는 없었다. 다른 감정을 느낄 수 없을 만큼 내 안 가득 불만이 들어찼지만, 나는 불만을 계속 만들고 있는 사람도 크게 키우고 있는 사람도 나라는 것을 느끼지 못했다. 그리고 그 불만을 스스로 해결할 수 있다는 생각 또한 하지 못했다. 내 안에 가득 찬 불만을 핑계 삼아 나는 아무것도 시작하지 않으려 했고, 무언가를 시작해야 한다고 말하는 누군가에게 '내 마음에 들지 않으니 나는 할 수 없다, 내 마음에 들지 않는 걸 하고 싶지는 않으니까'라고 말하며 내가 해야만 하는 선택과 시작을 최대한 미뤘다.

겨우 마음을 다잡고 시작한 일도, 불만이 하나둘씩 느껴지고, 마음에 들지 않는 것이 눈에 들어올수록 나는 나의 기준에 맞지 않는 상황과 누군가를 탓하다 몇 번의 부딪힘을 겪고 나서는, 내가 느끼는 불만을 드러내지 않으려 했다. 그때부터 나는 불만을 안으로 숨겼고, 숨기지 못한 불만은 내 안에서 시끄럽게 떠들기 시작했다.

나는 불만을 내 안으로 숨겨두면, 나의 불만을 다른 누군가가 눈치채지 못할 것으로 생각했다. 하지만 불만은 나와 누군가의 사이에서 미묘한 에너지를 내고 있었고, 불만을 숨기지 않아도 되는 상황에서는 날카로운 짜증이나 걷잡을 수 없는 분노가 되어 튀어나왔고, 그 순간이 지난 뒤에도 내 안에 계속 남아 있는 불만은 나의 현실, 누군가 그리고 나를 탓하고 공격했다.

계속 느껴지는 불만이 싫어서 내 안 더 깊숙한 곳에 꾹꾹 눌러 담을수록, 불만에 섞인 짜증이 분노가 되고 언제나 분노를 느낄 때마다 나는 나에게도 함께하기 힘든 불편한 사람이 되어 있었다. 그런 내가 나는 너무나도 불편했고, 그 에너지는 내 주변에 있는 누군가도 불편하게 만들었다.

새로운 일을 시작하면서, 상황이 변하기 시작했다. 내가 처음 만나게 된 혼자 모든 것을 해내야만 하는 환경에 놓였고 아무것도 갖춰져 있는 그곳에서 나는 그동안 참아왔던 나의 불만을 쏟아내기 시작했다. 그리고 혼자 있는 시간 동안, 숨겨 둔 불만을 밖으로 꺼내 그 불만을 터뜨리다 내가 가진 불만을 하나하나 적어 내가 해결할 수 있는 것을 찾기 시작했다. 그리고 나는 처음으로 내가 가진 불만을 스스로 해결하면서 느끼는 불만을 모두 밖으로 꺼내 더 좋아지게 하는 방향으로 사용했고, 내 안과 밖에서 불만이 폭주할수록 불만은 나를 움직이게 하는 에너지가 되어 주었다.

나는 그 누구도 탓할 수 없는 혼자만의 환경에서 나의 불만을 마주하면서, 누군가를 탓할 수 없는 순간을 보내게 됐다. 나는 여러 상황을 겪으면서 불만은 내가 스스로 해결하고 움직이게 하는 감정이라는 것을 느껴가기 시작했다.

그때부터 나는 나의 불만을 숨기지 않고, 해결해나가며 나의 현실을 내가 바라는 방향으로 바꿔나가기 시작했고,

그때마다 내가 느낀 불만은 나에게 또 다른 길을 열어주며 많은 것을 해낼 수 있게 했다. 도저히 스스로 해결할 수 없을 것만 같았던 나의 불만은 눈앞의 상황들을 스스로 해결해나가는 기쁨과 섞여 잠잠해지는 듯 보였다.

하지만 다시 누군가와 함께해야 하는 환경으로 변한 순간부터 내 안에서 잠잠해지고 있던 불만이 다시 커지기 시작했다. 불만은 또다시 걷잡을 수 없이 차올라, 내 눈앞에 보이는 것에 하나하나 토를 달며 내 안을 시끄럽게 했고, 나의 불만이 가진 그 에너지에 반응이라도 하듯, 너나 할 것 없이 불만을 느끼고 있는 상황과 불만을 느끼고 있는 누군가에 대한 이야기를 멈추지 않았다.

불만으로 가득 찬 모두의 마음은 점점 멀어지고 있었고, 그 누구도 그 불만을 멈추지 못했다. 누군가가 불만을 꺼내기 시작하면 그보다 더 큰 자신의 불만을 꺼내어 다른 누군가의 불만을 이기려 하거나 불만을 참고 있는 사람에게 그 불만의 책임을 느끼게 해 참고 있는 불만마저 터지게 했다. 모두가 불만에 사로잡혀, 누구의 불만이 더 크고 중요한 것인지 대결이라도 하듯 서로를 공격하고 탓했다.

내가 혼자 모든 것을 해결하고 해나가고 있을 때, 내 안의 불만은 잠잠해졌지만 누군가와 함께하는 순간이 다가오자 나는 다시 불만에 사로잡혀 버렸고 불만이 가진 에너지는 모두의 사이를 멀어지게도 어긋나게도 했다. 누군가가 없는 자리에서 무심코 전한 불만이 불씨가 되어, 또 다른 누군가에게 전해지기 시작하면서 서로를 믿을 수 없게 했고, 나의 현실도 점점 내가 원하지 않는 방향으로 흘러가기 시작했다. 나와 모두를 지치게 한 불만은 서로에게 많은 경험을 하게 한 감정이었다.

불만은 보이지 않는 내면에서 더 크게 자라나, 걷잡을 수 없는 분노가 되어 타오른다. 불만은 모든 것을 최악이라 느끼게 했고 그것을 느끼고 있는 나를 싫어하게 했고, 나에게 불만을 전하는 누군가도 싫어하게 했다. 혼자 있을 때보다 누군가와 함께할 때 느껴지는 불만은 더 크고 강한 에너지를 가지고 있었다, 나는 한동안 불만에 사로잡혀 나의 기준에서 벗어나거나 어긋나는 상황과 누군가를 싫어하며 끊임없이 부딪히고 있었다.

나와 모두의 불만이 부딪힐 때마다 불만은 서로를 괴롭혔고, 불만이 분노를 넘어 미움이라는 감정으로 이어지기 시작하면서, 누군가를 싫어하고 미워하는 것에 나는 내가 가진 모든 에너지를 쓰고 있었다. 모두가 서로의 불만에 지쳤고, 서로의 마음 깊은 곳의 미움이 사이를 점점 더 벌어지게 만들었다. 그 미움은 불만을 느끼던 누군가가 사라져도 내 마음 한구석에서 다른 감정과 뒤섞여 내가 새로운 누군가와 다시 무언가를 하려 할 때마다 주저하게 하거나 마음의 문을 닫게 만들었다. 나는 점점 누군가와 함께하는 것이 견디기 힘든 고통처럼 느껴지기 시작했다.

그 고통이 가장 견디기 힘들다고 느껴진 순간, 나는 모두와 거리를 두는 것을 선택했다. 다시 혼자가 되었고, 나는 그 시간을 보내면서 불만에 다시 사로잡혀 있는 나를 느낄 수 있었다. 그리고, 나는 누군가의 불만에서 떨어져 있는 시간을 보내면서, 불만이라는 감정도 내 안에서 느껴지는 불만도 하나하나 되짚어 보며 나의 불만의 불씨를 내 안에서 찾기 시작했다. 지난 시간의 나와 지금의 나의 불만을 모두 돌아보며, 누군가에 대한 불만, 누군가가 나에게 갖고 있는 불만, 그리고 혼자 있을 때와 누군가와 함께할 때 느껴지는 불만도 모두 마주했다. 누군가가 나에게 보내고 있는 불만을 마주하며, 내 안에서 다시 짜증과 분노가 튀어나오는 걸 느끼고 그 감정을 지켜보면서 나는 그때의 나를 느끼고 누군가를 느꼈다.

혼자 있을 때는 분명 나를 더 좋아지게 했던 불만이, 누군가와 함께할 때는 마음을 다치게 하며 서로가 자신이 가진 불만을 날카롭게 갈아 그 에너지와 말을 누군가를 향해 보낼 때마다, 불만을 해결하는 것보다 그 불만이 가진 에너지로 인해 나의 마음도 누군가의 마음도 닫히고 있었다. 그렇게 불만을 마주하는 시간 동안 나는 수많은 누군가의 모습과 불만을 내 안에 들여보내고 내보내기를 계속했다.

그리고, 불만은 숨겨야 하는 감정이 될수록 내 안에서 더 커져 밖으로 나올 때, 더 날카롭게 변한다는 것을 나는 알게 됐다. 불만이 누군가에게 전해지고 보여야 하는 감정이라면, 그 감정이 내가 불만을 느끼고 있는 누군가에게 어떤 느낌으로 전해지는지에 대해서는 느끼지 못했던 나를 느끼는 시간을 가졌다. 내가 어떻게 전해야 나의 불만을 들은 사람이 조금이라도 편안하게 받아들일 수 있는지에 대해, 그전까지는 생각해 본 적이 없었다. 불만의 에너지는 전할 때마다 언제나 상황이나 누군가와 부딪힐 수밖에 없는 에너지라 생각했다. 그 부딪힘이 처음부터 일어나지 않게 할 수도 있다면, 그 에너지를 어떻게 사용하고 싶은지에 대해 생각하는 시간을 가지며 나는 많은 순간을 돌아보고 느끼고 있었다.

나는 불만이 서로 부딪히게 하는 감정이 아닌, 모든 것을 더 분명하게 나아지게 할 것에 사용되게 하고 싶었다. 그러기 위해서는, 먼저 내가 가진 불만과 내가 불만을 느끼는 이유에 대해 스스로 알아야만 했다.

나의 불만은 모두 내가 가지고 있는 나의 기준에서 시작되고 있었다. 나에게만 당연한 나의 기준에서 다른 누군가를 느끼고 있으면 내 안에서 불만이 느껴졌고, 다른 누군가도 자신의 기준에서 나를 느끼는 순간, 불만을 느끼고 있었다. 나의 불만은 나의 기준만이 전부라고 느끼는 감정이었고, 누군가의 불만도 자신의 기준이 전부라고 느끼는 감정이었다. 누군가의 기준으로 느껴보면 나는 그 기준에 맞는 사람이 아니었고, 나의 기준 또한 그랬다.

나의 기준과 다른 기준이 많은 누군가일수록 나는 불만을 더 많이 느끼기 시작했고, 나의 기준과 비슷한 기준을 가진 누군가에게도 나와 다른 기준이 느껴지면 그때부터 내 안에서는 불만이 느껴지고 있었다. 사람마다 다 각자의 기준이 있고 그 사람만의 고유의 기준이 있다는 것을 나는 머리로는 알고 있었지만, 내가 나의 불만에 사로잡혀 있는 동안, 나는 그것을 받아들이고 싶어 하지 않고 있었다.

나의 불만은 받아들이고 싶지 않은 누군가의 기준을 정확히 향해 있었다. 나의 기준이 내가 살아가고 싶은 방식이라면, 그 사람의 기준도 그 사람이 살아가고 싶은 방식 중 하나라는 걸 나는 받아들이고 싶어 하지 않았고, 나의 기준을 받아들여 주지 않는 상황이나 누군가를 탓하며 불만을 키우고 미움으로까지 이어지게 했다.

나는 누군가와 함께하는 순간을 벗어나 있는 시간 동안, 내가 가진 기준에서 내가 살아가고 싶은 방식을 정리했다. 그리고 내가 살아가는 데 더는 필요 없는 방식과 기준들도 정리해나갔다. 그리고 받아들이고 싶지 않은 방식에 대해서도 스스로에게 분명하게 알게 했다. 내가 받아들이고 싶지 않은 기준이나 방법에 대해 불만이 느껴질 때마다 나는 그것을 받아들이려 애쓰기보다 받아들이고 싶어 하지 않는 나를 존중했다. 나의 기준을 어느 정도 정리하고 난 뒤, 나에게 불만을 느끼는 다른 누군가의 기준과 살아가는 방식도 느껴보기 시작했다.

그리고 TV에 나오는 누군가의 기준, 어느 정치가의 기준, 사회의 기준, 사람이 갖고 있을 만한 기준과 살아가는 방식을 모두 느껴보며 나의 기준과 다른 부분들을 찾아내고 정리하면서 내 안의 불만은 이해라는 다른 감정으로 변해가기 시작했다.

그때부터 서서히 한 사람 한 사람이 모두 다른 기준을 살아가고 있다는 것이 나에게 흥미롭게 느껴졌고 나와 비슷한 기준을 가진 사람, 나와 비슷해 보이지만 조금은 다른 기준을 가진 사람, 나와 정반대의 기준을 가진 사람까지 모두 느껴보면서 나는 자연스럽게 이해라는 감정을 느끼게 되었다.

그리고 불만은 짜증과 분노와 섞이는 대신, 이해라는 감정과 섞이기 시작하면서 더는 나의 불만에 사로잡히지 않았고, 불만이 느껴지는 순간마다 나와 다른 기준과 방식을 가진 누군가에게 자연스러운 이해를 느끼며 더 좋아질 수 있는 것에 대해 전하게 되었다.

나는 내가 가진 기준에 따라 누군가가 좋은 사람으로 보이거나, 그렇지 않은 사람으로 보이는 것을 느끼면서 그 느낌 그대로를 스스로 존중하며, 나에게 불만을 전하는 누군가의 기준을 느끼고 있으면 그 불만에 사로잡히기보다 그 불만에 대해 내가 느끼고 있는 것을 편안하게 전하면서 나의 불만은 모든 것을 더 나아지게 하는 것에 사용되고 있었다.

나와 가까운 사이에 있는 누군가의 기준을 자연스럽게 이해하는 것에는 더 많은 시간이 필요했다. 가까운 만큼 불만 외에도 다른 감정이 섞여 있어 기준 그대로 마주하려 할 때마다 다른 감정이 섞여 쉽지 않았지만, 마구 뒤섞여 있는 감정을 하나하나 깊은 호흡으로 달래며, 그들이 가진 기준 그 자체를 느끼는 것에 집중했다. 나에게 불만을 전하려 애쓰며 나와 수없이 부딪혔던 누군가는 여전히 나와는 정반대의 기준을 가지고 있었고, 나는 나의 기준과 부딪혀오는 누군가의 기준에 서로를 맞추는 대신, 각자의 기준과 방식으로 살아가는 길을 선택했다.

내가 가진 기준만큼 그들이 가진 기준이 그들에게는 중요한 것임을 나는 내 안에서 받아들였고, 그 기준이 내가 받아들이고 싶지 않은 기준이라면 그것을 애써 바꾸려 하거나 이해하려 하기보다 그들이 그 기준대로 자유롭게 살아가기를 바랐다.

그리고 나는 나를 불편하게 하는 기준들과 스스로 놓아버리고 싶다고 느끼는 기준을 마주하기 시작했다. 나를 불편하게 하는 기준들은 대부분 내가 받아들이고 싶지 않다고 느끼는 누군가의 기준과 닮아 있었다. 아이러니하게도 그 기준을 가지고 있는 나조차도 받아들이고 싶지 않다고 느낄 만큼 나를 불편하게 하고 숨 막히게 하는 기준들이었다. 나는 나를 숨 막히게 하는 기준들을 하나둘 놓아 버리기 시작하면서 내 안은 더 편안해졌고 나의 감정을 느낄 때마다 더 편안해졌다.

내가 가진 불만을 온 힘을 다해 누군가에게 전하는 것도 그만두었다. 그저 느껴지는 감정을 편안하게 전하면 그 누군가도 편안한 에너지를 느낄 수 있다고 믿었고, 내 안이 불편해져 있을 때는 되도록이면 그 감정을 편안하게 느낀 후에 전하려 했다. 그렇게 전해진 나의 느낌과 생각들은 누군가와 마음 깊은 곳에 이어지게 했고, 상황도 더 나아지게 하며 나의 에너지를 내가 원하는 곳에 쓸 수 있게 해주었다.

내가 느끼는 것을 전하는 것도 점점 느긋해지기 시작했다. 내가 느끼는 것이 누군가에게 잘 전해지기 위해서는 그 사람이 그 느낌을 느낄 수 있는 사람인지, 그 사람이 그 느낌을 받아서 더 나아질 수 있다는 느낌이 분명해졌을 때 전했고, 전해도 느끼려 하지 않는 누군가가 있다면 무엇을 전하려 하기보다 그의 기준과 방식을 존중했고, 그 기준과 방식에 맞추고 싶지 않은 나의 느낌도 존중했다.

나도, 눈앞에 있는 누군가도 서로의 불만을 억지로 받아들이며 맞춰야 하는 존재가 아니다. 서로의 기준을 존중하는 누군가와 함께하는 시간은, 서로의 느낌을 솔직하게 주고받는 편안한 순간이 되어 주고, 그 순간들을 통해 전해지는 느낌은 내가 성장하는 바탕이 되어주지만 나와 다른 기준을 가진 누군가를 바꾸기 위해 불만을 쏟아내고 부딪힐수록 서로의 마음은 불편해지고 더 멀어지게 만든다.

불만은, 그 사람이 가지고 있는 기준과 살아가는 방식을 느끼게 하는 감정이다. 그 기준을 통해 지금까지 그 사람이 살아 온 환경이나 생각, 느낌을 느끼게 해 자연스러운 이해를 느끼게 하기도 하고, 내 안의 불만을 마주하게 하며 나를 불편하게 하는 기준들을 스스로 놓아버리게 했다.

나의 불만은, 모두 '나의 기준'에서 태어났다.

나에게 필요 없는 기준을 내 안에서 놓아버리고, 나의 기준과 내가 살아가고 싶은 방식을 분명하게 할수록, 나의 불만은 상황과 누군가의 기준과 살아가는 방식을 바꾸는 것보다 나와 모두를 조금 더 나아지게 할 수 있는 방법을 생각하게 했고, 누군가가 전하는 불만에 사로잡히지 않고 불만에서 느껴지는 누군가가 갖고 있는 기준을 한 걸음 물러서서 느끼고 생각할 수 있게 했다.

나의 기준이

누군가의 기준과 다르다는 것.

내가 살아가는 방식과

누군가가 살아가는 방식이 다르다는 것.

나의 기준이

누군가의 기준과 같을 수는 없다는 것.

내가 살아가는 방식이

누군가의 살아가는 방식과 같을 수는 없다는 것.

불만의 본질은

'모든 것을 더 좋아지게 한다.'에 있다.

그 본질을 느낄 수 있는 기회는,

지금 내가 느끼고 있는 불만에 숨겨져 있다.

불안은

그 끝에 결국 내가 있음을 알게 하는 감정이다.

나는 보고 듣는 모든 것에서 불안을 느낄 수 있었고, 그 불안과 함께하며 생각할 수 있었다. 세상에 존재하는 모든 것이 내 안의 수많은 불안과 이어져 커지면 나는 내 안에서 그 불안을 쉽게 없애버리거나 지워버릴 수도 없었다. 불안하지 않다고 말하는 순간에도 내 안의 불안이 느껴졌고, 내가 불안하다고 느끼고 있는 나에게서 도망가려 할 때도 불안은 내 뒤를 쫓아와 끝까지 따라붙고는 했다.

나는 내 안에서 불안을 없애기 위해 많은 것을 했지만, 내 노력이 무색하게 불안은 내 안에서 사라질 수 없는 감정이라는 걸 느끼게 했었다. 내가 나의 불안을 제대로 마주하기 전까지, 이유 모를 불안으로 나는 잠을 이루지 못했고 스스로 선택해야 하는 순간이 많아질수록 나는 나와 함께하는 불안을 없애고 싶다는 마음 하나로, 나의 현실에서 발버둥을 쳤다.

불안이 내 안에 존재해야만 하는 이유 따위는 알고 싶지 않았다. 그저 나를 한순간도 내버려 두지 않는 불안의 그림자가 느껴질 때마다 벗어나려 노력했고, 어느 정도 벗어났다고 생각하는 순간 다시 더 큰 불안이 나에게 다가오려 하는 것을 느꼈다. 그때부터 나는 아주 작은 불안에도 민감하게 반응했고 모든 순간이 초조해지기 시작했다. 불안을 민감하게 느낄 때면 주변의 작은 소음도 내 귀에 크게 울려 나의 신경을 거슬리게 했고, 나는 아직 보이지 않는 불안까지 느끼며 하루하루 긴장을 놓지 못했다.

불안은 내 안에서 기필코 없애버리고 싶은 감정이 되어 있었고, 혼자 남겨지는 순간이 찾아오면 불안은 내 안을 뒤흔들기 시작했다. 불안은 내가 무엇을 해도 잘 안 될 거라고 나에게 속삭였고 그 속삭임에서 벗어나려 누군가와 함께하면 누군가가 가지고 있는 불안도 함께 느껴졌다.

내가 나의 불안을 어떻게 하지 못하는 것처럼, 다른 누군가도 나와 닮은 불안을 가지고 있다고 느껴지면, 묘한 안도감이 다가와 나의 불안을 잠시나마 별게 아니라고 느끼게 했지만, 그 순간이 지나 혼자가 되면 나는 감당할 수 없는 불안에 또다시 사로잡혔고, 그럴 때마다 나의 불안에 누군가의 불안이 더해지고 내가 무엇을 보고 들을 때마다 나의 불안을 키워 줄 내용만을 골라 내 안에 담았다. 내 안의 불안은 금방이라도 폭발할 것처럼 점점 내 안에서 그 부피감을 더해 갔다.

기회가 있을 때마다 누군가와 서로의 불안을 나누는 대화가 오고 갈수록 나는 그 대화에 익숙해져 갔다. 그 대화가 계속 이어지고 있는 동안, 나는 누군가가 나를 염려하는 걱정도 함께 느끼기 시작했고 그 걱정은 내가 혼자 남겨졌을 때, 더 큰 불안이 되어 나를 짓눌렀다.

내가 생각해보지 못한 것들까지 걱정해주는 누군가의 말과 에너지가 나에게 다시 불안이 되어, 내가 불안을 견디다 못해 어떻게든 벗어나려 할 때마다 누군가의 걱정이 내 뒷덜미를 잡았다. 그 걱정에 뒷덜미를 잡힐 때마다 커져가는 나의 불안을 느끼며 주저앉혀졌고, 누군가가 나를 걱정했던 말을 되새길 때마다 내 마음은 쿵 내려앉았고, 모든 의욕이 사라져 아무것도 할 수 없는 나를 탓했고 불안에 더 깊이 빠져들어 숨만 겨우 쉬고 있는 날들이 이어졌다.

불안에 짓눌려 숨 쉬는 것마저 괴롭다고 느껴질 때는, 그 감정에서 벗어나고 싶어 약을 먹고 긴 잠을 청하며 그 감정에서 벗어나기 위해 노력했다. 깊이 빠져 있던 불안에서 조금 벗어났을 때는, 다시 불안을 없앨 수 있는 방법을 찾아 그 방법을 따라 해 보기도 했지만, 길게 가지는 못했다.

다시 나를 향한 누군가의 걱정을 내 안에 들여놓으면, 어김없이 나의 불안은 다시 커져 나를 그 감정에 빠져들게 했다. 나는 누군가가 나를 위한다고 말하며 전하는 걱정에서만이라도 벗어나고 싶었다. 그 걱정을 들을 때마다 커지는 나의 불안을 알아차리기 시작하면서부터 나는 누구도 만나고 싶지도, 나를 걱정하는 누군가의 말을 듣고 싶지도 않았다. 누군가가 나에게 아무렇지도 않게 전하는 말과 걱정이 내 안의 불안을 더 크게 만들게 두고 싶지 않았고, 누군가가 전하는 불안을 없애는 방법이 나에게만은 통하지 않는다는 것도 나를 괴롭게 했다. 나는 혼자 불안에 빠져 있는 것을 선택했다.

나는 나의 불안에 점점 더 깊이 빠져들어 가고 있었다. 그리고, 나도 모르게 나는 나의 불안을 마주하기 시작했다. 시도 때도 없이 솟구치는 나의 불안을 하나하나 마주하면서 나는 '내가 어떤 것에서 불안을 느끼고 있는지, 내가 벗어날 수 없는 불안이 무엇인지, 그 불안이 안내하는 나의 결말'까지 모두 마주하고 느끼기 시작했다. 그리고 누군가가 나에게 보내왔던 걱정이 섞인 불안까지 모두 하나하나 파헤쳐 그 걱정을 나에게 보내고 있는 누군가의 불안까지도 모두 느꼈다.

혼자 그 모든 불안에 빠져 있는 동안, 나는 모두와 단절되어 있었고 그 시간 동안만큼은, 내 안에 새로운 불안은 들어오지 않았다. 나는 긴 시간 느껴왔던 나의 수많은 불안을 마주하며, 내가 느끼고 있는 수많은 불안의 이유가 대부분 비슷하다는 것을 알게 되었고 그 이유를 마주할수록, 내 안은 더 흔들리기 시작했다.

불안은 다른 감정과 달리 이유를 아는 것만으로 나에게서 사라지는 감정이 아니었다. 불안을 느끼게 하는 이유를 생각할수록 나는 모든 것이 귀찮고 성가시게 느껴졌다. 이제 불안을 느끼게 하는 이유에 빠져들 차례였다.

그리고, 그 이유에 빠져들다, 나는 불안을 뒤따라오는 두려움이라는 감정에 다다랐다. 그게 나의 불안의 끝에 있는 감정이었고, 두려움은 불안의 끝으로 나를 안내했다. 나의 불안의 끝에는 내가 만들어낸 나의 생의 끝과 함께 불안이 끝나게 할 수 있는 선택을 하는 내가 있었고, 그 끝을 느낄 때마다 그 선택 또한 내가 할 수 있는 선택 중 하나라는 것을 알게 됐지만, 나는 그 선택을 하고 싶어 하지 않았다.

불안을 느끼게 하는 이유를 영원히 없앨 수 있는 선택이 될 수도 있었지만, 불안과 함께 나도 세상에서 없어지게 하는 것을 선택하는 것과 같았다. 그 끝을 생각할 때마다, 나는 나의 불안을 남겨두는 것을 선택했다.

그리고, 그 끝을 느낄수록 나의 불안과 두려움은 이상하게도 점점 나에게 작게 느껴지기 시작했고, 나는 그 생각이 떠오를 때마다 나의 끝을 좀 더 다르게 느끼거나 그려보고 싶다는 생각을 했다. 불안을 느끼게 하는 이유를 생각하며 그리는 나의 끝은 항상 결말이 같았지만, 나는 내가 원하는 나의 끝을 그려낼 수 있었다.

나에게 불안을 느끼게 하는 이유를 더는 두려워하지 않는 내가 불안을 뒤로하고 내가 원하는 것을 선택했을 때, 나의 끝은 달라졌다. 그 시간을 통해 나는 몇 번이고 나의 끝을 느끼고 생각하다, 내가 원하는 나의 끝을 만드는 것이 나라는 것을 알게 됐다. 그리고 내가 어떤 선택을 하는가에 따라 나의 끝에서 나와 함께하는 누군가가 바뀌고 있었지만, 그 끝에서 바뀌지 않고 끝까지 서 있는 사람은 나였다.

나의 끝의 주인공은 나였고, 그 결말을 위해 수많은 선택을 해 온 사람도 모두 나였다. 그리고, 불안을 느끼게 하는 이유와 상관없이 내가 해 온 선택들을 해 온 내가 그 끝에 있었다.

나는 나의 끝을 불안이나 두려움이라는 감정이 정할 수 있다고 생각하고 있는 동안에는, 아무것도 분명하게 선택하지 못했고, 불안을 느끼는 이유를 앞세워 아무것도 하지 않으려 했다. 하지만, 불안이나 두려움은 나 대신 아무것도 선택하지 못했고, 나만이 나의 끝을 정할 수 있다는 걸 분명하게 알게 되었다.

내가 어떤 불안을 느끼고 있고, 불안의 이유가 무엇이든 그 끝을 바꿀 수 있는 사람은 나라는 것을 알게 된 순간부터 나는 더는 불안과 두려움이라는 감정에게 나의 선택을 넘겨주지 않았다.

그 끝을 정할 수 있는 사람도 그 끝을 마음대로 바꿀 수 있는 사람도 오직 나뿐이라는 것을 알게 된 후, 다시 내 안에서 불안이 느껴질 때마다 나는 나의 끝을 느끼고 생각하며 불안을 뒤로하고 내가 원하는 나의 끝을 그려내고 그 끝을 위한 선택을 하기 시작했다. 나는 그렇게 불안에게 계속 나의 끝을 정할 선택권을 주지 않았다.

그때마다 지금 내가 느끼는 불안이 별게 아니라고 느끼는 순간이 많아졌고, 나는 불안을 내가 무언가를 선택하고 싶을 때, 그 선택을 방해하는 귀찮은 파리와 같은 감정이라 느끼기 시작하면서 나의 불안에 더 민감해지지 않았고 더 두려워하지도 않게 되었다.

나의 불안이나 누군가가 걱정 섞인 불안이 나의 뒷덜미를 잡으려 할 때마다 일부러 귀찮고 성가시다 생각하며 그 불안을 마주했고, 누군가가 걱정 섞인 불안을 나에게 보내려 할 때마다 그건 나를 위한 감정이 아니라는 것도, 그 걱정을 들었을 때 내 안에서 느껴지는 느낌도 솔직하게 전했다.

그리고 불안은 나를 위협하고 두렵게 만드는 감정이 아닌, 내 귓가를 잠시 맴도는 파리와 같은 감성이 되어 내 안에 머물게 되었다.

불안이 내 안에서 다시 커지려 할 때마다 나는 나의 끝을 그려보며, 그 끝을 정할 수 있는 사람은 나밖에 없다는 것을 다시 되새겼고, 불안 대신 다른 감정을 더 키워 나의 끝을 스스로 정해나가는 선택을 하기 시작했다.

불안을 내가 두려운 감정으로 대하기 시작하면 불안은 내 안을 다시 점령하려 했고, 불안은 내가 가지고 있는 다른 감정보다 더 커져 내가 바라지 않는 나의 끝을 보여줬고, 불안을 귀찮고 성가신 감정으로 대하면, 나의 끝은 내가 바라고 원하던 결말을 보여주며 나의 불안을 잠재워 버렸다.

그때쯤, 누군가가 나에게 보내는 걱정 섞인 불안에 대해서도 깊이 느껴보기 시작했다. 나는 누군가가 나에게 전하는 걱정 섞인 불안이 어떤 것인지 알고 싶어졌다. 누군가가 나에게 전하는 걱정 섞인 불안에는 그 사람의 불안으로 가득 차 있다는 것을 알게 되고 그 불안을 나에게 전하며 나와 자신의 불안을 비교해, 스스로에게 위안을 주고 싶어 하는 그 사람의 마음을 느꼈다. 그것을 느낀 나는 그 걱정을 나에게 전하려는 누군가의 에너지와 말을 모두 차단하기 위해 그 걱정을 흘려보내지 않고, 누군가의 걱정을 듣고 받아들인 나의 끝을 그려보았고, 그 걱정이 내가 바라지 않는 나의 끝에 도달하게 만든다는 것을 알게 된 후로 그 걱정 섞인 불안을 진지하게 받아들이지 않았다. 걱정 섞인 불안을 자신도 모르게 전하고 있는 사람에게 그 걱정이 누군가의 불안을 키우고 그 자리에 주저앉게 할 수도 있는 에너지를 가지고 있다는 것을 전했지만, 걱정이 누군가를 위하는 것으로 생각하는 스스로를 바꾸고 싶지 않은 사람에게는 전해지지 않았다.

내가 나의 불안을 별것이 아닌 것처럼 느끼고 대하면서, 나는 불안을 두려워하는 많은 사람의 감정을 함께 따라가보는 것을 시작했다. 내가 불안이라는 감정을 어떻게 별것이 아닌 감정처럼 느끼게 됐는지 궁금해하는 사람의 불안을 나는 함께 따라가 주었다.

자신의 끝을 그려보는 것이 어떤 느낌인지 알고 싶은 사람 중 누군가는 자신의 끝을 몇 번이고 가 보며, 불안이라는 감정을 두려워하지 않게 되기도 했지만, 그 끝에 다다르기 전에 뒤돌아 다시 불안에 사로잡히기를 선택하는 누군가도, 그 끝을 가보기도 전에 스스로를 없어지게 하는 누군가도 함께하면서 나는 내가 바라고 원하는 나의 끝을 만나기 위해 더 많은 감정과 느낌을 마주할 수 있었다.

자신의 끝을 끝까지 느끼고 그려본 사람은 불안을 바라고 원하는 나의 끝을 정하기 위한 감정으로 사용하며 그 끝을 위해 진짜의 자신을 만나고 싶어 했고, 자신의 끝을 다 그려보기도 전에 다시 되돌아 간 사람은 다시 불안에 사로잡히거나 누군가에게 걱정 섞인 불안을 전하기 시작했다. 그리고, 그 끝을 가보기도 전에 스스로를 없어지게 한 누군가는 자신도 자신이 느끼는 불안도 모두 마주하지 않고 없애버리는 것을 선택했다. 자신과 불안을 없애버리는 것을 선택한 누군가는 끝내 스스로가 바라고 원했던 자신의 끝을 만나지 못했다.

불안은 내 안에서 없앨 수 없었다. 불안이 아닌 그 어떤 감정도 나는 내 안에서 없애지 못했다. 느끼지 않으려 애를 쓸수록 그 감정은 내 안을 흔들며 더 커져만 갔고, 나는 그 감정에 점점 더 사로잡혀 나를 잃어버리고는 했다. 모든 감정은 내가 세상에 머무는 동안, 모든 순간 나와 함께하고 있다.

그 감정이 내 안의 나에게 무엇을 느끼게 하기 위해 존재하는지는 나만이 알 수 있다. 불안은 내가 가장 두려워했던 감정이었지만, 나에게 나의 끝을 바라고 원하는 대로 정할 수 있게 하는 감정이 되어 내가 그것을 위한 선택을 하게 했다.

그리고, 누군가의 걱정 섞인 불안에서도 나의 끝을 보여주고 그 걱정을 받아들이고 바라지 않는 그 끝을 향해 갈 것인지, 받아들이지 않고 내가 바라는 나의 끝을 정할 것인지를 스스로에게 느끼게 했다.

내 안에서 시작된 불안은 내가 바라고 원하는 나의 결말을 향해 내가 갈 수 있게 했고, 나는 더는 불안을 없애거나 빠져나올 수 있다고 말하는 방법들에 매달리지 않게 됐다. 그리고 누군가가 전해주는 걱정이나 불안도 나의 감정이 아니라는 것을 알게 하면서, 누군가를 위한 생이 아닌 나를 위한 생을 살게 도왔다.

불안은 내 안에 여전히 머물러 있다. 내가 바라지 않은 나의 끝을 향하려 할 때마다 그 끝을 나에게 느끼게 하고, 내가 바라고 원하는 끝을 정하고 선택할 수 있게 한다. 파리처럼 귀찮고 성가신 불안이 느껴질 때마다, 나는 더 내가 바라는 선택을 하기 위해 나의 끝을 자유롭게 그려보는 것을 계속했다.

나는 불안도 나의 다른 감정도 없앨 수 있는 방법은 모른다. 대신, 그 감정이 내 안에서 영원히 사라진다면, 그 감정을 느끼고 있는 나도 내 안에서 영원히 사라지게 된다는 것을 안다.

불안이 안내하는 나의 끝에는 내가 있다.

진짜의 내가 하는 선택을 기다리고 있는 내가.

사랑은

누군가에게

좋은 사람으로 보이려는 마음을 뒤로하고,

진심을 다하려 할 때 느껴지는 감정이다.

내 눈앞의 누군가가 힘들어하고 있을 때, 무엇을 전해야 그 사람이 힘들다는 것에서 벗어나 스스로 일어설 수 있는지, 내가 전하려는 것이 그 사람에게 진심으로 도움이 되는지를 끊임없이 고민하게 하는 나에게 전해져 온 사랑이라는 감정은 나를 변하게 했고 스스로 일어설 수 있게 했다.

나에게 사랑을 전해 준 누군가는, 나에게 좋은 사람이 되고 싶은 마음을 뒤로하고 나에게 전하는 마음 하나하나가 내 안에 채워지게 했고 내가 스스로를 힘들게 하고 있다는 것을 느끼게 해주었고, 나를 힘들게 하는 것을 내 안에서 스스로 내보낼 수 있게 하고 나를 일으켜 세워 다른 누군가에게 내가 느낀 그 사랑을 전할 수 있게 했고, 그때마다 나를 위해 사랑을 전해 준 누군가를 내 안에서 떠올리게 했다.

나에게 사랑을 전해 준 누군가는 나에게 미움이라는 감정을 받게 될 것을 염려하지도 좋은 사람으로 남으려 애쓰지도 않았다. 그 사랑을 전하지 않는다면 더 힘들어할 나를 느끼며 자신의 입에도 쓴 사랑을 나에게 전해주었고 나는 나를 힘들게 하는 것에서 벗어날 수 있었다.

사랑이라는 감정은 내가 누군가에게 좋은 사람으로 보이고 싶은 마음을 뒤로하고 그 사람을 위해 전할수록, 그 사람이 힘든 것에서 벗어나 스스로 일어서는 힘을 터득할 수 있게 한다. 내가 힘든 순간을 벗어나 한숨을 돌리는 순간마다 나는 내가 받은 쓰디쓴 사랑이 지금의 나를 위한 것이었다는 걸 느꼈고, 나에게 독과도 같은 단 사랑을 더는 원하지 않게 되었다.

나에게 도움이 되는 사랑은 달지 않다. 언제나 달기만 했던 사랑은, 그 깊이가 한눈에 가늠이 될 정도로 얕았고 나를 그 사랑에 기대게 했다. 내가 달고 얕은 사랑만을 받고 싶어 했을 때, 내 안의 나도 성장을 멈췄고 그 사랑에 기대어 있는 것을 선택하거나 기댈 수 있는 사랑조차 없을 때면 힘든 순간을 빠져나오지 못하고 괴로워했다. 그리고 그 시간 동안 받은 사랑을 잊어버렸고, 더 받지 못하는 사랑에 매달렸고, 더 많은 사랑을 받지 못한 스스로를 미워하고 탓했다.

다디단 사랑만을 원하며 그 사랑에 취해 있는 사람은, 받은 사랑의 농도보다 얼마나 많은 사랑을 받았는가에 매달리며 더 많은 사랑을 받고 싶어 한다. 단 사랑만을 원하는 사람은 자신이 어떤 모습이더라도 사랑해주고 받아주길 바라며, 사랑을 주는 누군가도 지쳐 떠나가게 만들고 떠난 누군가를 비난하고 미워하고는 했다.

쓴 사랑은 처음엔 이게 사랑인가 싶을 정도로 순간 나의 마음을 아프게도 하고 더 힘들어지게도 하지만, 내 안에 오래 남아 내 안을 더 깊어지게 해 스스로 힘든 것에서 벗어날 수 있는 에너지가 되어 주었다. 단 사랑만 바라고 있으면, 당장은 쓰기만 한 그 사랑을 삼키고 싶지 않아 뱉어버리고 깊은 사랑을 느낄 기회는 점점 사라지게 된다.

나의 사랑은 누군가를 사랑하고 있을 때도 나를 행복하다 느끼게 하는 감정이 아니었다. 사랑을 줄 때도 사랑을 받고 있을 때도 행복하다고 느끼기보다 그 사랑을 통해 느껴지는 누군가의 생각과 느낌이 나를 불편하게 했다. 누군가는 자신이 주고 싶은 사랑을 받으라고 강요했고, 자신이 받고 싶은 사랑을 나에게 요구하기도 했다. 사랑한다는 것만으로 내 안에서 느껴지는 많은 느낌과 감정은 나를 울게도 웃게도 했지만, 그 순간이 지나고 나면 내 안에 남은 것은 사랑이 아닌 미련이나 집착이라는 것을 느끼면서 사랑이라는 감정이 나에게는 시시해졌고, 나는 사랑에 무덤덤해져 갔다.

내가 느꼈던 이성 간의 사랑과 또 다른 TV나 영화에서 표현된 여러 가지의 사랑을 보며 '이것도 사랑이라 부르는구나' 싶었지만 내가 사랑에 대해서 느끼는 것은 그게 다였다. 나에게 필요한 사랑이 무엇인지, 내가 힘든 순간에서 벗어날 수 있게 하는 감정이 사랑이 될 것이라고 나는 어렴풋이 짐작하지도 못했다.

누군가가 사랑이라 말하며 주는 것들은, 받을수록 그 사랑을 돌려받으려는 누군가의 마음이 느껴져 '마음의 빚'과 같은 감정이 되어 버렸고, 내가 누군가에게 사랑을 줄수록 내가 사라지는 느낌이 커져 나는 사랑을 느끼고 싶지 않아졌다.

그리고, 나에게 사랑을 주고 있다 말하는 누군가는 그 사랑을 받은 만큼 다시 되돌려줘야 한다는 말로 내가 받고 싶지 않은 자신의 욕심이 담긴 사랑을 전하며, 내가 그 사랑을 위한 무언가를 하길 바랐다. 받을수록 무거워지는 그 사랑에 내 안의 나는 점점 스스로를 희생하려 했고, 그때쯤 우연히 나는 내가 받아본 적 없는 사랑을 전해 받을 수 있었다. 그리고, 나는 내가 지금까지 내가 알고 있었던 사랑과는 다른 그 사랑을 받아내기 위해 내 안의 나를 느끼고 만나러 가기 시작했다.

그때가 내가 나의 감정과 느낌을 분명하게 마주하고 싶다고 강렬하게 느꼈던 첫 순간이었다. 그전까지는 나에게 필요한 사랑이 무엇인지, 내 안의 내가 받고 싶은 사랑이 무엇인지, 무엇이 나를 그렇게 힘들게 하는지 나는 알고 싶어 하지 않았고, 그 사랑은 그런 내 안을 관통해 전해져 왔다. 그리고 그 순간이 지날수록 깊이를 헤아릴 수 없는 깊은 그 사랑은 내 안에 퍼져나가 나를 변하게 했다.

그 사랑은, '내 안의 나'에게 전하는 사랑이었고 내 안의 나를 모르고 힘들어하는 나를 위해 온전히 전하는 누군가의 마음이 느껴지는 사랑이었다. 처음에는 그게 무엇인지 몰라 다시 뱉어내려 했지만, 내 안은 온통 그 사랑을 전한 누군가의 마음과 에너지로 가득 차 뱉어낼 수도 없었다. 다시 뱉고 싶을 만큼 쓴 누군가의 사랑은 받고 난 뒤부터 내 안의 나를 뒤흔들기 시작했고, 누군가를 만날 때마다 나를 돌아보게 하고 내 안의 나를 느끼게 했다.

그리고, 내가 그 사랑을 전해 받은 그 순간을 잊지 못하게 했다. 나를 위해 전하는 말과 단호한 에너지와 깊이를 헤아릴 수 없는 눈빛과 마음이 내가 그 사랑을 외면하고 내 안의 감정과 느낌을 누르려 할 때마다 떠올랐다. 나는 그 사랑을 받아들이기로 선택하는 순간부터, 내 안의 나는 내가 되고 싶은 나의 모습에 다가가고 있었다.

그런 와중에도 그 사랑을 받을 때마다 매번 뱉고 싶을 만큼 쓰게 느껴졌지만 그 사랑을 받아들이고 난 뒤, 내가 원하는 모습에 가까워지고 있는 나를 느끼며 나는 그 사랑을 어떻게든 받아들이고 싶었고 그 사랑을 받을수록 나는 힘든 것에서 벗어나 내가 바라고 원하는 것에만 집중하기 시작했다.

나는 내 안의 나에게 그 사랑이 필요할 때마나 먼 길을 마다하지 않고 찾아갔다. 그 시간은 내 안에 숨어 있던 나의 여러 느낌의 문을 열게 하고, 스스로 마주할 수 없었던 내 안의 나를 마주하고 받아들이게 했다. 그 사랑을 받아들일수록 되고 싶은 나와 가까워져 갔고 그 순간은 나의 생에 중요한 터닝 포인트가 되어 '내 안의 나'를 열어 더 깊이 느낄 수 있게 하는 감정과 느낌을 마주하게 해주었다.

나는 그 사랑이, 너비를 가늠할 수 없는 하늘이나 깊이를 헤아릴 수 없는 바다처럼 느껴졌고 그 사랑으로 내 안을 채울수록 나 역시 누군가를 위해 그 사랑을 주고 싶다고 생각했다. 내가 그 사랑을 받고 내 안의 내가 단단해져 가는 것을 느끼며 나는 그 사랑을 누군가에게 줄 수 있는 사람이 되기 위해 내 안의 나를 숨김없이 드러내 나에게 오는 쓴 사랑을 더 받아내려 애썼고, 내가 살고 싶은 생에 대해 생각할 때마다 내 안에 내가 느끼고 있는 감정도 누군가를 대하는 마음도 달라지고 있다는 것을 느끼기 시작했다.

누군가를 대할 때마다 경계하기 바빴던 내 마음이 열리면서, 내 안에 느껴지는 느낌과 감정은 지금까지와는 다른 상황이나 누군가를 겪게 하며, 내 안을 넓히고 더 깊은 곳에서 느껴지는 나의 느낌과 감정을 만나게 했다.

그리고, 나는 마음을 다 열고 누군가를 대하고 만나면서 나의 사랑을 전하려 했다. 나는 사랑을 전하는 순간마다, 그 사람에게 전하고 싶은 사랑이 무엇인지, 내가 전한 사랑이 그 사람에게 진심으로 도움이 되는지 계속해서 고민했고,

그 고민은 내 안을 가득 채워갔다.

내 안에서 고민이 계속되면서 수많은 누군가가 내 안에 들어왔고, 나는 한 사람 한 사람에게 도움이 되기 위해 온 힘을 다했지만 그 누구도 쓴 사랑을 받고 싶어 하지 않았다. 그저 자신을 달래 줄 말 한마디, 행동 하나가 그들의 마음을 가득 채웠고, 쓴 사랑을 느껴야 할 순간이 오면 스스로를 불쌍하게 바라봐주길 바라거나 힘든 것을 알아주기만을 바랐다.

쓴 사랑은 받고 싶지 않아 하는 사람에게는 아무런 힘도 에너지도 되어주지 못했다. 그 사랑을 받고 싶지 않은 누군가는 나에게 단 사랑을 닮은 연민만을 받고 싶어 했다. 그동안 받지 못했던 연민이 채워지면 힘든 것에서 벗어날 수 있을까, 아무리 기다려도 받아들이고 싶지 않은 스스로를 느끼는 것보다 연민을 받고 기뻐하는 누군가를 보며 내 안의 나는 흔들리기 시작했다.

연민이 곧 사랑이라 느끼고 있는 누군가에게는 그 연민이 그들을 움직이게 하는 에너지가 되는 듯했다. 연민을 사랑이라 느끼는 사람들은, 사랑이 아닌 연민을 서로 주고받으며, 그 자리에 머물러 있고 싶어 했다. 누군가에게 더 많은 연민을 받을수록 특별한 관심과 사랑을 받고 있다 느끼며, 그 연민이 자신에게 더 많이 전해지길 바랐다. 자신이 아닌 다른 누군가에게 그 연민이 전해지면, 질투를 느꼈고 그런 스스로를 느끼려 하지도 받아들이고 싶어 하지도 않았다.

나에게 연민은 지난 시간 내가 주고받았던 사랑과 많이 닮은 감정이었다. 지난날의 내가 그랬듯, 누군가가 주는 연민을 사랑이라 느끼며 기대어 살아온 그들에게, 연민은 비어 있는 자신의 마음을 채워주는 감정이었다. 그들은, 내가 전하려는 사랑보다 순간적으로 고통을 가시게 하고 외로움을 달래 줄 연민을 더 필요로 했고, 연민을 주지 않으면 스스로를 괴롭히고 고통을 더 부추기거나 상처를 내고 자연스럽게 아물어 가던 상처마저 다시 스스로 헤집어 덧나게 했다.

내가 전하려는 사랑은, 자신을 스스로 치유하고 내면의 성장을 위한 밑거름으로 쓰이게 하겠다는 마음에서 시작됐지만, 그들을 치유하는 것은 사랑이 아닌 연민이었다. 나의 사랑에 연민이 섞여 들어가 전해질수록, 그들은 더 많은 연민을 원했고 다 아문 상처도 다시 헤집어대며 더 관심을 바라고 그 자리에 멈춰 있었다.

스스로 상처를 덧나게 하고 연민으로 치유하고 다시 덧나게 하는 것을 계속하는 누군가는 스스로 상처를 치유하고 싶다고 말하며 연민을 더 바라기 시작했고, 내가 전하는 사랑에서 연민만을 골라내 치유해야 하는 스스로를 불쌍하게 여기며, 모두가 자신을 그렇게 대하고 바라봐주길 원했다.

지난 시간에서 아물었던 상처는 다시 덧나기를 계속하면서, 나는 그들이 바라는 것이 성장이 아닌 치유라는 것을 느끼게 됐고, 연민을 얻기 위해 성장하지 않는 것을 선택하는 그들과 함께하면서 나는 스스로를 연민하는 감정으로 내 안을 채우기 시작했다. 그리고 누군가를 연민하는 것에 집착하다 좋은 사람이 되고 싶은 마음에도 집착하게 되었다. 마음 깊은 곳에서 누군가를 위하고 느끼기 전에 힘들어하는 모습에 사로잡혀 같이 흔들리며 괴로워하거나 다시 덧난 상처를 치유하기 위해 더 많은 연민을 전했지만 나와 모두가 길을 잃고 헤매기 시작했다.

나는 그들을 치유하고 있다고 생각하며, 나와 누군가의 안을 동정이나 연민으로 가득 채워 좋은 사람으로 남고 싶은 마음에 끌려다니고 있었다. 그리고 내 안을 관통했던 그 사랑도 잊어가고 있었다. 나는 누군가에게 사랑을 전할 준비가 되어 있지 않았었다.

연민으로 가득 찬 내 안은, 어떤 날은 누군가를 동정했고, 또 어떤 날은 누군가에 대한 원망으로 차올랐다. 나는 연민을 사랑과 같다고 생각하며 연민과 동정을 누군가에게 전하는 것에 집착하며, 누군가가 힘들어할 때마다 연민을 전하고 내 안의 나에게도 같은 연민과 동정을 주며 달랬다.

누군가가 나에게 더 많은 연민과 동정을 바랄수록 내 안의 나는 느끼는 것이 둔해졌고, 나는 내가 어떤 감정을 느끼고 있는지조차 모를 정도로 흔들리고 있었고 약해지고 있었다. 내가 연민을 전한 사람들은 더 많은 연민을 받기 위해 일부러 주저앉아 아무것도 하려 하지 않았고 스스로를 불쌍하다고 생각하는 바탕에서 벗어나려 하지 않았다. 더는 일으켜 세울 에너지도 남아 있지 않은 나는 누군가가 연민을 원하며 기대어 오거나 나를 잡아당기는 에너지를 보낼 때마다 그 에너지에 함께 끌려가 주저앉아 버렸다.

그리고 나는 혼자 있는 시간에도 나에 대한 연민을 느끼며, 무엇이 나를 힘들게 하는지에 대해 느끼려 애쓰다 내가 받았던 사랑을 다시 느껴보려 했고, 그 사랑은 더는 연민으로 덮을 수도, 채울 수도 없을 만큼 최악의 상황에 다다라서야 내 안에서 다시 떠올랐다.

그 사랑을 떠올린 순간부터 나는 나의 현실과 주변을 다시 돌아보면서, 내 안의 나도 돌아보기 시작했다. 내 안은 나와 누군가를 향한 연민이 내 느낌과 감정을 모두 가리고 있었고 나의 연민을 원하는 누군가의 모습도 마주하지 못하게 가리고 있었다.

연민만을 원하는 그들은 눈앞에 작은 상황도 크게 부풀려 말하며, 나에게 온몸을 기대어 있었다. 그리고, 힘든 것에서 빠져나오기 위해서는 누군가에게 기대는 것을 멈춰야 한다는 것도 잘 알고 있었고 나는 그 에너지에 점점 숨이 막혀오기 시작했다. 나는 그때, 내가 준 것이 사랑이 아닌 연민이었다는 것을 마주했고, 누군가에게 좋은 사람이 되고 싶은 나의 마음이 만들어 낸 현실이라는 것도 느껴버렸다.

수많은 사람이 나에게 기대고, 자신을 불쌍하게 여기고 받아달라 아우성칠 때까지, 나도 나의 연민에 사로잡혀 누군가에게 함께 기대어 있었다. 나는 그들이 힘든 것에서 빠져나오게 하지 못하고, 더 힘들게 하고 있다는 것을 느끼면서, 누군가에게 좋은 사람으로 보이길 원하는 마음을 내려놓기 시작했다. 나는 그 마음을 내려놓으면서 서서히 나의 연민에서 벗어날 수 있었다. 몸도 마음도 연민에 깊게 빠져 있는 동안, 나는 연민이 주는 에너지와 사랑의 에너지가 너무나도 다르다는 것을 한계에 다다라서야 제대로 알 수 있었다.

그렇게 온몸으로 느낀 경험은 내가 누군가에게 주고 싶은 것은 치유가 아닌 성장이며, 내가 전하고 싶은 것도 연민이나 동정이 아닌 사랑이라는 것을 다시 한번 느끼게 했다.

사랑은 나를 힘든 것에서 벗어나 스스로 일어나 성장하게 했지만 연민은 나도, 누군가도 주저앉히며, 내 안의 에너지를 모두 잃어버리게 했다. 나에게 연민은 나를 더 불쌍한 사람으로 만들어 스스로 일어서지도 힘든 것에서 벗어나지도 못하게 하고, 더 많은 연민을 받지 못하면 내 안에서 누군가를 향한 미움이나 원망을 자라나게 하는 감정이었다.

연민을 먹은 나의 중심은 병에 걸린 나무처럼 앙상하고 약해져 갔고, 사랑을 먹은 나의 중심은 어떤 바람이 불어도 흔들리지 않을 수 있는 단단한 뿌리를 내렸다.

내가 받은 사랑을 누군가에게 주기 위해 무턱대고 무모하게 덤벼든 시간을 보내고, 나는 사랑을 주기에 앞서 가장 중요한 것이 무엇인지를 알게 됐다.

'내 안의 중심', 그 중심을 먼저 단단하게 하는 것이 누군가에게 사랑을 주기 전, 내가 반드시 해야 했던 준비였다.

주려는 마음이 앞서 무턱대고 전하려는 마음만 앞서 단단하게 하지 못했던 내 안의 중심은 연민이 갉아먹고 남긴 뼈대를 다시 두텁게 하고 내 안에 뿌리를 단단하게 내리는 시간을 필요로 했다. 몸과 마음을 회복하는 시간을 충분히 가진 뒤에, 나는 나의 중심을 이전보다 더 단단하게 하기 위해 내 안에 남아 있는 연민을 내보내고, 내가 받아들이고 싶은 쓰디쓴 사랑을 스스로에게 주며, 누군가가 전해주는 쓴 사랑도 다시 받아들이기 시작했다. 그 사랑이 쓰지 않게 느껴질 때까지, 매일매일 나를 위한 느낌을 느끼며 나를 돌아보며 채워진 나의 사랑은 이전과는 비교할 수 없을 만큼 단단하게 내 안의 중심을 길러주었고, 중심이 단단해지기 시작하면서 나는 나의 사랑과 연민을 내 안에서 더 분명하게 구분하고 내보내기를 계속해나갔다.

더는 나에게도, 누군가에게도 연민을 주려는 내가 좋은 사람처럼 느껴지지 않았고, 내 안의 중심을 갉아먹은 연민은 다른 누군가의 중심도 똑같이 갉아먹는다는 것을 내 안에 되새겼다. 그리고 나도 누군가도 가엽거나 불쌍하다고 생각하며, 그렇게 생각하는 나를 좋은 사람으로 느끼는 나의 마음도 모두 내려놓기 시작하면서 내가 느끼는 느낌들도 점점 자유로워지기 시작했다.

그 마음을 내려놓기 시작한 후부터 연민이나 동정을 전하지 않는 나에게, 연민을 사랑이라 생각하는 누군가의 원망이 커져 가는 걸 보면서, 나는 그들의 감정도 마주하기 시작했다. 처음부터 나의 사랑이 아닌, 나의 연민만을 원했던 그들은 여전히 자신을 불쌍하게 봐줄 누군가를 찾고 있었고, 안쓰럽고 불쌍한 자신을 위로해 줄 사람이 나이길 바라고 있었다.

나는 연민에서 벗어나는 것을 선택했고, 그들은 연민에 머물기를 선택했다. 그리고, 나는 그들과 다른 길을 가는 것도 함께 선택했다. 나는 나의 연민에서 벗어나, 더욱더 단단해진 내 안의 중심에서 느껴지는 사랑을 충분히 느끼는 시간을 가지고, 다시 사랑을 전하는 것을 새롭게 시작했다.

이제 내가 전하는 사랑과 스스로에게 전하는 사랑을 받아들이고 싶어 하는 누군가와 함께하며, 서로에게도 그 사랑을 전하며 안을 더 단단하고 깊게 채워나가고 있다. 연민이 아닌 사랑으로 채워진 내 마음 깊은 곳에서는 나를 일으켜 세우고 움직이게 하는 에너지가 흐르고 그 에너지는 내가 지금에 머무르지 않고 더 나아가게 하기 위해 계속 차오른다.

사랑은 주고받는 사람의 중심을 단단하게 하는 것이 중요했다. '내 안의 중심'을 단단하게 한 후에, 내가 전하는 감정들은 그 에너지 그대로 누군가에게 전해졌다.

사랑을 전하는 사람의 중심이 단단할수록, 그 사랑을 받고 싶은 사람이 그 사랑을 온전히 느끼고 받아들일 수 있게 된다.

사랑을 받은 시간은, 내가 다른 누군가에게 사랑을 전하는 사람이 되기 위해 그 에너지를 내 안에 채우는 시간이 되어 주었다.

사랑을 닮은 연민은 사람의 중심을 약하게 하지만,
연민을 닮지 않은 사랑은 비바람이 불어도 꿈쩍하지 않는 단단한 중심을 만든다.

솔직하다는

나의 느낌이나 내가 겪은 상황을
그대로 마주하며 느끼는 감정이다.

내가 나를 탓하거나 부족하다고 느낄 때는, 내 안을 그대로 느끼고 바라보는 것이 나에게는 가장 어려운 일이었다. 어떤 것이 솔직한 나의 느낌인지 알 수 없었고, 정말 내가 느끼는 게 맞는지도 내 안에서는 헷갈리기 시작했다. 나도 잘 모르는 그 느낌을 섣불리 누군가에게 말하고 난 뒤의 상황도 나에게는 부담스럽게 다가왔다. 나의 느낌을 내가 분명하게 느끼지 못할 때는 내가 솔직하길 바라는 사람들이나 나에게 솔직하게 무언가를 이야기해 주는 누군가가 두려워지기도 했었다.

내 안에서 느껴지는 어떤 느낌들은 그 느낌을 느끼는 스스로를 끊임없이 의심하게 했고, 그 느낌을 그저 느끼고 있는 것만으로도 그렇게 느끼고 있는 나를 비난하게 하는 감정이 나에게는 솔직함이었다. 어떨 때는 나의 솔직한 느낌이 누군가에게 전해져 상처가 될까 염려했고, 누군가의 솔직한 느낌도 솔직하지 못한 나에게 비수가 되어 꽂히는 느낌이 들기도 했다. 나는 내 안의 느낌을 받아들이고 싶지 않았고, 나에게 솔직해지고 싶지도 않았다. 많은 느낌이 내 안에서 느껴질수록 내가 두 개, 세 개로 쪼개지는 느낌에 내 안은 혼란스러워졌고 그렇게 쪼개진 수많은 내가 내 안에서 싸우고 있었다. 나에게 느껴지는 솔직한 느낌은 시간이 갈수록 많아졌고, 그 느낌을 강하게 느낄 때마다 나는 이러지도 저러지도 못했고 내가 느끼는 것을 분명히 전할 수도, 내가 무슨 말을 하고 있는지도 스스로 알아차리지 못했다.

누군가가 나의 솔직함을 간절하게 원해서 내 안에서 느껴지는 것을 밖으로 내서 전하면, 나의 솔직함이 필요한 누군가는 그 감정을 자신의 뜻에 맞춰 사용하기도 했다. 솔직함은 누군가가 사용하기 쉬운 도구 같은 감정이 되어, 누군가의 입에 오르내리거나 누군가의 손에 쥐어져 내가 원하지 않는 방향으로 쓰여 나를 당황스럽게 만들었다. 나는 점점 나의 기쁨도 슬픔도 밖으로 내보이는 것이 달갑지 않았고, 나의 솔직함을 사용하려는 누군가의 마음이 느껴질 때마다 내 안의 나는 그 느낌에 대해 쉼 없이 떠들기 시작했다. 나는 내가 솔직해질수록 그 감정이 내 것이 아닌 누군가의 것이 되어 버리는 것이 싫어, 솔직하지 않으려 했었다. 그 감정이 내가 어떻게 할 수 없는 곳으로 날아가게 두고 싶지 않았고, 누군가가 나의 솔직함을 사용해 자신이 원하는 방향으로 마음대로 쓰려 하는 것도 싫었다.

나는 솔직하다는 감정을 숨기고 모든 것을 무미건조하게 느끼려 애썼다. 좋을 것도, 좋지 않을 것도 없는 무미건조한 감정으로 만들면, 더는 누군가가 나에게 솔직함을 요구하지 않을 테니, 나는 내가 느끼는 느낌을 내 안에 일부러 가두고 솔직함을 그대로 내보이지 않는 것을 선택했다. 누군가에게 솔직하지 못하기 시작하면서, 더 많은 느낌이 내 안에 쌓이기 시작했고 가끔 솔직하고 싶은 내가 느껴질 때마다 그 느낌들을 모아 내 안에서만 터뜨렸다. 그게 내가 느끼는 느낌들을 아무도 모르게 혼자 해결하고 처리할 수 있는, 가장 괜찮은 방법이었고 그러는 동안, 나도 나의 현실도 아무것도 변하지 않은 채 제자리에만 맴돌았다.

간혹, 어쩔 수 없이 누군가에게 솔직함을 계속 요구받고 있을 때는 내가 느꼈던 느낌이 마구잡이로 튀어나와 그 느낌을 누군가에게 전한 뒤에 느껴지는 찜찜함과 괴로움이 한꺼번에 내 안에서 몰아치기 시작했고, 솔직한 나를 공격했다. 내가 느끼는 것의 아주 일부분을 밖으로 꺼내려 해도 그동안 참아왔던 솔직함은 그때를 놓치지 않고 밖으로 나와, 참았던 느낌을 쏟아내 버렸다. 그런 일이 있을 때마다 나는 솔직함을 더 깊은 곳에 숨겨두려 했고, 그 시간이 계속될수록 내 느낌을 감싸는 질기고 투명한 막이 생겨났다. 나의 느낌이 뚫지 못하게 그 막을 몇 겹으로 둘러싸고 나는 나의 느낌이 아닌 누군가의 느낌을 내 것인 것처럼 전하기 시작했다. 그때부터 나는 나의 느낌이 아닌 누군가의 느낌을 바탕으로 생각하는 습관이 생겼고, 내 안의 내가 무엇을 느끼고 있는지보다 밖에서 보이는 상황이나, 누군가가 말하는 느낌이 안전하다 느껴지면 그 느낌을 따라가 마치 나의 느낌인 것처럼 전하며 내가 내 안에서 느끼는 나의 느낌을 다시 덮어버렸다. 그리고 듣고 싶지 않은 나를 향한 누군가의 솔직한 느낌이 전해질 때도 그 느낌은 내 안에 들어오지 못하고 내 안의 투명한 막에 튕겨져 나갔다.

그리고, 나는 내가 무엇을 느끼고 생각하고 있는지도 모르게 되었다. 나의 느낌이나 생각에 대해 깊은 질문을 받게 되면, 나는 종종 모르겠다는 말을 사용하며 그 질문을 내 안으로 들여놓지 않았고 내 안의 막은 더 질기고 불투명해져 니에게 전해져 오는 느낌이 둔해졌고, 나의 느낌은 모두 불투명한 막 안에서 꿈틀대고 있었다.

그러는 동안, 나는 점점 주변의 모든 사람들과 마음의 거리를 두기 시작했고, 마주 보고 이야기를 하고 함께 있을 때도 깊은 외로움을 느꼈지만, 그 누구도 가까이하고 싶지 않았다. 누군가가 나에게 가까이 다가오려 하면 내 안의 솔직한 느낌이 내 안에서 요동치는 것이 느껴졌고 그 느낌을 참아야 한다고 생각했던 나는 누군가와 함께할 때마다 그 느낌을 들키지 않으려 안간힘을 쓰고 있었다. 이따금 그 외로움이 내 안에서 커질 때마다 그 막을 찢고 나오려 하는 나의 느낌을 누르려 사는 건 원래 다 그런 것이라 내 안의 나를 납득하게 하고 그런 나를 향한 연민을 보내며 나는 더 깊은 외로움에 빠져들었다.

그러다 나는 알 수 없는 우울감을 계속 느끼기 시작했고, 한번 찾아오면 쉽게 내 안에서 사라지지 않았다. 어디서부터 시작되는지 알 수 없었던 그 우울한 느낌은 스스로를 탓하기도 불쌍하게 여기기도 하며 나를 어둠으로 끌어당겼고, 몸도 마음도 축축 처지게 만들어 나를 힘들게 했다. 그 느낌이 내 안을 가득 찰 때마다, 나는 울고 싶어도 울 수가 없었고 웃고 있어도 웃는 내가 불편하고 이상하게만 느껴졌다. 그리고 나는 모든 것을 포기하고 싶어지기 시작했다.

그리고 그 순간, 내가 만든 내 안의 질기고 투명한 막이 벌어지기 시작했다. 그래도 잘하고 있다고 믿으려 했던 나의 연약한 마음마저 스스로를 향한 탓과 연민으로 사라지기 시작하면서부터, 내가 지금까지 해온 모든 것에 대한 의심과 비난이 내 안에서 쏟아져 나왔다. 그동안 참아왔던 느낌이 한순간에 내 안에서 폭발해버리자, 스스로 잘해왔고 잘하고 있다고 생각하려 했던 것이 현실의 파도에 모래성처럼 무너져 사라지는 것이 보이기 시작했고, 다시 공을 들여 쌓아도 작은 파도에 허물어지는 나의 현실을 마주하며 나는 내가 무엇을 해야 할지 알 수 없었고 눈앞에 있는 무수한 상황과 누군가의 말 한마디에도 더 크게 흔들리기 시작했다. 그리고 내 안에서 쏟아져 나오는 그 느낌들은 나를 가만히 두지 않으려 했다. 뒤죽박죽이 되어 엉켜 있는 나의 느낌과 감정은 내가 참아왔던 시간만큼 쌓이고 뭉쳐 무엇을 느끼려 해도 그게 무엇인지 느낄 수 없을 만큼 섞여 있었다. 쉽게 손댈 수도 없을 만큼 커져 버린 나의 느낌과 감정을 마주하면서 나는 속이 울렁거렸고 애써 마주하려는 순간마다 속이 뒤집히는 그 느낌이 괴로웠다.

나는 그 시간 동안 쏟아져 나오고 있던 내 안의 솔직한 느낌을 모두 밖으로 내어 적고 느끼기 시작했다. 그동안 마주하지 않은 느낌과 생각을 마주하면서 내 머리는 하나하나 정리를 시작했고 내가 가장 느끼고 싶은 느낌부터 나는 파고들면서 그 느낌에서 내가 찾아야 할 것을 찾았고 그 느낌에 이어지는 다른 느낌을 다시 또 느껴 나갔다. 그 시간 동안 내 안은 수없이 뒤집어졌고, 그 후에 잠시나마 찾아온 고요함을 느끼기를 계속하면서 나의 솔직한 느낌은 나에게 존중받기 시작했다.

그리고 나의 솔직한 느낌은 내 안에 가득 차 있던 우울을 걷어내며, 스스로를 연민하는 것으로도 뚫어낼 수 없었던 내 안의 질기고 불투명한 막을 서서히 걷어내며, 내 안의 여러 명의 나를 하나로 이어지게 하며 빠르고 편안하게 느낌을 주고받았다. 그 막이 내 안에서 점점 사라지는 걸 느끼면서, 새롭게 느껴지는 또 다른 나의 느낌이 자연스럽게 나의 현실을 변하게 할 만한 것을 나에게 가져다주었고 스스로에게 밑도 끝도 없이 하고 있던 비난도 서서히 잦아들었다. 나는 그때, 솔직함이라는 감정이 나의 느낌과 감정을 마주하기 전에 가장 중요한 감정이었다는 걸 느낄 수 있었다.

누군가에게 솔직함을 보여주고 전해주기 위해 사용되었던 나의 솔직함은 나의 것이 아니었다. 보여주기 위한 솔직함

안에는 나의 느낌도 나도 없었다. 그저 누군가에게 어떻게 보이고 싶다는 마음이 누군가의 마음을 읽고 그에 맞춰 전하는 껍데기와 같았다. 그러는 동안 나는 솔직함을 한 번도 내 것으로 사용할 수도 내 감정으로 받아들일 수도 없었다. 그리고 누군가는 나의 솔직함을 마음대로 사용했고, 나는 나의 솔직함을 참지 못할 때마다 누군가에게 쏟아낸 뒤, 그런 스스로를 숨겨야만 했다.

나는 솔직함을 내가 가진 감정 중 가장 중요하게 여기며, 그 솔직함을 가지고 내가 가진 감정을 마주하러 가며 다른 누군가의 앞에서도 나의 솔직함을 더는 참으려 하지도 숨기려 하지도 않았다. 그리고, 내 안에서 느껴지는 모든 느낌을 스스로 존중하며 받아들이고, 솔직한 느낌을 전하며, 나에게 솔직하고 싶은 누군가의 마음도 나에게 그러하듯 그대로 마주하기 시작했다.

나의 느낌을 존중하고 믿고 싶다면, 그 길을 내어주는 감정은 솔직함밖에 없다. 솔직함에서 모든 감정이 제대로 느껴지기 시작했고, 솔직함은 어떤 힘든 감정도 어려운 감정도 그대로 내가 마주할 수 있게 하는 에너지를 가지고 있는 감정이었다. 스스로에게 솔직하지 못했던 나는 눈앞의 상황들이 쉽게 허물어져도 맥없이 바라보면서 어떤 답도 내 안에서 찾을 수 없었다.

솔직함을 누군가에게 전하기 위한 감정으로 느끼고 있다면, 그 감정은 나의 솔직함을 사용하려는 누군가에 의해 얼마든지 바뀔 수도 있고, 내가 어떻게 할 수 없는 감정이 될 수도 있다.

솔직함은 나에게는 온전히 나를 위한 감정이었다. 누군가에게 솔직하기 위해, 누군가에게 전하기 위해, 필요에 의해 선택하는 감정이 아닌 나의 느낌과 감정을 마주하기 위해 존재하는 감정이 되는 순간 나는 어떤 순간에도 솔직한 나의 느낌을 따라가는 것을 선택하려 했고, 그 선택을 한 뒤에도 누군가의 말이나 눈앞의 상황에 쉽게 흔들리지 않았다.

내가 나에게 솔직할수록 누군가도 그 감정을 마음대로 사용하지 못했다. 나의 솔직함은 온전히 내 안에서 나오는 느낌에서 느껴지는 감정이기에 누군가가 마음대로 사용하려 해도 그 누군가는 나의 솔직함이 내는 에너지에 당황하며 자신의 마음을 숨기기 바빴다.

나는 나의 솔직함이 어디로 향하는지, 누구를 위해 존재하는지를 분명하게 느끼기 시작하면서, 내 안의 내가 내어주는 느낌과 그 느낌을 통해 전해져 오는 답을 존중했다.

내가 했던 선택은 모두 내 안의 나에게 묻고 얻은 답이었다.

'지금 무엇을 느끼고 있는지'
'정말 그대로 해도 괜찮은지'

선명한 답이 내 안에서 나올 때까지, 처음에는 긴 시간이 필요했지만 서두르지 않았다. 그 답을 얻으려 내 안의 나는 더 솔직한 느낌을 나에게 주며 더 좋은 답을 나에게 느끼게 했고 그렇게 스스로에게 물으며 선택하는 순간이 많아질수록 나는 누군가가 아닌 나에게서 답을 얻는 것에 익숙해졌고 처음에는 희미했던 답도 점점 분명해져 기며 내가 무엇을 선택해야 하는 순간마다 도움이 되어 주었다.

내 안에서 답이 바로 나오지 않을 때는, 좀 더 솔직하게 스스로의 느낌을 느껴보게 했다.

나는 그렇게 내 안에서 답을 느끼기 시작하면서, 누군가의 솔직한 느낌 또한 편안하게 받아들이고 느껴보게 되었다. 나의 솔직함과 누군가의 솔직함이 이어졌을 때는 내가 혼자 느꼈던 것보다 더 좋은 답과 선택이 나와 나를 기쁘게 했다. 그리고, 멈춰야 할 때 멈출 수 있게 하고, 기다려야 할 때는 기다리는 선택을 하게 하며 더 세밀한 답을 전해주었고 내가 그 답을 느끼기 전에 서두르려 하거나 눈앞의 상황이나 누군가에 붙잡히려 할 때는 내 안에서 그 선택이 아니라는 신호를 보내주며 내가 원하지 않는 방향으로 생각하거나 가지 않도록 했다. 내 안에 답이 나올 때마다 나는 신중하게 선택해나가며 눈앞의 상황과 누군가의 느낌 사이에서 헤매고 혼란스러워했던 나를 그곳에서 꺼내주었다. 모두 내 안의 솔직한 느낌이 가져다준 일이었다.

그리고 점차, 앞으로 내가 어떻게 살아가고 싶은지에 대한 것을 느낄 때마다 내 안의 솔직한 느낌을 더 존중하기 시작했다. 솔직함은 나를 어디에 쓰고 싶은지, 어떻게 쓰고 싶은지에 대해서도 선명하게 느끼게 했고, 내가 누구와 함께하고 싶은지, 무엇을 하고 싶은지에 대해서도 솔직한 느낌을 전해주었고 나는 그 느낌을 판단하거나 분석하려 하지 않고 그대로 받아들였다. 내가 나에게 솔직해지는 만큼, 나의 느낌과 감정이 선명하게 느껴지기 시작하면서부터 눈앞에 있는 사람의 느낌과 감정도 선명하게 느껴지기 시작했다. 그리고 내 안의 나는 솔직한 느낌들을 전해주며, 눈앞에 있는 누군가를 그대로 마주하고 느끼게 했다. 솔직함이 열어준 느낌의 통로를 통해 진짜의 나를 알아가며 머릿속의 생각보다 나의 느낌에서 좋은 것도, 좋지 않은 것도 느껴가며 그대로 누군가에게 전했고, 눈앞의 누군가도 자신의 안에서 느껴지는 것을 나에게 전해주면 그대로 마음에서 이어졌고, 자신의 솔직함을 숨기거나 전하고 싶지 않은 누군가의 마음도 그대로 나에게 전해졌다. 나는 솔직한 느낌을 주고받으면서 서로의 깊은 곳에 있는 마음을 자연스럽게 느꼈고 서로를 연결하는 통로를 넓혀 갔다.

나에게 누군가의 통로가 막혀 있는 느낌이 전해질 때는, 나의 통로가 막혀 있는지를 가장 먼저 확인했고, 다시 그 통로가 열리기를 기다리거나 나의 솔직한 느낌을 전하기도 했다.

나의 솔직함을 전하는 통로가 열려 있다면 또 다른 누군가의 통로도 열릴 때가 되면 열렸고, 그렇게 나의 솔직함이 전해지는 통로가 열려 있는 한, 누군가의 완벽한

닫힘도 존재하지 않았다.

나의 생각과 느낌이 누군가에게 잘 전달되지 않을 때나 누군가가 나에게 솔직하다고 느껴지지 않을 때는, 내가 먼저 솔직하지 않은 감정을 누군가에게 전하고 있는 건 아닌지 느껴보는 것이 중요했다.

솔직함은 모든 감정의 앞에 서서,
나의 느낌을 그대로 마주하게 하는 감정이다.

그 느낌을 마주하고 싶은 누군가와 내가
깊이 연결되어 우리가 된다.

여유는

내 안을 편안하게 느낄 수 있도록
도와주는 감정이다.

내가 도착하고 싶은 그곳이 멀게만 느껴지거나 내가 가고 있는 길에서 방향을 잃고 헤매고 있을 때, 내가 원하는 대로 되고 있다고 믿어지지 않을 때, 나는 상황을 억지로 내 뜻대로 만들고 바꾸려 애쓰게 된다. 여유가 없는 나를 느끼면서 나는 억지로 무언가를 해내려는 나를 멈추게 하지 못했다.

그때마다 나는, 나의 감정이나 상황에 끌려다니며 작은 일도 큰 바위가 덮치는 것처럼 느껴져 숨조차 제대로 내쉴 수가 없다. 원하는 대로 된다고 믿을 수 없어 더 많은 것을 하려 하고 더 많은 것을 받아들이려 하지만, 눈앞의 상황은 언제나 어떻게든 해내려는 나의 마음을 배반하며, 여유가 내 안으로 들어오지 못하게 하며, 내 안의 나를 더 누르려 드는 듯했다.

상황이 여유를 누르고 있을 때, 나는 어딘가 존재할 여유라는 감정을 찾으려 하기보다 그 감정이 존재한다는 사실조차 잃어버린 채, 나를 압박하고 눌러 그 상황에 가두는 생각만을 했다. 그 생각이 커질수록 지금까지 잘해왔던 것을 혼란으로 빠져들게 했고 스스로 믿고 해왔던 것까지 의심하기 시작했다. 여유의 빈자리에 눈앞의 상황이 들어찰수록, 그 상황에서 벗어나려 발버둥치게 되고, 나는 당장 눈앞의 현실에 사로잡혀 내가 어떻게 할 수 없다는 생각을 키워나갔다.

나의 즐거움과 행복을 모두 잊고, 뒤이어 찾아오는 의심으로 내 안을 가득 채우게 되면 내가 가지고 있는 믿음도 새롭게 떠오르는 의심에게 자리를 내어주고 나의 의심이 눈앞의 상황을 더 흔들어 나를 혼란에 빠지게 하고 한동안 헤어 나오지 못하게 했다.

나의 두 눈이 내가 원하지 않는 상황만을 향해 있을 때, 나는 여유라는 감정을 잊어버렸다. 처음부터 여유는 내 것이 아닌 감정이라 생각하기 시작하면서, 내가 느끼고 있는 상황과 내가 갖고 있는 것이 별게 아니라는 생각에 더 초조해졌고, 나는 점점 여유를 느낄 수 없는 내가 되어갔다. 언제나 내 안은 바쁘게 돌아갔고 머릿속도 쉼 없이 돌아갔지만 내가 원하는 것은 점점 나에게서 멀어져 가고 있었다. 자고 있는 순간에도 깨어나 쉽게 잠을 이루지 못하는 날이 계속되었고 하루하루가 버겁게만 느껴졌다.

무엇을 위해 살고 싶은지 나에게 물어볼 겨를도 없다고 생각했다. 그런 생각을 할 시간은 나에게는 없다고 말하고 있었지만, 나는 이미 내 눈앞의 상황에 짓눌려 무엇이 나에게 중요한 것인지도 분간하지 못했다. 나에게 무엇을 하고 싶고, 무엇을 위해 살고 싶은지를 물어보는 대신 나는 쉴 새 없이 움직이는 것을 선택하며 누군가를 만나 아무 의미 없는 대화를 주고받거나, 누군가 재미있다며 전해준 것을 하느라 더 지쳐가고 있었다.

무언가를 하고 난 뒤에 밀려드는 초조함과 허탈함이 나를 더 억지로 움직이게 했고, 내 안에 더 많은 것을 욱여넣으려 할수록 나는 더 억울한 기분을 느꼈다. 쉴 새 없이 무언가를 하고 또 해봐도 다시 제자리에 서 있거나 한 걸음 물러나 있는 스스로를 느낄수록 나는 내가 하고 있는 모든 것이 의심스러워졌고, 내 안의 불안은 다시 커져만 갔다.

나는 누구보다 여유롭고 싶었다. 그래서 여유가 무엇인지, 어떤 느낌인지 더 많은 것을 알기 위해 노력했다. 그리고 나에게는 없는 여유를 가지고 있다 말하는 사람들을 관찰하기 시작했다. 내가 관찰한 사람들의 여유는 모두 겉으로 드러나 있었다. 지금 밖으로 드러나 보이는 그것이 여유라고 생각한 적도 있었지만, 그들과 함께할수록 그들이 느끼고 있는 초조함과 불안이 나에게 느껴지고 있었다. 무언가를 갖고 있다 말하면서도 더 갖지 못한 것에 대해 초조해했고, 갖고 있는 것이 사라질까 불안해했다.

스스로가 어디를 향해 가는지, 무엇을 위해 사는지에 대해 나에게 전하면서도 그들에게 내가 느끼고 싶은 여유는 나는 느끼지 못했다. 그럴듯한 말은 어딘가에서 들어본 적이 있는 말이었고 모두가 비슷한 말을 하고 있는 것을 들으면서 나는 내가 원하는 여유와는 다르다는 것을 더 분명하고 느끼고 있었다.

선택의 여유, 경제적 여유, 시간적 여유 모두 그럴듯하게 들리는 말이었지만, 내 안의 나는 그 말을 들을수록 더 초조해지기만 했다. 누구에게 들어도 비슷하게 느껴지는 여유에 대해 나는 관심을 놓기 시작했다. 그 감정에 대해 관심을 둘수록 점점 나는 무언가를 억지로 해야만 한다는 생각에 사로잡히기 시작했고, 여유를 느끼기에는 내 안에 정리되지 않은 수많은 감정이 들어차 나를 힘들게 하고 있었다.

그렇게, 나는 여유를 느끼는 것을 뒤로하고, 내 안에서 나를 괴롭게도 힘들게도 하는 감정을 마주하고 씨름하며 내 안의 나를 풀어내는 것에 집중했다. 그렇게 수많은 감정과 마주하다, 여유라는 감정의 차례가 다가왔다.

나는 다시 여유라는 감정에 대해 알기 위해, 여유를 말하고 있는 모든 것을 뒤적거렸다. 어떤 누군가는 몸을 멈추어라, 어떤 누군가는 머리를 멈추라, 또 어떤 누군가는 시간을 사용하는 방법 등 자신이 아는 방법을 전하고 있었지만, 그 방법 중 그 어떤 것도 내 안에서 쉼 없이 돌아가는 생각이나 느낌을 멈추지는 못했다. 오히려 생각이 더 많아지게 하거나 여유를 느끼지 못하는 나를 탓하게 했고, 아무것도 멈추지 못하는 나를 의심하게 했다.

나는 그나마 조금이라도 효과가 있었던 것을 계속하기 시작했다. 숨이 편안하게 쉬어지지 않을 때마다 자연이나 아무도 없는 곳으로 달려가 아무것도 하지 않으려 했지만, 어떤 순간에는 더 많은 것이 느껴지고 더 많은 생각이 올라왔고 다시 현실로 돌아가면 다시 내 안은 멈추지 못하는 것이 금세 차올랐다. 내가 바라는 여유는 숨 쉴 때마다 느끼고 싶은 감정이라 생각하면서도 나의 여유를 금방 알아차리지 못했다.

그리고 어딘가로 갈 수 없을 때는 나의 의심이 더 커지지 않게, 그리고 누군가에게 들키지 않게 하기 위해, 여유로운 행세라도 하기로 마음먹었다. 그리고 나는 나의 모든 감정에 그럴듯해 보이는 여유를 뒤집어씌운 채, 누군가에게 좋아 보이기 위해 그런 스스로를 들키지 않는 것에 온 힘을 다했고, 그러다 결국 지쳐버렸다. 아무것도 생각하고 싶지 않았고, 먹는 것조차 하고 싶지 않을 정도로 지친 나는 아무리 쉬어도 피곤이 가시지 않았고 잠조차 편하게 이룰 수 없을 만큼이 된 뒤에야 내 안의 모든 에너지가 고갈되었음을 느낄 수 있었다.

매번 어딘가로 달려가 억지로 느끼려 했던 것도 나에 대한 의심이 차올라 넘치기 시작하자 그마저도 모두 놓아버리고 누워 있게 했다. 그 순간에도 내 안의 느낌과 감정, 생각은 쉴 새 없이 돌아가다 나는 모든 상황과 감정에 지배당해버렸다. 모든 에너지가 나에게서 빠져나갔을 때, 내가 할 수 있는 건 그저 깊게 숨을 쉬는 것이 전부였다. 나는 그렇게 가만히 누워 몇 시간이고 깊게 숨만 쉬었다. 아무런 의욕 없이 몸을 움직여서 해야 할 일을 겨우 하는 것 이외에는 나는, 거의 모든 시간을 죽은 듯이 숨만 쉬며 그렇게 보냈다.

가만히 누워 숨만 쉬었던 그 순간이 계속되자, 나는 내 안의 나에게 자연스럽게 질문을 시작했다. 내가 가진 모든 느낌과 생각은 수많은 질문으로 이어졌다. 하나의 질문으로 하루를 다 보내고 그다음 날로 이어졌고, 또 하나의 질문이 끝나면 다른 질문을 하며 시간을 보냈다. 그렇게 긴 시간을 보냈다. 그 시간을 보내면서 내가 느끼는 느낌과 생각을 막거나 없애려 하는 대신 그 많은 느낌과 생각을 하나하나 살리고 그것에 대한 답을 느껴보려 했고, 내 안에서 맴도는 질문 두 가지를 깊게 느껴보기 시작했다.

'내가 무엇을 위해 살고 싶은지'
'내가 무엇을 원하고 있는지'

그전까지 나에게 그리 중요하지도 진지하지도 않았던 그 질문이 계속 안에서 맴돌았다. 처음에는 많은 답이 떠올랐고 그 답이 정말 나의 답인지를 느끼는 시간이 필요했다. 그리고 나의 답이 아닌 것을 걸러내며 또 다른 답이 떠올랐다. 질문은 두 가지가 전부였지만, 그 질문을 스쳐 가는 많은 답을 느끼면서 나는 내가 필요 없는 것에 많은 에너지를 쓰고 있는 나를 느꼈고, 더는 나에게 필요 없는 생각과 답을 내보냈다. 그리고 나의 답이 아닌 것에 대해 전하거나 생각하는 대신, 내가 답을 얻고 싶은 두

가지 질문을 하는 것에 나의 시간을 쓰기 시작했다. 점점 누군가를 만나도 필요 없는 말을 하거나 필요 없는 대화나 생각을 하는 시간이 줄어들었고, 누군가에게 보이기 위해서 하는 것도 하나하나 정리해나가며 나의 에너지를 내가 쓰고 싶은 곳에 썼다. 꼭 움직여야 하는 시간을 뺀 모든 시간을 누워서 숨만 쉬며 그 두 가지 질문에 답을 내 안에서 얻어내기 위해 나는 하루 중 대부분을 나에게 질문을 하는 시간으로 채워 나갔다.

그 시간을 보내기 시작하면서부터 내 안의 에너지는 다시 차오르기 시작했고, 나는 내가 무엇을 위해 살고 싶은지, 내가 무엇을 원하는지에 대한 답을 얻었다. 내가 원하는 일이 믿는 대로 되어가고 있음을 내 안의 내가 느끼기 시작하면서 나는 더는 조급해지지 않았고, 초조함을 느낄 때마다 내가 얻은 그 답을 생각했다. 내 안에 자라고 있던 의심 대신, 스스로에 대한 믿음이 제대로 자라나기 시작했고, 무언가를 억지로 해내려 하거나 좋아지게 하려 애쓰는 것을 그만두었다. 그저 내 안에서 얻은 그 답을 더 깊게 느끼려 했고, 숨을 더 깊게 내쉬며 그 답을 내 안에 새겼다.

나는 내가 깊게 숨을 내쉴 때마다 느껴지는 느낌을 느끼며,

여유

내가 느끼고 싶었던 여유라는 감정이 내 안에 있음을 알게 됐다. 특별하지도 대단하지도 않은 그 느낌은 내 안의 수많은 느낌과 감정, 생각을 차분하게 가라앉혀주며, 내 눈앞의 어떤 상황이나 누군가에 휩쓸려가지 않고 고요할 수 있게 해주었다.

여유는 내가 깊게 숨을 내쉴 때마다 늘 곁에서 함께하며 내 안의 느낌을 더 깊게 하며 내가 빠르게 회복될 수 있게 돕는 감정이었다.

점점 변해가고 있는 나를 느낀 누군가는 전처럼 내 안의 에너지를 흔들기 위해 이런저런 말이나 행동을 하고는 했지만, 나는 그 말이나 행동에 사로잡히지 않고 그저 바라보며 스쳐 지나가게 두었다. 그리고 나를 변하게 하는 누군가에게 그 방법을 전하기 시작했다.

그 방법은 모두에게 통하지 않았다. 모두가 원하는 여유는 선택의 여유, 경제적 여유, 시간적 여유를 위한 것이었지만, 내가 느끼는 여유는 내 안의 나에게 질문하고 답을 얻게 하는 여유였다.

누군가는 스스로에게 답을 얻는 것이 경제적 여유, 시간적 여유를 얻는 것에 도움이 될 거라 생각하며, 내가 한 방법을 따라 하기 시작했지만, 자신이 느끼고 싶은 여유에 대한 생각에 사로잡혀 버렸고, 여유는 가까이 다가오지 못하고 더 멀어지기를 계속했다.

여유는 겉으로 보이는 여유에 관심을 둘수록 멀어졌고, 내가 느낀 여유가 무엇인지 정말 느끼고 싶은 사람은 드물었다. 그리고 그들은 자신이 원하는 여유를 찾아 떠나갔다.

깊은숨을 내쉬며 나의 답을 느끼는 내가 보는 세상과 누군가에게 여유에 대한 답을 얻기 위해 노력하는 누군가가 보는 세상은 아주 많이 달랐다. 여유를 누군가에게 보이기 위해 노력하는 사람들에게 나의 여유는 손에 잡히지 않았다. 여유는 노력하려 할수록 멀어지고, 멀어질수록 집착하게 만드는 감정이 되어, 되려 여유가 없는 누군가와 함께 휘말리기도 참 쉬운 감정이었다.

내 안에서 여유를 느끼지 못할 때의 나는 원하는 대로 되고 있다는 믿음 또한 누군가의 실낱같은 말 한마디에 쉽게 흔들렸고, 그럴 때마다 내가 그 말에 흔들리고 있다는 것을 들키지 않기 위해 많은 에너지를 썼다. 깊은숨을 내쉴 때마다 느껴지는 그 느낌이 내가 느끼고 싶은 여유라는 것도 알아차리지 못하고 숨 가쁘게 모든 일을 억지로 해내려 했고 내 안의 나에게 질문하는 것도 그럴 여유가 없어서 못 하는 거라 스스로 생각하고 있었다. 다른 감정을 마주할 때마다 조급해졌고, 좋아 보이는 감정에 집착하고, 좋아 보이지 않는 감정이 느껴질 때마다 그 감정을 막아 버리거나 없애려 했고, 내 안의 감정에 사로잡혀 괴로워하면서도 스스로에게 질문을 하고 답을 얻을 생각을 하지 않았다.

그렇게 내가 없애려 애썼던 감정은 언제 터질지 모르는 시한폭탄이 되어, 터지면 안 되는 순간에 결국 터져 나를 힘들게 했다. 내가 느낀 여유는 내가 어떤 감정을 마주하더라도 그 감정에 휩쓸려 가거나 사로잡히지 않게 내 안에서 내가 내쉬는 깊은숨과 함께 나를 돕는다. 그대로 편안하게 나의 감정을 마주할 수 있도록 하며 내가 마주하는 감정이 에너지가 강한 감정일수록 내 안의 나에게 더 많은 질문을 할 수 있게 하고 어떻게 하고 싶은지에 대한 답을 얻을 수 있게 했다. 여유가 도와주지 않는다면 에너지가 강한 감정을 마주할 때, 그 감정이 가진 에너지에 쉽게 휘말리거나 사로잡혀 자신을 잃어버리고 순간 주저앉게 할 수도 있다.

그런 감정이 내가 원하지 않은 순간에 터져버리면, 그 감정을 느끼는 나를 탓하다 또 다른 비슷한 감정으로 이어지게 한다. 그렇게 하다 보면, 어설프게 마주했던 감정은 내 안 더 깊은 곳으로 숨어버리고, 스스로 느끼는 것조차 어렵게 만든다.

여유는 깊은숨과 함께 내가 그 감정을 풀어야만 하는 이유를 나에게 물을 수 있는 시간을 주는 감정이었다. 내가 여유라는 감정을 내팽개치고 좋아 보이는 감정만을 찾으려 했을 때, 내 안의 나는 나에게 어떤 답도 내어주지 않고 내가 스스로 허물어져 버리기를 기다렸다. 누군가가 일으켜주길 바라거나, 원하는 대로 되지 않을 때마다, 어떤 것에 더 과하게 집착하게 하며 나의 에너지를 밖으로 빼내고 그렇게 눈앞의 상황과 스스로의 감정에 집착하다, 스스로 풀 수 없다고 생각하고 주저앉았을 때 내가 다시 여유를 느낄 기회를 주었다.

그럴듯해 보이는 여유를 바라는 누군가는 그 여유에 집착이 더해져 스스로를 믿지 못하고 더 초조하게 만들었다. 그저 쫓기듯 누군가에게 보여주기 위한 답을 얻으려다 지치거나, 그럴듯한 답을 찾아 누군가가 대단한 것이라고 말해주길 기대했지만, 누군가가 대단하다고 여겨주지 않으면, 스스로 얻어낸 답은 금세 잊어버리거나 스스로 버리고 또 그럴듯한 답을 찾으려 했다.

여유가 무엇인지 느끼고 있는 누군가는, 자신의 깊은 곳에 있는 답을 찾는 것에만 에너지를 쓰고 싶어 했다. 자신을 흔드는 말과 에너지에 반응하는 순간이 점점 줄어들었고, 무언가에 스스로가 흔들릴 때마다 자신에게 질문하고 답을 얻고 싶어 했다. 더 이상 누군가가 내어주는 말들이 자신의 답이 될 수 없음을 느낄수록 스스로에게 질문을 하고 답을 얻는 시간을 중요하게 여기고 모든 순간에 깊은숨을 내쉬며 자신의 안에 머물고 있는 여유를 느끼려 했다. 여유를 위한 시간을 내어준 사람들은, 점점 누군가에게 보이고 싶은 여유가 아닌 자신이 느끼고 싶은 여유를 느끼는 시간을 즐기며, 여유가 없다는 말도 자연스레 하지 않게 됐다.

여유가 만들어 준 빈 공간을 스스로에게 하는 질문으로 채우고, 내 안의 내가 내어준 그 답이 나의 선택을 이끌어가게 하면, 스스로를 믿는 에너지도 그만큼 단단해진다. 내가 원하는 대로 되고 있다는 믿음이 단단해질수록, 여유라는 감정은 내가 무엇을 선택해야 하는 모든 순간을 함께하며, 나의 답에서 나온 선택을 누군가에게 흔들리지 않고 할 수 있도록 돕는다.

여유가 내 안에서 제대로 자리 잡기 시작하면 그 누구도 흔들 수 없는 큰 산이 되어, 내 안의 믿음을 키우는 바탕이 되어 주었다. 여유라는 큰 산이 지탱하고 있는 한, 깊은숨을 내쉴 때마다 다른 감정들에 쉽게 무너지거나 흔들리지 않고도, 나를 편안하게 마주 볼 수 있게 한다.

스스로를 '믿는다'와 '여유'는 한몸과 다름없는 감정이다. 여유는 믿음을 만나면 그 에너지가 배가 되어, 내가 어떤 상황에도 흔들리지 않을 수 있도록 단단하게 이어진다.

여유는 나를 스스로 회복할 수 있게 돕는 감정이기도 했다. 숨이 제대로 쉬어지지 않을 때나, 내가 원하는 대로 되어 가고 있다고 자연스럽게 믿어지지 않을 때는 여유가 가장 중요한 감정이라는 것을 잊고 있을 때다.

깊게 숨을 쉬고 내뱉을 때마다 내 안에 있는 여유가 느껴진다면, 내가 원하는 흐름대로 모두 잘 되어 가고 있다고 다시 한번 믿을 수 있다.

모든 감정은, 여유의 보살핌 속에서 싹을 틔우고 그 뿌리를 깊게 한다.

열정은

어딘가에 중독되어 헤어 나올 수 없다고 느낄 정도로
강한 에너지를 느끼게 하는 감정이다.

나의 단순한 열정은, 집착이라는 감정과도 많이 닮아 있었다. 내 안에서 순식간에 휘몰아쳤다가 한순간에 사그라지기도 하고, 한참 시간이 흐른 뒤에는 다시 그때로 돌아가고 싶어지게 하는 감정이기도 했다. 열정은 내 머릿속에서 끊임없이 하고 있던 재고 따지는 계산을 모두 멈추게 했고, 결과가 어떻게 되든 나의 열정에 후회가 남지 않게 최선을 다하게 했지만, 열정이 떠난 뒤에는 내 안에 열정이 있었을 때, 내가 더 해내지 못했던 것에 대해 미련이라는 여운을 남겨 주었다.

열정이 처음 내 안에서 느껴졌을 때, 나는 내가 해내고 싶은 것에 사로잡혀 내 눈에는 그것밖에 보이지 않았다. 그걸 쟁취하기 위해 움직이는 내가 자랑스럽게 느껴졌고, 그렇게 살아가는 나를 다른 누군가는 부러워했다. 그 에너지를 누군가가 부럽다고 할 정도로, 강한 불처럼 내 안에서 타오른 열정은 그리 오래가지 못했다. 나의 열정이 가진 에너지는 강렬했지만, 반짝 타오르다 꺼지는 불꽃처럼 빠르게 타오른 만큼 빠르게 꺼졌다.

나는 열정이라는 감정을 내 안에서 제대로 느껴본 적이 없었다. 무엇이든 쉽게 좋아하거나 빠져들지 못해서 느끼지 못한다고 생각했지만, 내가 내 안에 열정을 불러들일 만큼의 것을 아직 만나지 못한 나에게 열정은 생소했다. 내가 알지 못하는 그 감정을 가진 사람을 보며 부러워하기도 했지만, 아무런 준비도 없이 열정만 있으면 된다 말하는 사람을 보면서 열정이 가지고 있는 무모함을 먼저 생각했고, 그 무모함만을 가지고 덤비는 사람을 바라보며 나는 열정과 다른 여러 감정을 번갈아 느끼고는 했다. 그리고 열정만 가지고 무언가를 해내다 빠르게 포기하거나 쉽게 주저앉는 누군가를 보며 열정은 사람을 홀리게 하는 위험한 감정처럼 느껴졌다. 열정을 앞장세워 무언가를 하려고 하는 누군가를 볼 때마다 나는 불편함을 느끼며 그저 눈앞의 현실과 씨름하며 하루하루를 살아가고 있었다.

어느 날 내 안에서 열정이라는 감정이 느껴지기 시작했을 때, 나는 지금까지 내가 해보지 않았던 것을 하나둘 하고 있는 나를 마주하게 되었다. 그 일을 왜 하고 있는지 이유도 모른 채, 나는 내 안에서 느껴지는 열정을 따라 내가 할 수 없었던 일, 하기 싫었던 일을 스스로 하기 시작했고 그 감정에 사로잡혀 있는 동안만큼은 내가 해내고 싶은 일

이외는 아무것도 눈에 들어오지 않았다.

열정을 느끼는 나를 생소하다 느끼면서도 그런 내가 좋았다. 마치 내가 모르는 내가 내 안에서 튀어나오고 있는 느낌이 들었다. 어린 시절 누군가를 좋아했을 때처럼 내 머릿속에서 머뭇거리던 것도 따지고 들던 것도 모두 나에게 더는 중요하게 느껴지지 않았다. 그렇게 갑자기 찾아온 열정은 이성적인 판단보다 순수하게 느껴졌고 내가 해내고 싶은 것에만 온전히 집중할 수 있도록 만들었다. 몸이 지치고 피곤해도 머릿속에는 해내고 싶은 것에 대한 생각으로 가득 차 있었고, 그것을 이루고 싶다는 생각 외의 다른 것은 아무것도 떠오르지 않았다. 그렇게 갑자기 내 안에서 느껴지기 시작한 열정은 이성적으로 모든 것을 생각하려 했던 나를 순식간에 마비시키는 감정이었다.

나는 내 안에서 강렬하게 느껴지는 열정에 마비되어 앞뒤 가리지 않고 해보지 않았던 일, 하지 않으려 했던 일을 해보기 시작했고, 열정이라는 감정은 나에게서 빼놓을 수 없는 감정이 되어 가고 있었다. 누군가에게 열정적이라는 말을 듣는 게 곧 '모든 일을 해낼 수 있는 사람'이라는 것처럼 들렸고, 그 말을 들을수록 나는 더 많은 일을 해내기 위해 매달렸다. 누가 뭐라고 해도 그 말이 귀에 들리지 않았고, 나의 열정이 향하는 곳으로만 온통 마음이 쏠려갔다.

처음으로 나에게 와 준 열정이라는 감정에 사로잡혀 있는 나에게는, 무언가를 먹는 것도, 내가 얼마만큼 잠을 잘 수 있는가도 중요하게 느껴지지 않았다. 그렇게 나는 나의 일에 중독되어 있었고, 내가 열정을 통해 얻는 성과에도 중독되어 갔다. 힘든 줄도 모르고 최선을 다하는 동안 내 안의 열정은 점점 그 불씨가 꺼져가고 있었다. 처음 느껴본 열정에 사로잡혀, 열정이 그렇게 빨리 식을 수 있다는 것도 나는 모르고 있었다.

오래오래 내 안에 잡아 두고 싶던 열정은 시간이 지나면서 점점 사그라지기 시작했고, 내 안에는 집착이 서서히 자리 잡기 시작했다. 열정이 내 안에 머무는 시간에 이미 익숙해져 있던 나는 내가 느꼈던 열정의 대부분이 집착이라는 감정으로 바뀐지도 모른 채, 그 감정을 억지로 붙들고 눈앞의 일을 더 잘 해내기 위해 애썼고, 내 안의 열정이 계속될 수 있는 것을 찾아 헤매다 내 안에 남아 있는 에너지 모두를 집착을 위해 써버리기 시작했다.

나에게 열정이 느껴진 시간은 찰나와 같았다. 나도 모르게 열정이 사라진 자리에는 집착이라는 감정이 차지해 버렸고, 나는 내 안에서 느껴져 오는 공허함이 열정이 떠난 뒤에 찾아오는 느낌이라는 것도 모르고 공허함을 가시게 하기 위해 더 많은 것에 집착했고 내가 해내고 싶은 것을 더 많이 얻기 위해, 누군가가 좋다고 하는 생각을 내 안으로 어떻게든 구겨 넣으려 애썼다. 내가 밖에서 무언가를 찾아 헤매며 방황 아닌 방황을 하는 시간이 길어질수록 나는 더 많은 것에 집착했고, 내가 집착하는 것을 놓을 수가 없었다. 내 안이 열정 대신 집착으로 가득 차 있다는 걸 알면서도 나는 그걸 인정할 수도 없었다. 그걸 인정하는 순간 내가 해 왔던 것과 쥐고 있는 것을 전부 놓게 할 거라는 생각이 들었다.

사는 것에 대한 집착이든 인정에 대한 집착이든, 내가 해 왔던 것을 놓지 않을 수만 있다면, 허한 속을 채울 수 있는 무언가를 찾을 수만 있다면 무엇이든 상관없다고 생각하며, 더 많은 것을 내 안으로 욱여넣으려 했다. 나를 인정해주는 것에 집착하는 동안 내 안의 에너지는 집착이라는 감정을 사용하는 데 모두 쓰였고, 무언가에 집착하는 것에 쓰일 에너지조차 남아 있지 않게 된 순간 나는 집착의 자리를 또 다른 감정인 괴로움에게 내어주고 있었다.

괴로움을 느낄 때마다 내 안에서 느껴졌던 열정이 다시 그리워졌고 그때의 느낌을 다시 간절하게 느끼고 싶었지만, 그때처럼 나에게 찾아와 주지 않는 열정을 내가 다시 찾아 나서려 해도 나는 어떻게 하면 열정을 내 안에서 다시 느낄 수 있는지 감조차 잡히지 않았다.

열정은 아무것도 없는 나를 그 감정을 느끼는 것만으로 행복하게 만들어주었던 감정이었다. 나는 잃어버린 열정을 다시 느끼고 싶었다. 열정을 다시 느끼고 싶어서 열정과 닮은 집착을 다시 하고 괴로워지기를 계속하다 나는 열정을 다시 느낄 수 있게 하는 것은 '이유'라는 것을 알게 되었다.

내가 처음 느꼈던 열정에는 이유가 없있다. 그지 해내고 싶은 것이 생겨 달려들었고 이미 열정을 느끼고 있는 나에게 이유는 중요하지 않았다. 하지만 열정이 내 안에서 떠나게 된 이유가 '내가 그 일을 해내고 싶은 이유'인지 모른 채, 열정이 주는 느낌에만 사로잡히다 무언가에 집착하게 했음을 알게 된 순간 나는 그 이유를 반드시 찾아내고 싶어졌다.

하지만 막막하기만 했다. 지금까지 제대로 느껴보려 하지도 않았던 이유를 어디서부터 찾아야 하는지도 어떤 걸 나의 이유로 해야 하는지도 몰라, 나에게 열정을 느끼게 할 만한 어딘가에서 보고 들은 그럴듯해 보이고 괜찮아 보이는 이유를 생각해내고, 내가 이유라고 생각하면 이유가 될 거라고, 그 이유가 나에게 열정을 다시 느끼게 할 거라 생각했지만 내 것이 아닌 그 이유는 내 안에 반짝 불타오르게 하고 전보다 더 빠르게 사라졌다.

매번 이유를 만들어내며 수많은 이유가 나를 스쳐 지나갔고 다시 열정을 찾았다는 기쁨을 느끼는 것도 잠시, 다시 금세 사라지는 내 안의 열정을 느끼면서 나는 움츠러들기 시작했다. 몇 번이고 꾸역꾸역 내가 만든 이유에 살을 붙여 내 안에 밀어 넣어도, 그 이유는 내 안에서 온전하게 힘을 발휘하지 못했다. 오히려 그때마다 내가 아닌 다른 사람이 되어야 한다는 것이 나를 괴롭게 했고, 그 이유가 내 것이 아니라는 것을 느낄 때마다 내 안에는 이유가 없는 것 아닌가 하는 생각이 들기 시작하면서, 내가 하는 일에서도 자신감을 잃어갔다.

내 안에 있는 열정을 느끼고 있을 때는, 하기 싫은 일도 언젠가 나와 누군가에게 도움이 될 거라는 생각으로 하고 있었지만, 열정이 느껴지지 않는 나는 내가 하기 싫은 일을 책임을 다하기 위해 억지로 해야 한다고 생각하며 스스로를 다그쳤다. 그렇게 하루하루를 살아내며 나는 내 안의 나와 싸우기 시작했고, 내가 책임지고 싶지 않은 일을 벌이는 누군가를 향한 짜증이 늘어갔다.

먹고살기 위해서 해야 하는 것이라는 단순하고 평범한 이유로 납득하지 못하는 나도, 그럴듯한 이유를 찾아다니는 나도 싫어지기 시작하면서 나는 툭 하고 건드리면 튀어나올 것만 같은 짜증과 누군가를 향한 탓에 점점 빠져들기 시작했다.

내 안의 나는 어떤 이유에도 납득되지 않았고, 그럴듯한 이유도 용납하지 않았다. 내 안에 더 많은 이유를 들이밀수록 나는 그 모든 이유가 나의 것이 아님을 느껴가면서, 그 이유를 억지로 받아들이려 해도, 내 안에서 오래가지 못할 것이 뻔하다는 것을 알고 이유를 찾는 것을 포기하기도 했다.

그런 와중에 많은 누군가가 자신의 이유를 나에게 말해주었다. 자신은 안정적인 환경과 고정적인 수입이 있다면 행복할 것 같다거나, 자신을 사랑해주는 사람이 있으면 행복할 수 있다고도 했다. 어떤 사람은 학교를 세우고 싶다거나, 돈을 아주 많이 벌고 싶다거나 어떤 사람은 세계 평화를 위해 살고 싶다는 말을 했지만, 그 말을 들으면서 내 안에서는 '내가 매일 이렇게 나와 싸우고 있는데 그런 게 다 무슨 소용인가'라는 생각만 계속해서 맴돌았다. 그리고 자신의 이유를 전해주는 누군가에게 그 이유를 위해 무엇을 하고 있는지에 대해 물으면, 그들은 입을 다물거나 그것을 하지 못하는 이유들을 나에게 전해주었다.

나의 이유만 찾으면, 내가 바라는 것이 모두 나에게 자연스럽게 올 것이라는 걸 나는 느끼고 있었지만, 그 이유는 거저 얻을 수 있는 게 아니었다. 그 이유를 찾고 느낄 만한 준비가 나는 아직 되어 있지 않았다. 무언가를 경험하는 것도, 변하기 위해 선택하는 것도 두려워하는 나에게 이유가 들어올 자리는 없었다. 그동안의 나는, 내가 다시 느끼고 싶은 열정을 다시 느끼기 위해 나의 이유를 느낄 수 있게 할 경험을 할 수 있는 길은 모두 피해 다니면서 그저 이유만을 바라고 있었다. 그럴듯한 이유를 다시 내 안에 받아들인다 해도, 그렇게 해서 나의 이유가 되지 않을 거라는 걸 느낀 순간부터 나는 내가 해야 할 경험을 피하지 않고 모두 받아들이기 시작했다.

경험하지 않고 아는 체를 하고 싶어 하는 나에게 많은 상황과 누군가를 경험하게 했고, 즐거운 경험, 두려운 경험, 행복한 경험, 괴로운 경험, 재미있는 경험, 힘든 경험, 아픈 경험 등 그 어떤 경험이든 가리지 않고 수많은 경험을 해나갔다. 그 경험에서 느껴지는 나의 느낌과 감정을 마주하며, 내가 했던 모든 경험이 나에게 나의 이유를 알게 하고 더 깊게 느끼게 해 줄 경험이었다는 것을 서서히 내 안의 나도 받아들이기 시작했다.

과거의 모든 경험에서도 벗어나려 애쓰는 대신 경험을 마주하고, 상처가 됐던 경험이나 스스로를 아프게 한 경험, 숨기고 싶은 경험 모두를 스스로 마주하고 돌아보는 시간을 보내면서, 나는 어느 날 그곳에 숨어 있던 나의 이유를 느낄 수 있었다. 어떤 경험은 '내가 왜 이런 일까지 겪어야 했는지', 억울함과 분함을 느끼게 하며 그 순간에는 나를 납득시키지 못했지만, 그 경험을 바라보고 난 뒤, 내가 찾은 그 이유가 그렇게 느끼는 나를 납득하게 했다. 내가 겪었던 모든 일은 내가 찾은 이유와 모두 깊게 연결되어 있었다.

내가 나의 이유를 느끼기 위해 경험했던 모든 일이 퍼즐처럼 맞춰지면서 시원함을 느끼기도 했지만, 그 이유를 마주한 나는 다시 무거워져 버렸다. 내가 찾은 나의 이유는 이유를 그저 느끼고만 있는 것이 아닌 그 이유대로 살아가야 진짜 나의 이유가 되어 준다는 것을 나는 느껴 버렸고, '나의 이유를 찾고 느끼며 살고 싶다'까지만 원했던 나에게 또 다른 선택을 해야 하는 순간이 다가오자 나는 내가 찾은 이유에서 도망쳐 버렸다.

그렇게 나의 이유에서 멀어지고, 다시 집착이라는 감정에 점점 빠져들고 괴로워지고 있을 때, 나는 내가 느꼈던 나의 이유를 겨우 선택할 수 있었다. 내가 느낀 그 이유를 선택한 순간부터 내 안의 모든 느낌과 생각은 그 이유가 나의 중심이 되어 더 단단해져 갔고, 어떤 상황이나 누군가를 만나더라도 나의 이유에서 느껴지는 느낌과 생각으로 선택을 해나가며 나는 지금까지와는 다른 내가 되어갔다.

나의 이유를 깊게 느낄수록, 내가 하는 선택과 결정이 나를 내가 살고 싶은 길을 향하게 했고, 그렇게 선택했던 것에 후회를 느끼지 않게 했다. 나의 이유가 없을 때는 아무것도 선택하지 못하거나 무언가를 선택하는 게 힘들기만 했던 내가 나의 중심에서 느껴지는 나의 느낌과 이유를 따라가는 것에 익숙해질수록 내가 무엇을 선택해야 하는지 분명하게 다가와 내가 해내고 싶은 것을 끝까지 포기하지 않게 했다. 그리고 그렇게 했던 선택은 내가 기대하지 않은 많은 것을 나에게 가져다주었다.

나는 나의 이유를 내 안 더 깊은 곳에 받아들이고 싶어졌고, 나의 이유를 어떤 순간에도 잊지 않으려 되새기며 나의 그 어떤 것보다 소중히 여기기 시작했다.

그 이유대로 살아가기를 선택한 순간부터, 나는 내 안에서 느껴지는 감정의 더 깊은 곳을 들여다보고 하나하나 바닥까지 훑으며 나를 더 알아가는 시간을 가졌고, 그 감정과 함께 떠오르는 기억과 내가 했던 경험에서 느껴지는 느낌을 모두 기록하고 소중히 다뤄나갔다.

엉켜 있는 과거의 감정의 고리를 풀고, 지금 생겨나고 있는 감정에 집중하면서 나조차 나를 납득시키기 어려웠던, 그 순간에 대한 실마리가 점점 풀려가기 시작하면서 나의 현실도 조금씩 달라지고 있었다.

나의 경험에서 찾은 나의 이유가 내 안에 있는 모든 감정을 소중히 다루자, 내 눈앞의 상황도 누군가에게 느껴지는 느낌도 다르게 느껴지기 시작했다. '좋다', '나쁘다' 같은 꼬리표를 붙인 느낌이 아닌 그저 '느낌'이나 '감정'으로 나에게 다가와 나와 누군가가 더 많은 것을 느끼고 깊어질 수 있게 도와주었고, 나의 이유는 그럴수록 내 안에서 느껴지는 느낌을 소중히 여기고 존중해주었다. 나도 모르게 일부러 내 안의 나를 흔들거나 에너지를 떨어뜨리는 생각을 하려 할 때마다 나의 이유는 내 안에서 좋은 중재자가 되어 그것을 하고 있는 나를 돌아보게 해주었다.

내가 그토록 다시 느끼고 싶은 열정은 나의 이유가 찾아온 순간부터 서서히 내 안을 달구었고, 전처럼 내가 무언가에 달려들게 하는 대신, 내가 그것을 이끌고 갈 수 있게 해주었다. 내가 다른 누군가에게 내 열정을 알아달라 일일이 전하지 않아도, 나는 내 안에서 느껴지는 열정을 그대로 자연스럽게 내보이고 있었다.

그리고 이미 내가 했던 경험을 계속하는 대신, 나의 에너지와 열정을 나의 이유가 안내하는 길에 알맞게 쓰기 시작했고, 내 안에 은은하게 타오르는 열정에 나의 이유라는 장작을 넣어 내 안에서 꺼뜨리지 않을 수 있게 됐다. 나의 이유를 알기 위해서 나는 나에게 많은 경험을 하게 했다.

스스로 견디기 힘든 경험을 할 때마다, 나는 '나로 있는 것'을 선택하기보다, 현실에 사로잡혀 그에 맞는 선택을 했고, 눈앞에 있는 누군가의 생각과 에너지에 스스로 꺾이며 나의 열정을 잃어갔다.

내가 그렇게 느끼지 않더라도 누군가의 구미나 상황에 맞추기 위해 그에 맞게 움직이려 했고, '내가 어떻게 느끼고 있는지'보다 다른 누군가의 이목에 신경을 썼다. 겨우 나의 이유를 찾았을 때도 마찬가지였다. 이유를 찾고 나서도 그 이유를 느끼며 선택하는 것이 두려워, 나의 이유가 보내주는 신호를 무시한 채, 내 안에 숨겨두고 웅크리고 있었다.

나의 이유를 찾아도 스스로 받아들이고 선택하지 않으면, 나의 열정이 내 안에 찾아올 수 있는 문을 모두 닫아두는 것과 같았다.

어떤 순간에도 나로 있게 하고 선택하게 하는 나의 이유를 스스로 흔들지 않는다면, 나는 더 이상 눈앞의 상황이나 누군가와도 내 안에서 힘겹게 싸울 필요가 없었다. 그저 나의 이유를 받아들이고 그 이유에서 느껴지는 열정을 따라가 주어진 경험을 받아들이고 싶어 한다면, 내가 그 경험을 끝까지 해나갈 수 있는 힘이 되어주는 감정이 바로 열정이었다.

내가 해내고 싶은 일에 대해 해내고 싶은 나의 이유가 분명할수록, 그 열정은 오래오래 타오른다. 열정에게는 이유가 곧, 장작이었다. 이유라는 장작이 없다면, 반짝 타오른 열정은 자연스레 꺼지고 열정을 닮은 집착이 자리해, 나를 옴짝달싹하지 못하게 하는 힘든 감정으로 변해 버렸다.

누군가 느끼고 있는 것이 열정인지 아닌지는, 시간이 지나면 알 수 있다. 열정은 길게 타오를수록 더 많은 것을 해내게 했고, 내가 해내고 싶다고 말해왔던 것을 포기할 수 없게 하며 다 이룬 후에는 그다음을 바라보게 했다. 열정을 길게 타오르게 하는 이유라는 장작은, 그 사람이 했던 경험이 깊은 것일수록 그리고 자신이 한 경험을 스스로 어떻게 느끼고 받아들이고 있는지에 따라 모두 달랐고, 각각 다른 곳에서 열정을 타오르게 하기도 했다.

다른 누군가가 가지 않는 길을 선택하려는 사람일수록, 나의 열정을 계속 타오르게 해 줄 나의 이유의 무게를 무겁게 느낄 수도 있다. 하지만 분명하게 나의 이유를 선택하고 있다면, 그 이유는 나의 열성을 꺼뜨리지 않는 선택을 나에게 하게 했다.

다시 열정을 느끼고 싶었던 나는 열정을 타오르게 할 이유를 찾기 위해 수많은 경험을 선택했고, 그 선택으로 나의 다음 길을 열리게 했다. 다음 길에서 또 그다음 길을 선택해나가며 나는 내가 걸어가고 싶은 길을 나에게 큰 힘이 되어주는 나의 열정과 함께 다시 걸어가고 있다.

열정이 함께하는 길은 험난한 파도가 함께하지만, 그 길을 선택하고 가는 나의 곁에서 끝까지 함께하는 친구가 되어준다.

의심은

두 갈래의 길에서

나에게 하나의 길을 선택하게 하는 감정이다.

의심은 나에게 언제나 두 갈래의 길을 보여주었고, 그 두 갈래의 길 모두를 걸어보게 했다. 두 갈래 길 중 하나의 길은 '올라가는 길'이었고 다른 하나는 '내려가는 길'이었다. 올라가는 길은 가파르지만 내가 원하는 곳을 향해 느리고 천천히 가게 했다. 내려가는 길은 올라가는 길보다 걷기는 쉬웠지만, 그 길에서 스스로 멈춰서고 싶어질 때가 왔을 때, 내 걸음은 쉽게 멈춰지지 않았다.

의심이 안내하는 '올라가는 길'은, 내가 한 걸음을 내딛는 순간마다 내가 가진 무게와 가는 방향을 스스로 느끼면서 가게 했다. 올라가는 길에서는 그동안 내가 지나쳐왔던 나에 대한 수많은 의심과 나에게 의심을 주었던 누군가를 떠올리게 했다. 나에게 그 모두를 다시 마주하고 풀어낼 수 있는 순간을 건네고, 그 순간을 풀어내면 시원함을 느끼며 다시 올라가는 길에서 그다음을 또 안내해 주었다. 스스로 내딛는 한 걸음은 저절로 걸어지지 않았고, 무언가를 마주할 때마다 내 안에서 올라오는 의심을 마주할 수 있는 시간이 충분히 주어졌다. 나는 내가 마주한 의심을 해소한 뒤, 다시 발걸음을 옮길 수 있었고, 그 시간은 무척이나 더디게 느껴졌고 오래 걸렸다.

의심이 안내하는 '내려가는 길'은, 내가 한 걸음을 내디딜 때마다 저절로 다음 걸음으로 옮겨져, 내가 멈추고 싶어도 멈추게 하는 것이 쉽지 않았다. 내가 무엇을 마주하려 해도 느끼기도 전에 또 그다음 걸음을 내딛게 하며 그 속도가 점점 빨라질수록 나는 그 속도에 나의 걸음을 맡겼다. 내려가는 길에서는 내가 주저앉지 않는 이상, 무언가를 느껴볼 새도 없이 모든 것이 빠르게 지나간다. 그때 내가 보거나 느낄 수 있는 건 많지 않았다. 그곳에서 마주치는 것을 보기도 전에 그다음에 걸음이 이끌려가 무엇인지 알아볼 새도 없이 곧장 지나치게 된다. 그 길에서는 만나고 싶지 않은 누군가와 다시 겪고 싶지 않은 일을 계속 마주하게 하고, 나에게 같은 순간을 반복해서 보여주었다. 내려가는 길에서 내가 멈출 수 있는 방법은, 그 자리에 주저앉는 방법이 전부였다.

의심의 두 길 중 내려가는 길을 걷고 있을 때, 내 안에서 나를 의심하고 있을 때마다 그 느낌을 마주하기보다 다른 생각으로 덮고 마주하려 하지 않았다. 내가 가진 것을 돌아보거나 마주하는 순간 느껴지는 것이 나를 한없이 작아지게 했었다. 아주 어릴 때부터 내 안에서 들려오는 나에 대한 '호기심'과 함께 들려오는 나에 대한 '의심'의 소리가 점점 커져 갔지만, 나는 그 소리를 제대로 마주하지 못했다. 누군가가 나에게 전한 의심이 내 안에 가득 쌓여 그것이 내 것인 양 생각하고 있던 내가 그 소리를 마주하기 위해서는 큰 용기가 필요했지만, 그때의 나에게 그런 용기는 없었다.

내 안에서 들려오는 의심의 소리를 듣기도 전에, 나의 현실은 누군가의 선택에 따라 정해지고 있었고 뒤늦게라도 내 안에서 크게 울리고 있는 나를 향한 의심을 들으려 하면, 누군가가 나를 향해 전해오는 의심이 그 소리를 덮어버렸다. 내가 그 소리를 제대로 듣거나 마주하기 전에 나의 현실은 이미 빠르게 정해져 뒤늦게 내 안의 소리를 들으려 했을 때, 이미 내 안은 누군가가 전해진 의심으로 채워져 있었다.

나는 누군가가 나에겐 전해준 의심이 내 안에서 울리는 것을 듣고 있을 때마다 나를 의심하기 시작했다. 누군가가 전한 의심과 스스로에게 하는 의심이 섞여 내 안에 차곡차곡 쌓여 갔고, 나는 점점 그 의심을 믿기 시작했다. 무언가를 시작하려 할 때마다 내 안에서 울리는 그 의심의 소리는 더 커져만 갔고, 나는 누군가가 전하는 의심을 의심하는 대신, 나에 대한 의심을 더 키워나갔다. 그리고 더 많은 누군가의 의심을 받아들여 나를 아무것도 할 수 없게 만들어 그 자리에 주저앉히려 했다.

그렇게 시간이 지날수록, 나는 그 무엇도 스스로 선택하거나 결정하지 못했고, 내가 선택한 일에 대해서도 내가 한 선택에 대해서도 의심했다. 그리고 그 선택으로 인해 마주하는 상황이 좋지 않을 때면 나는 그다음의 선택을 누군가에게 맡겨버리고 누군가를 탓했다. 내 안에서 소리치고 있는 의심의 소리가 나의 느낌을 의심하고 있었고, 그 의심의 소리에 사로잡힐수록 나는 더 작아져만 갔다.

스스로 무언가를 해내야 하는 상황을 마주할 때마다 나는 내가 잘못된 선택을 할까 두려웠고, 내가 괜찮은 선택을 할 수 있다는 생각을 하지 못했다. 모든 상황이나 나를 향해 전하는 누군가의 의심을 진짜라고 믿었고, 그 생각을 따라갔다. 그렇게 하면, 그렇게 전한 사람의 탓이라도 할 수 있으니 마음이 편할 거라 생각했지만, 누군가를 향한 탓이 내 안에 쌓여갈수록 나를 탓하는 마음도 함께 커져갔다. 그 소리를 들을수록 나는 내가 사는 현실을 따라가지 못하다 결국 그 자리에 주저앉아 버렸다.

나는 나도 모르게 의심의 두 갈래 길 중 '내려가는 길'을 선택하고 있었다. 그 길을 가고 있으면 내가 선택하고 싶지 않은 것도 누군가의 선택으로 인해, 저절로 가고 있었고 내가 원해서 하는 선택인지 아닌지를 느낄 겨를도 없이 나는 또 다음 선택을 해야 하는 환경에 놓였다. 그렇게 몇 번을 더 선택하는 동안 나는 빠르게 다음을 향하는 나의 걸음을 멈추지 못하다 나의 마음이 더는 누군가의 선택을 나의 선택이라 받아들일 수 없게 되고 주저앉게 되었을 때야, 겨우 멈출 수 있었다.

그렇게 정신없이 내려온 길에 주저앉아, 나는 내가 아닌 누군가가 선택해준 대로 걸어온 길을 돌아봤다. 그 길은 내가 선택하고 싶던 길도, 내가 가고 싶은 길도 아니었다. 그리고 나는 아무것도 선택할 수도 선택하고 싶지도 않은 사람이 되어, 그 자리에 머물러 있었다. 다시 일어서면 또다시 누군가의 선택을 따라야 한다는 것이 나를 그 자리에 더 오랜 시간 주저앉게 했다. 내가 주저앉아 있던 그곳에서 다시 스스로 서기까지 많은 시간을 그곳에 머물렀고, 내려가는 길과 올라가는 길을 번갈아 보며 고민에 빠졌다. 내가 선택하고 싶은 올라가는 길은 모든 것을 스스로 선택해야 했고, 한 걸음 내딛는 것이 쉬워 보이지도 않았다. 그 길을 걷기 전, 나는 겁부터 나기 시작했지만, 다시 내려가는 길을 걸으며 내가 원하지 않는 선택을 하고, 누군가가 나에게 전하는 의심을 내 안에 채우며 사는 것이 더 싫었다.

내려가는 길보다는 낫겠지라고 생각하며, 나는 스스로 올라가야 하는 의심의 또 다른 길을 선택했다. 그 길에서는 내 안에서 울리고 있는 의심의 소리를 하나하나 마주해야 했다. '올라가는 길'을 가며, 정신없이 내려갈 때는 몰랐던 것이 내 안에서 하나하나 떠오르기 시작했다. 그리고 내가 놓쳤던 나를 향한 의심도 누군가가 전해왔던 의심도 모두 마주하기 시작했다. 누군가가 전했던 의심은 지금까지 나를 둘러싼 환경과 누군가에게 받아왔던 모든 것이었고, 나는 그 의심을 진짜라고 믿고 있는 내 안의 나에게 그게 진짜인지 아닌지에 대해 묻고 답을 얻느라 그 자리에 서서 긴 시간을 보내야 했다. 그 질문을 할 때마나 내 안은 크게 흔들렸고, 내가 그동안 받아왔던 모든 것을 의심하게도 부정하게도 했다.

내가 스스로 올라가야 하는 그 길에서 마주하는 것은 전부 내가 의심조차 하지 않았던 것들까지 마주하게 했다. 겨우

한 걸음을 떼면 그다음 걸음을 떼기까지 또 긴 시간이 걸렸고 나는 그렇게 그 길을 한 걸음씩 나아갔다. 그리고 내가 나를 향해 하고 있는 의심을 마주하게 되는 순간에 나를 향해 날카롭게 찔러대는 나의 의심을 마주할 수 있었다.

그 소리는 그동안 느끼지 못했던 내가 신기하다고 느낄 만큼 날이 서 있었고, 나는 그 소리와 함께 나의 의심을 마주하면서 다시 주저앉고 싶어졌다. 그리고 다시 뒤돌아 내려가는 길을 걷고도 싶었지만, 겨우 내디뎌 왔던 올라가는 길의 한 걸음 한 걸음이 아까웠고, 그동안 많은 것을 마주하며 풀어냈던 것이 나를 뒤돌아서지 못하게 했다. 그리고 나를 향한 의심을 마주하는 것을 선택하면서 망설이지 않기 위해 더는 뒤를 돌아보지 않았다.

나를 향한 의심은 그 깊이가 깊었다. 그 의심은 내가 해보지 않은 모든 것에 대해 잘 되지 않을 거다, 제대로 하지 못할 거라는 의심에 확신하고 있었다. 그렇게 스스로 만들어낸 의심의 틀에 가두고, 무엇을 해도 스스로를 의심부터 하고 있는 나는 이미 무언가를 시작하기도 전에, 그것에 대한 결말을 정하고 있었다. 그 결말을 정해두고 스스로에게 하고 있는 의심을 확신했고, 내 안에서 느껴지는 믿지 못할 선택 대신, 누군가가 대신 정해주는 것을 선택하며 결국 잘 될 수 없는 그 결말이 끝내 나에게 오도록 하고 있었다.

그 결말을 몇 번이나 겪고도 나는 또 나의 선택을 미루거나 누군가가 대신 정해준 것을 선택하는 것을 계속하며 나에 대한 의심을 더 큰 확신으로 키워나가고 있었다. 그리고 나에 대한 의심에는 누군가가 전해 준 의심이 더해져 더 풀어내기 어려운 모양새를 하고 있었다. 확신으로 변해버린 스스로에 대한 의심을 풀어내지 않으면 나는 한 걸음도 앞으로 내디딜 수가 없었다.

풀어내지 않으면 다시 내려가는 길을 향해 돌아갈 수밖에 없다는 것을 느낄 때마다, 나는 내 안의 의심을 더 분명하게 마주하려 했고, 그 의심을 하고 있는 이유와 그 의심이 시작됐던 모든 상황과 누군가를 마주했다. 그리고 나는 그 시간 동안 의심과 함께 섞여 있는 다른 감정들도 풀어내면서, 누군가가 전해왔던 의심을 내 안에서 내보내기 시작했다. 그리고 아무렇지 않게 전해주는 의심을 그냥 듣기보다 그 의심을 의심하게 됐다.

그렇게 내가 올라가는 길을 향해 한 걸음씩 내딛는 동안, 나는 수많은 사람을 만나며 경험하고 있었다. 그중 내가 걸었던 내려가는 길을 가고 있는 사람들은, 그동안 그 길만 존재한다고 생각하고 살아왔기에 올라가는 길이 있다는 것을 알지 못했고, 스스로가 내려가는 길을 가고 있다는 것을 느끼지 못했다. 올라가는 길을 가고 싶다 느끼는 사람들도 그 길이 쉽지 않다는 걸 느끼는 순간 다시 내려가는 길을 쉽게 선택했고, 내려가는 길을 계속 걸어갔다.

내려가는 길을 가고 있는 사람들은, 스스로를 믿지 못하는 길에 걸음을 멈추지 못했고, 작은 작대기 같은 습관을 바꾸며 내려가는 속도를 조절하려 했지만, 그 습관이 무너지면 다시 저절로 걷게 하는 내려가는 길을 빠르게 가고 있었다.

내려가는 길을 멈추지 못하고 있는 사람들은 서로를 의심했고 자신이 갖고 있는 의심을 나누며 안도감을 느꼈다. 자신만 자신을 의심하는 게 아니라는 걸 느끼고 안도했지만, 그 의심을 하지 않을 수 있는 길이 있다는 걸 알게 된 순간에도 내려가는 길을 걸어가는 것을 선택했다.

그중 스스로 올라가야 하는 길을 선택하는 누군가가 나오면 자신이 가진 의심을 전하려 하며, 자신도 모르게 다른 길을 선택하려는 누군가를 방해하고 있었다. 눈앞에서도 뒤에서도 의심을 나누면서도 그들에게는 확신처럼 느껴지는 그 의심을 의심할 생각은 하지 못한 채, 서로를 불신하고 의심했다. 내려가는 길을 선택하고 가는 사람은 올라가는 길을 선택한 사람보다 많았지만, 내려가는 길에서는 모두가 혼자였다.

나는 올라가는 길을 걸으면서, 다시 내려가는 길을 선택한 사람들을 스치듯 마주할 때마다, 다시 내려가는 길을 선택하고 싶은 충동에 사로잡히다 이내, 올라가는 길을 선택하며 걷는 동안 그들이 가고 싶은 길과 내가 가고 싶은 길이 다르다는 것을 느끼기 시작했다. 그들과 함께할 수 있는 방법은 내가 다시 내려가는 길을 선택하거나 그들이 다시 올라가는 길을 선택하는 것 말고 다른 방법은 없었다. 서로의 다른 선택으로 그렇게 길은 엇갈렸고, 그들은 하나둘 내 곁을 스쳐 지나갔다.

그리고 그들이 스쳐 지나가며 전해준 의심은 나의 또 다른 한 걸음이 되어 주었다. 그들이 걷는 내려가는 길보다 내가 걷고 있는 올라가는 길의 걸음이 훨씬 느렸지만, 그 걸음이 쌓이고 쌓여 내가 보고 있는 풍경이 점점 달라지고 있었다.

나는 올라가는 길에서 한 걸음을 내디딜 때마다 내 안에서 느껴지는 의심과 질문을 주고받았다.

'내가 지금 가는 이 길이 맞는지'
'이 길의 끝에 내가 원하는 것이 없다면,
나는 어떻게 해야 하는지'

그때마다 내 안의 내가 하는 답은 한 가지였다. 나는 올라가는 길을 가면서, 내가 가지고 있는 의심을 마주하는 것에 익숙해졌고, 날카롭기만 했던 나의 의심은 이제 그 길에서 나에게 다른 질문을 하기 시작했다.

'만약, 내가 이 일을 해내게 된다면
나는 무엇을 느끼고 싶은지'
'내가 할 수 있는 것이 또 있지 않은지'
'내가 원하고 있는 것이 진짜 원하는 것인지'

의심은 나에게 명확한 답을 요구해오기 시작했다. 그리고 나는 의심과 주고받는 질문이 즐거워지기 시작했고, 그 답을 얻을 때까지 내가 원하는 것에 대한 답을 찾고 스스로 풀어나가는 것을 즐기기 시작했다.

한 걸음씩 내디디며 내 안은 가벼워졌고, 날카로운 의심 대신 원하고 있는 것을 느끼고 있는 느낌과 그것을 어떻게 해나가고 싶은지에 대한 생각으로 채워져 하루하루가 설레고 있었다. 내려가는 길을 가고 있을 때는 무겁게 느껴졌던 나의 감정들도 가벼워지면서 스스로에게 자책 대신 내가 스스로 선택한 것을 느끼게 하고 수정해나가며 나의 선택이 더 좋은 결말을 낼 수 있도록 했다.

그때부터 올라가는 길을 가면서 내려가는 누군가를 스쳐 지날 때마다 전해져 오는 의심에 나는 무심해졌고, 더는 내 안에 그 의심이 들어오지 않았다. 올라가는 길을 걸을수록 나는 지금까지 내가 질문을 주고받았던 의심이 어떤 감정인지를 알 수 있었다.

내가 올라가는 길을 가면서 누군가가 전해준 의심이든 나의 의심이든 가리지 않고 풀어왔던 의심이라는 감정의 다른 이름은 바로 '확신'이었다. 내가 나를 향해 의심하고 있던 모든 것은 내가 가진 확신이 내는 소리였다. 나의 확신이 알려 주는 방향을 선택하지 않고 누군가가 전해주는 선택에 기대어 있을 때, 확신은 의심이라는 감정으로 찾아와 나를 주저앉게도 했지만, 지금까지 가고 있었던 길과는 다른 길을 선택하게도 했다.

내가 다시 올라가는 길로 방향을 바꿨을 때, 의심은 확신을 드러내기 위해 나에게 의심을 더 날카롭게 전하며 의심을 벗고 스스로를 마주하게 했고, 내가 의심을 다 벗어던졌을 때, 내가 마주하고 있는 감정은 확신이었다.

올라가는 길을 가는 동안 나는 의심을 마주하고 있었지만, 확신도 함께 마주하고 있었다. 확신을 마주하기 위해, 나는 수많은 의심을 입고 벗으면서 나를 가볍게 했고, 올라가는 길에서 확신을 마주하기 시작하면서 나에게 가벼운 의심이 걸쳐지더라도 나는 쉽게 느낄 수 있었고 그 의심을 쉽게 벗을 수도 있었다.

누군가가 아무렇지 않게 전하는 의심도 어떤 상황에서

느껴지는 의심도 나에게 걸쳐지려 하면 무거운 짐처럼 느껴졌고, 나는 전처럼 그 의심을 오래 입고 있지 않아도 나를 무겁게 하는 의심을 바로 벗고 확신을 만날 수 있었다.

의심은 누구에게나 두 갈래의 길을 안내한다. 내려가는 길과 올라가는 길. 나는 스스로 올라가야 하는 길에서 확신을 만나 내가 원하는 것을 끊임없이 의심하면서 더 큰 확신을 얻게 되었다. 내려가는 길은 의심을 깊어지고 무겁게 해, 나의 에너지를 떨어뜨리며 남아 있던 확신마저 사라지게 했지만, 그 길을 가보지 않았다면 내가 가지고 있는 의심이 나를 그토록 무겁게 하는지를 느끼지도, 의심의 안에 내가 원하는 확신이 있는지도 알 수 없었다. 내려가는 길을 가는 누군가가 주었던 의심도 내가 가지고 있던 의심과 같은 것일 때는, 내가 느끼지 못했던 의심을 찾을 수 있게 하며 내가 올라가는 길에서 더 큰 확신을 만날 수 있게 하는 순간이 되어 주었다.

하지만 올라가는 길의 시작은 선택을 한 순간부터 한 걸음 내딛는 것이 쉽지 않았고, 그동안 내가 스쳐 왔던 나의 경험과 누군가가 전한 의심을 탓하지 않는 것도, 그 길에서 마주하는 나의 모든 느낌과 감정을 스스로 풀어내는 것도 결코 쉽지는 않았다. 하지만 그 길에서 의심은 나에게 진짜 모습을 알려주기까지, 많은 것을 느끼게 하는 감정이었다.

의심은 나에게 수많은 상황과 누군가를 마주하게 하고 다시 되풀이하고 싶지 않은 것을 선택하지 않도록 했다.

의심이 선사하는 두 갈래의 길은
모두 같은 길로 이어져 있었지만, 그 방향은 다르다.
하나의 길은 나를 끝없이 무겁게 하지만,
다른 하나의 길은 나를 끝없이 가볍게 한다.

의심이 주는 두 갈래의 길에는 각각의 길이 전하는 메시지가 놓여 있다. 어떤 메시지를 따라가는지에 따라 하나였던 길이 두 갈래로 나뉘게 된다.

하나의 메시지는 '불신',
또 다른 하나의 메시지는 '확신'이다.

이해는

내 안의 나와 자연스럽게 연결되고 있음을
느끼게 하는 감정이다.

어떤 상황이나 누군가를 지켜보면서 나에게 느껴지는 것을 막지 않고 그대로 둘 수 있다면, 나는 내 안의 나와 연결되는 느낌을 느낄 수 있다. 그때, 내 안에서 이해라는 감정이 시작된다. 이해는 내 안에서 느껴지는 느낌을 막지 않고 그대로 느꼈을 때, 자연스럽게 내 안에서 느껴지는 느낌과 연결되어 시작되는 감정이었다.

누군가가 나를 이해해주길 바라거나, 누군가가 나에게 이해를 바랄 때는 그런 서로에게 불편함을 느끼게 하는 감정이 되어 서로가 서로를 쉽게 받아들이지 못하는 부담스러운 감정이 되어버리고 만다. 나의 느낌을 막고 머리로 이해하려 할수록 나는 이해라는 감정에 묶여 이해할 수 없는 것에 답답함을 느끼다 이해해야만 한다는 생각을 억지로 스스로에게 강요하게 되고 그럴수록, 이해하기 위해 나에게 느껴지는 느낌을 모두 통제하려 하는 상황에 누군가에게도 분노와 짜증을 느끼게 되면, 이해는 내 안에서 나를 시끄럽고 불편하게 하는 감정으로 변해갔다.

세상에는 내가 이해할 수 있는 것보다 이해할 수 없는 것이 더 많았다. 나는 세상을 살아가는 것에 있어서 이해라는 감정이 나에게 자연스럽게 와 닿아 느껴지는지, 그렇지 않은지는 중요한 것이 아니라고 생각했다. 그저 무엇이든 이해해야만 내가 덜 괴로울 수 있고, 누군가도 덜 괴로울 수 있다고 생각하며 어떤 상황이나 누군가를 억지로 이해해야 할 때마다 내 안은 조여오는 느낌으로 가득 차기 시작했고, 나는 점점 이해를 하기 싫어도 해내야만 하는 감정이라 생각하게 되면서 이해라는 감정에 묶여버렸다.

내가 해야만 하는 감정이 되어 버린 이해를 내 안에 밀어 넣고 억지로 받아들이려 할수록 겉으로는 태연한 듯 있었지만 내 안은 더 조여들기 시작했다. 내 안이 조여들수록 나는 답답함을 느끼면서 숨을 편하게 쉬는 것조차 제대로 되지 않았다.

내가 누군가에게 이해를 받아야 하는 순간을 마주했을 때는, 누군가의 이해를 받기 위해서 내 안의 느낌과 정반대로 움직여야 하거나 생각해야 했고, 그래야만 한다고 나는 생각했다. 누군가가 나에게 이해를 받기를 원할 때는, 이해를 방해하는 나의 느낌과 감정, 생각을 모두 막아버렸고, 누군가에게 느껴지는 느낌도 모두 막아야 했다. 이해를 하기 위해서 나를 그리고 누군가를 더 느껴보기도 전에 나는 이해해야 한다는 틀에 나를 먼저 넣어버렸다. 그 시간이 지나고 내가 혼자 있는 시간에 내 안에서 올라오는 답답함과 짜증이라는 감정은 막아두었던 나의 느낌을 고스란히 내가 느낄 수 있게 밖으로 쉴 새 없이 튀어나왔다. 그 감정들이 한 차례 지나가고 나면, 쉽게 이해하지 못하는 나를 탓했다.

이해를 해야만 하는 숙제처럼 여길수록, 더 많은 숙제가 내 앞에 산더미처럼 쌓여가는 느낌이 들었고, 내가 누군가를 이해해야 해서 이해할수록 나는 나에게 더 많은 이해를 구하는 누군가를 마주해야 했다. 어떤 누군가가 이해를 나에게 맡겨놓은 것처럼, 자신이 이해를 받아야 하는 순간마다 그 감정을 나에게 요구하는 것을 느끼면서 나는 내 안에서 느껴지는 느낌을 더 막으려 애쓰고는 했다.

나에게 이해를 요구하는 누군가는 이해를 받는 것에서 만족하지 않았다. 이해를 받고 난 뒤, 자신이 하는 모든 것을 받아주길 바랐다. 이해라는 감정에 모든 것을 받아들여 줘야 한다는 것이 함께 들어가 있다고 생각하는 누군가는 내가 준 이해라는 감정으로, 자신이 원하는 것이나 바라는 방향에 사용했다.

내 안에서 느껴지는 온갖 느낌들은 점점 안에서 거세지고 있었지만, 누군가를 이해해주고 받아들여야만 하는 상황을 마주하고 있는 내가 선택한 건, 내 안에서 나의 느낌을 전해주는 문을 하나씩 걸어 잠그는 것이었다. 나는 나와 연결되는 것보다 누군가를 이해해야만 하는 것을 더 중요하다고 생각했고 누군가를 이해하기 위해 노력했지만, 내가 내 안에서 어떤 것을 느끼고, 왜 느끼는지에 대해서는 이해하려 하지 않았다. 내가 무엇을 느끼고 있는지보다 누군가를 이해하기 위해 하는 생각들을 더 중요하게 여기며 억지로 하는 그 이해가 내 안에서 편하게 받아들여지기만을 바랐다. 그렇게 억지로 내 안에 밀어 넣으려 했던 이해라는 감정이 내 안에 쌓여 갈수록 내 안은 더 조여들기 시작했고, 그 이해라는 감정은 내 안의 내가 탈이 나게 하는 감정이 되어버렸다.

이해하고 싶지 않다고 느끼는 내 안의 내가 거세질수록 나는 그렇게 느끼는 자신을 싫어하게 됐고, 그럴수록 내 안의 나는 만신창이가 되어가는 듯했다.

내게 이해를 받는 것이 익숙해진 누군가는 내가 억지로 이해해야만 하는 상황을 일부러 만들어 내고, 나를 자신이 원하는 대로 움직이게 하고 싶을 때면, 아무렇지 않게 꺼내 히든카드처럼 사용했다. 그리고 그런 자신을 이해해주길 바랐다. 내 안에서는 점점 이해라는 감정이 역하게 올라오기 시작했다. 닫은 내 안의 문 사이로 이해하고 싶어 하지 않은 내가 새어 나오기 시작하자 나는 이해해 달라는 말을 듣기만 해도 속이 울렁거리며 조여오는 느낌이 들면서 그 감정이 더 이상 내 안에 들어오게 하고 싶지 않았고, 내 안에서 느껴지는 느낌을 해방시켜주고 싶어졌다. 나에게 전혀 자연스럽지 않은 그 이해라는 감정을 받아내려 누군가가 내 안의 문을 두드릴 때마다, 두 귀를 막고 외면하고 싶었고, 그 감정을 통해 나를 사용하려는 누군가에게 느껴지는 무례함을 참아낼수록 내 안은 병들어갔다.

그때쯤, 내가 누군가와 주고받은 이해라는 감정과는 전혀 다른 이해가 나에게 다가와 주었다. 이해라는 감정에 지쳐 있는 나에게 누군가가 한마디 말없이 그저 눈빛으로 내 안에 자연스럽게 흘려 보내준 이해였다. 내가 그동안 느꼈던 이해라는 감정은, '그럴듯한 말과 행동'을 입고 나에게 다가왔다. 하지만 그 순간 내가 느꼈던 이해는 아무런 말도 행동도 없이 담백했다. 나는 자연스럽게 그 눈빛을 마주하는 시간 동안 누군가가 나에게 보내주는 이해를 느끼면서, 그 감정이 무엇인지 알려 했지만 알 수 없었다. 나를 꿰뚫는 듯한 강렬한 에너지가 담긴 그 눈빛에서 내 안의 나는 따뜻함과 온화함을 느꼈고, 내가 막아두었던 나의 느낌을 나오지 못하게 닫아둔 문을 느끼게 하며, 그 문을 열고 싶게 만들었다. 이해해야만 한다거나 받아들여만 한다는 생각 대신, 내가 이해하고 싶지 않았던 것을 자연스럽게 이해하고 싶다고 느끼게 하는 누군가와의 시간에서 나는 이해라는 감정을 처음으로 편안하게 느끼기 시작했다.

이해를 이제서야 제대로 맞닥뜨린 기분이었다. 이해하려 애썼고 받아들이려 노력했던 것을 더는 하지 않아도 괜찮을 거라는 느낌이 들었다. 내가 느낀 이해라는 감정은 많은 말도 행동도 필요하지 않았다. 그저 그런 나를 누군가가 느껴주고 있다는 느낌만으로 눈에 보이지 않는 내 안의 나의 느낌을 누군가가 처음으로 이해하고 있다는 느낌이 들었다.

그렇게 나에게 전해진 이해가 자연스럽게 내 안에 스며들었고 나는 내가 받은 그 느낌을 깊이 내 안에 새겼다.

그리고 이해라는 감정은 하고 싶지 않은 감정에서 내가 그저 느끼고 싶은 감정으로 서서히 변해가고 있었다.

그때부터 나는 눈앞의 사람들을 마주하며 말이나 행동으로 이해를 전하지 않기 시작했다. 말이나 행동으로 전하는 이해는 결국, 누군가가 사용하기 위한 도구가 되기 쉬운 감정이었다. 눈에 보이는 이해가 아닌, 보이지 않는 이해를 전하고 그걸 느낄 수 있는 누군가가 있다면 내가 느꼈던 그 느낌을 서로 주고받을 수 있다는 것을 알게 된 순간부터 나는 나에게 이해를 바라는 누군가의 그 안을 느끼는 것에만 집중했다. 누군가의 말, 생각, 행동이 흘러나오는 그 안에는 내 안의 내가 가지고 있는 어떤 것과 비슷한 부분이 있었고, 내 안과 누군가의 안을 느끼는 것에 집중할수록 먼저 나는 스스로에게 이해할 수 없었던 부분에 대해 이해를 느끼고 있었고, 나와 비슷한 부분을 가진 누군가에게도 자연스럽게 이해를 느끼게 되었다.

이해는 점점 나의 안과 누군가의 안을 동시에 비춰주는 거울과 같은 감정이 되어갔다. 서로의 비슷한 부분을 보여주며, 비슷한 것이 서로에게 있음을 느끼게 했고, 내 안에서 이해하지 못하지 못했던 부분이 풀리면, 누군가에게 이해하지 못했던 부분도 함께 풀려나갔다. 나는 그럴 때마다 내 안이 조여들어 오는 느낌 대신 자리한 평온한 느낌을 느꼈고, 그 느낌을 누군가에게 이해라는 감정에 실어 보내기 시작했다.

이해에는 많은 말이나 행동이 필요치 않았다. 그저 내가 그 부분을 이해한다고 느끼고 있는 것만으로도 그 이해를 느껴주는 누군가는 그 느낌을 받아들여 주었다.

그 느낌을 느끼지 못하는 누군가는 말이나 행동을 얻으려 했고, 그것을 자신이 사용하고 싶은 곳에 사용하고 싶은 마음을 놓지 못했다. 이해를 자신이 원하는 곳에 원하는 대로 사용하려는 누군가에게는 그것이 이해라는 감정이었고, 눈에 보이는 이해가 필요한 누군가는 더 많은 이해를 받기 위해, 또 누군가를 설득하는 것에 많은 에너지를 쓰고 있었다.

나에게 이해는 무언가를 받아들여야 된다거나 해야만 하는 숙제 같은 감정이 아닌, 그저 내가 그 안을 느끼고 있는 게 전부인 감정이 되었다. 내가 누군가에게 이해를 받으려고 하거나 누군가를 이해하려고 할수록, 나는 많은 것에 애를 써야 했고, 그 시간 동안 내 안에 많은 느낌을 이해해야만 한다는 생각으로 누르는 것을 멈추기 시작하면서, 내 안을 조여오는 느낌도 서서히 사라지고 있었다. 이해는 그토록 애썼던 그동안의 시간이 허무하게 느껴질 만큼, 단순한 감정이었고 내가 해야 할 것은 그저 그 안을 느끼는 것이다였다.

내 안에서 이해라는 감정이 새로워지기 시작한 순간부터, 나는 내 안에서 느껴지는 좋은 느낌과 좋지 않은 느낌 그리고, 좋은 감정과 좋지 않은 감정을, 가만히 내 두 손 위에 올려두고 바라볼 수 있게 되었다. 내가 다시 좋은 느낌이나 감정에 매달리고 있을 때는 스스로와 누군가를 억지로 이해해야만 한다고 생각하는 습관이 나왔다. 그때마다 나는 내가 그동안 느끼고 해왔던 이해의 에너지를 다시 떠올리면서 내가 이해라고 느끼는 감정을 다시 내 안에 불러들였다.

그리고, 나는 이해라는 감정으로 내 안의 더 깊은 곳을 살펴보고 싶었다. 이해를 느끼는 것이 점점 자연스러워지고 익숙해질수록 나는 지금까지 내가 이해하지 못했던 나를 더 찾아내 그 부분을 풀어내고 스스로에게 더 깊은 이해를 느끼고 싶어졌다.

무언가를 보태거나 덜어내기 전에 그대로의 나를 아는 것이 나에게는 중요한 일이 되었고, 나는 스스로를 이해할 수 없었던 순간으로 돌아가 '그때 내가 왜 그랬는지, 내가 그 선택을 하게 된 이유'를 느끼며, 스스로를 깊게 이해하기 시작했다.

그렇게 스스로를 깊게 이해할수록, 그때는 이해할 수 없었지만 나와 비슷한 부분을 가진 누군가를 깊은 곳에서 이해하며, 내 안에서 천천히 떠나보냈다.

나에게 이해를 받으려 하는 누군가는 그 이해를 강요하고 있다는 것조차 모르거나, 내가 그럴 때마다 불편함을 느끼는 것을 알면서도 그것을 느끼려 하기보다 이해받고 싶은 자신의 마음을 앞세워 밀어붙이려 했다.

이해를 받고 싶다는 마음이 커질수록, 이해를 강요하거나 누군가에게 집착하는 모습을 보이면서도 자신이 이해받기 위해서라면, 안에서 느껴지는 자신의 느낌이나 생각을 외면했고, 다른 누군가의 느낌이나 생각 역시 똑같이 외면해버렸다. 그리고 누군가에게 이해받고 싶다는 마음을 내려놓지 못하고 집착하기 시작했다.

그리고, 나는 전처럼 그들을 설득하지 않았다. 그저 그들의 안에 자리 잡은 마음을 느꼈고, 그렇게 하고 있는 이유를 느끼고 있는 게 내가 하는 이해였다. 모든 말과 행동에는 그들만의 이유가 있었고, 그 이유는 스스로가 마주하고 풀어내고 싶을 때, 놓을 수 있는 것이었다. 이해가 어떤 것인지 설명하는 것도, 행동으로 보여주는 것도 다시 자연스럽지 않은 이해를 시작하게 한다는 것을 나는 느끼고 있었고, 나는 이제 그런 이해를 누군가에게 더는 주고 싶지 않았다.

나는 누군가가 가겠다는 길을 억지로 막거나 좋지 않다고 말리는 대신, 그저 무엇을 선택하고 싶어 하는지 느끼고 있었고, 그 길이 어떤 길이든 그 선택을 존중하고 싶었다.

그리고, 이해는 지금까지와는 다른 것을 선택하는 스스로를 느끼며, 편안하게 나를 다음 길로 데려가 주었다. 그 누구도 선택하지 않을 것 같은 것을 선택할 때도, 나의 느낌을 존중해주며 그저 내 안에서 느껴지는 느낌을 그대로 느끼고 받아들이게 하며, 내 안의 나를 더 고요하고 깊어지게 해주었다.

내가 상황과 누군가를 이해하기 위해 써 왔던 생각과 에너지를, 나는 내가 바라는 것에 더 많이 보낼 수 있게 되었고, 무언가를 마주할 때마다 과하게 힘이 들어간 느낌과 생각을 한편에 밀어두고 편안하게 느껴지는 느낌을 따라가며 그 느낌이 주는 자연스러운 흐름을 선택해나갔다. 과한 말이나 행동 대신 내 안에서 느끼고 있는 느낌을 누군가에게 전하면서 그런 나를 더 많이 이해하게 되었다.

나에게 이해는 나의 느낌과 생각을 풀어내고 내 안의 나와 연결되는 것에서부터 시작되는 감정이었다. 이것저것 뒤섞여 있는 나의 '마음'보다, 조금 더 깊은 곳에 자리 잡은 나의 '느낌'에서부터 느껴지는 것을 막으려 하는 대신 그대로 느끼며 따라가다 보면, 서로 마주한 느낌이 연결되고 풀리면서 저절로 올라오는 감정이 이해라는 감정이었다.

비슷한 경험이나 생각을 한다고 해서, 서로를 이해할

수 있는 건 아니었다. 오히려, 나의 안에서도 누군가의 안에서도 풀어내지 못한 것이 같다면, 서로를 느끼지 못하고 이해받으려 하는 것에만 집착하게 할 수도 있다. 어느 한쪽이 그 부분을 풀어냈다면, 아직 풀어내지 않은 사람의 안이 느껴지고 자신의 안에서부터 이해는 시작된다.

나와 그 누군가가 그 느낌을 받아들이고 마주했을 때, 서로를 느끼고 있음을 자연스럽게 알게 하는 감정이 이해였다. 그 순간에 서로가 바로 느낄 수도 있지만, 모두에게는 자신의 시기가 있다. 그 시기가 오면 이해를 느낄 수 있는 경험을 하게 되거나, 자신의 안에 있는 것을 풀어내면서 느끼기 시작할 때, 내가 이해를 느끼지 못했던 누군가에게도 이해를 느끼게 되었다.

이해는 해사한 미소를 띠며 나에게 느낌을 물어주고, 무엇이든 느껴도 괜찮다고 말해주는 따스한 에너지를 가지고 있는 감정이다.

이해는, 나의 느낌과 누군가의 느낌이 연결되는 순간 더 많은 것을 전해준다.

자존심은

약한 나를 지키고 보호해야 한다고
느끼게 하는 감정이다.

자존심을 가장 중요한 감정이라 여기는 나에게, 그 감정보다 더 중요한 감정은 없었다. 자존심을 내가 느끼고 있는 다른 감정보다 앞세울수록 나의 다른 감정은 그다지 중요하지 않다고 내 안 한쪽에 밀어두게 되었다. 자존심은 지키게 되지만, 자존심이 내 안에서 가장 강한 감정이 되어, 자존심을 제외한 나의 다른 중요한 감정을 느끼는 것을 막아버리게 되고 나는 나의 느낌과 감정을 마주할 기회를 자존심을 지키기 위해서 스스로 놓아버리고는 했었다.

자존심을 지켜서 얻는 것이 많을 거라 생각했던 나는 그 감정을 목숨을 지키는 것처럼 지키고 싶었다. 하지만, 내가 정말 무엇을 위해 자존심을 보호하고 지키고 싶어 하는지를 알고 지키는 건 아니었다. 자존심은 내가 생각했던 내가 작게 느껴지거나 초라해지지 않을 수 있게 나를 지켜주는 감정이라고 생각했던 나에게 내 안에서 느껴지는 다른 감정을 느끼며 마주할 때마다, 자존심이 생각하는 나와는 전혀 다른 내가 느껴지는 것이 나는 싫었다. 자존심은 나를 지켜주기도 했지만, 동시에 나와 내 안의 느낌을 그 안에 가둬두는 감정이 되었다.

나는 자존심을 목숨 지키듯 지키며, 내가 가지고 있는 감정 중 가장 먼저 보호하려 했다. 눈앞의 상황과 누군가의 말

한마디가 나에게 전해질 때마다, 자존심은 그 모든 것을 공격받는 것으로 생각하며 급하게 자신감을 만들어 나를 지키게 했지만, 그 순간이 지나면 나는 더 많은 생각과 느낌에 시달려야 했다. 혼자 있을 때마다 뜨거운 것이라도 삼킨 것처럼 수많은 느낌이 내 안을 팔딱거리며 달궈댔고, 그 느낌이 지나가면 찾아오는 외로움이라는 감정이 그 느낌을 식혀 버렸다.

내 자존심은 겉은 쇠와 같이 단단했지만, 그 속은 나의 약하고 여린 감정들이 가득 채우고 있었다. 겉이 달궈질 때마다 약하고 여린 나의 감정이 자존심 밖으로 튀어 나오려 했고, 나의 자존심은 밖으로 그 느낌이 나오는 것을 철저하게 막았다. 자존심의 겉은 더 두터워져 갔고, 그 안에 있는 나의 다른 감정은 더 약해지고 있었다.

점점 더 강해져만 가는 자존심이 누군가의 자존심과 부딪히기라도 하는 날에는 더 충동적으로 변해 하고 싶지 않은 선택을 하게 만들었고, 그 선택을 하고 난 뒤에는 스스로에 대한 자책이나 누군가를 향한 탓도 더 심해졌다. 자존심은 많은 순간 하고 싶지 않은 선택을 나에게 하게 했고, 나는 그때마다 중요한 것을 놓치거나 잃어버려야 했다.

그때마다, 나는 아무렇지 않으려 노력했고, 이미 자존심은 내 안에서 강해질 대로 강해져 나조차도 어떻게 할 수 없는 감정이 되어 있었다. 자존심으로 선택했던 것을 자존심을 지키기 위해 놓아버렸고, 그때마다 자존심은 나를 벼랑 끝으로 몰고 갔다. 자존심은 나를 지키고 싶어 하는 감정이었지만 내가 지켜낸 자존심 안에 나는 없었다. 나조차 손댈 수 없을 만큼 커지고 강해진 자존심은 내 안의 약하고 여린 감정들을 성가신 들러리로 취급하며, 나의 또 다른 감정을 무시하거나 외면해버렸다.

자존심은 나보다 누군가에게 어떻게 보이는가를 더 중요하게 생각하는 감정이었다. '누군가에게 보여주기 위해서' 선택하고 해낸 일이 잘 되면, 내 안에서 더 기세등등하게 굴었고 듣고 싶은 달콤한 말에는 귀가 열리게, 듣고 싶지 않은 쓴 말에는 귀를 닫아버리게 하며 잘 되면 내가 잘한 것으로 생각하게 하고 잘 되지 않으면 그렇게 만든 상황이나 누군가를 찾아내 그것에 화살을 돌렸다. 그렇게 보호받은 나의 자존심은 내 안에서 느껴지는 더 많은 느낌을 무시하기 시작했고, 약하고 여린 나의 감정들은 전혀 보호받지 못하게 되면서 나의 겉이 강해질수록 내 안은 약해져 갔다.

나에게 듣기 좋은 말을 전하는 누군가에게 기대어 더 그럴듯한 모습을 보여주기 위해 진짜의 나는 숨기고 누군가에게 보여지는 나를 위해서만 움직였다. 내가 모르는 것이나 하지 못하는 것을 마주하게 되면, 나는 그 모습을 누군가에게 보이지 않기 위해 그 부분에 대해 아는 척을 하고, 뒤에서는 내가 모르는 것이나 하지 못하는 것을 알기 위해 파고들었다. 하지만, 그렇게 해나가는 것에 한계를 느끼기 시작했고, 더 많은 것을 해내야 하는 순간을 마주할수록 나는 점점 무언가를 하려 하기보다 그런 나를 숨기는 것에 더 많은 시간을 쓰기 시작했다.

하지 못하는 나를 숨기기 위해 그럴듯한 핑계를 찾는 시간을 보내고 그렇게 그 순간을 넘기면, 더 나를 숨길 수 없는 상황이 다가왔다. 나는 그런 나를 누군가에게 보이고 싶지 않아 내가 가진 자존심을 내세웠고 그럴수록 나는 나를 잃어버렸고, 상황도 누군가도 나에게서 등을 돌리게 하는 일이 많아졌다. 그때마다 나는 내 안에서 느껴지는 약한 느낌이나 감정을 더 누르고 가둬두려 했지만, 어느새 내 안에 가득 채워진 그 감정은 뭉쳐져 자존심보다 더 커져 가고 있다는 것을 나는 모르고 있었다.

그렇게 필사적으로 지켜왔던 나의 자존심이 누군가에게 부서지게 되었다. 그 순간 내가 가둬두었던 나의 감정이 내 안에서 쏟아져 나와버렸고, 그 순간에 나는 다 부서지고 무너져 버린 나의 자존심을 어떻게라도 지키고 싶어 내가 하고 싶은 선택과 정반대의 선택을 하며, 한순간에 그 모든 것을 다 놓아버렸다. 그리고 다 부서진 자존심을 회복한다는 이유로, 이미 쏟아져 나오고 있는 나의 다른 감정을 마주하지 않으려 다른 곳에 눈을 돌리려 했지만 부서진 자존심에서 해방된 나의 감정은 내 안에서 이리저리 돌아다니며, 내가 그 감정을 다시 외면할 수 없게 했다. 그리고 나는 내가 자존심을 지키기 위해 해왔던 선택을 돌아보고, 내 안의 약한 감정을 마주하기 시작하면서 무너지고 무너지기를 계속했다.

그 시간을 보내며 나는 처음으로 나의 자존심을 지키기 위한 선택이 아닌, 내가 하고 싶은 선택을 하기 위해 그동안 자존심으로 했던 선택을 바꾸고 스스로 하고 싶은 선택을 했다. 그 선택을 위해 나는 나의 자존심을 지키는 것 대신, 나의 모든 느낌과 감정을 느끼고 마주했고 바꿀 수 없을 것만 같던 현실을 다시 내가 원하는 곳으로 되돌려 놓게 했다.

그리고 그때부터 나는 더 많은 누군가를 만나게 되었다. 많은 누군가를 만나면서 내 안에 남아 있던 자존심의 조각을 다시 느끼면서 내 안에서 그 조각들을 하나하나 내보내기 시작했고, 그때마다 자존심이 아닌 나의 또 다른 수많은 느낌과 감정들에게 그 자리를 대신하게 했다.

나는 많은 사람을 만나면서 누군가의 자존심을 통해, 지난 시간 내가 가지고 있었던 자존심을 돌아보며, 내 안에 아직 남아 있는 자존심의 조각이 누군가의 자존심과 부딪혀 내 안에서 울컥 올라올 때마다 남은 조각을 마주했다. 내가 지키고 싶은 것이 무엇인지를 나에게 물으며, 내가 지키고 싶은 게 자존심이 아니라는 것을 나에게 알게 했다. 그리고 그 조각을 갈무리하고 내보내면, 또 다른 남아 있는 자존심의 조각을 느끼는 시간을 보냈다. 너무나 단단해져 부서지지 않을 것만 같았던 자존심이라는 감정은 내가 지키고 싶은 것이 무엇인지 알게 되었을 때 부서졌고, 남은 조각들은 내가 누군가의 자존심을 느끼고 마주하게 될 때마다 더는 나에게 지킬 필요가 없는 감정임을 느끼게 했다. 그리고 누군가가 가지고 있는 자존심을 편안하게 마주할 수 있게 되면서, 나는 내가 가지고 있었던 자존심이 어떤 감정인지를 더 깊게 느껴가기 시작했다.

자존심은 내가 항상 누군가의 공격을 받고 있다고 생각할 때마다, 그 공격에서 나를 지키려 애쓰는 감정이었다. 그리고 나는 나를 지켜주는 자존심에서 벗어나고 싶지 않았고, 나와 자존심으로 부딪힌 누군가도 마찬가지였다. 자존심에서 벗어나고 싶지 않은 나와 누군가는 서로의 자존심을 잡아당기는 팽팽한 줄에 이리저리 휘둘렸고, 서로의 느낌과 감정을 내보이지 않으려 애쓰게 했었다. 나의 자존심이 용납하지 못하는 다른 나의 감정들은 가둬 둘수록 독이 되고 그 독이 내 안 구석구석에 퍼져 나갔다.

결국 자존심이 가둬 둔 다른 감정들이 쏟아져 나오고 있을 때, 나는 내가 지키고 싶었던 마지막 하나까지 놓아버리게 하고, 내 안에서 울컥하고 올라온 자존심의 손을 쉽게 들어주는 선택을 했다. 그 자존심을 선택하고, 나는 절망에 빠져, 그 선택을 한 나를 지옥으로 몰고 갔었다.

한순간에 충동적으로 하고 싶었던 것을 놓는 선택을 한

스스로를 용서할 수 없었고, 하루에 몇 번이고 지옥을 오가면서도 나에게 남은 자존심은 나를 지키고 보호하기 위해서 그 선택을 한 것이라 나를 설득하려 했지만, 나의 자존심과 맞바꾼, 되고 싶었던 나의 모습이 떠오를 때마다 나는 숨을 쉴 수 없을 만큼 스스로를 탓하며 괴롭혔다. 그리고 나서야, 나는 나의 자존심을 정면으로 마주할 수 있었다.

자존심을 보호하기 위해 나는 다른 무언가를 탓하고 공격하며, 그렇게 하는 것이 나를 지키는 것으로 생각해왔던 내가 얻은 것은 아무것도 없었다. 나의 자존심은, '내가 어떤 사람이 되고 싶어 하는지'에 대해서는 관심이 없었다. 그저 내가 누군가에게 어떻게 보이는지에 매달리게 하는 감정이었다.

아무것도 지키지 못했던 나의 자존심을 내보내며, 나는 '어떤 사람이 되고 싶은지'에 대한 질문을 더 많이 했고, 그때마다 깊어져 가는 나의 느낌을 느꼈다. 그리고 나에 대한 탓과 누군가를 향한 탓을 하는 대신 내가 현실에서 마주하는 상황과 누군가를 마주할 때마다 느껴지는 느낌과 감정을 깊게 느껴갔다.

자존심이 자신의 대부분을 차지하고 있는 누군가를 마주할 때마다, 그 사람의 다른 감정이 나오는 것을 방해하는 것을 지켜보았고, 자존심을 보호하기 위해 누군가를 탓하고 경계하는 것도 지켜보고 있었다.

자존심에게 자신을 다 내어준 사람들의 안에는, 누구에게도 보이고 싶지 않은 약한 감정이 있었다. 그 감정을 가두고 자존심을 지키기 위한 경계가 강해질수록, 누군가에게 보이고 싶은 모습만을 보이려 하는 마음도 강해지는 것을 느끼고 있었고, 그 안에 있는 약한 감정을 느끼고 마주하는 순간에는 누군가를 탓하거나 경계하며 날카롭게 날을 세우는 모습도 볼 수 있었다.

그것이 자존심이 하는 일이라는 것을 알면서도, 처음에는 그 누구도 그 감정을 쉽게 내려놓지 못했다. 자존심에 대한 이야기를 전할 때 느껴지는 묘한 긴장감으로 나는 그 감정을 놓고 싶지 않은 누군가와 놓아버리고 싶은 누군가를 구분해낼 수 있었다.

자신의 중심을 자존심에게 내준 누군가 중 그 자리를 다른 것으로 채워 넣으려는 누군가는 안에 있는 자존심과 힘겨루기를 하는 스스로를 느끼는 것을 힘겨워하고 괴로워하면서도 자존심을 뚫어내고 다른 감정을 느끼고 마주하기 위해 진심을 다했고, 자신의 중심을 자존심이 아닌 다른 무언가로 채우고 싶지 않은 누군가는 울컥 올라오는 자존심을 스스로도 어떻게 하지 못했고, 자존심에게 더 많은 자리를 내주는 선택을 했다.

'내가 어떤 모습이 되고 싶은지'에 따른 선택을 해나가며 누군가는 자존심을 내보내는 선택을, 또 누군가는 그 자존심을 더 강하게 만들며 모두 스스로가 되고 싶은 모습이 되어 갔다. 그리고 나도 내가 되고 싶은 모습이 되기 위해, 나의 감정 중 자존심과 닮은 감정을 마주하기 시작했다.

누군가에게 보이는 것을 중요하게 여기는 나의 다른 감정을 마주하며, 나는 누군가가 자존심을 내세울 때마다 나의 솔직한 감정을 더 내보이고 나를 드러냈다. 그리고 나의 말에 묻어 전해지는 에너지를 내 안에서 느낀 후에 누군가에게 전했다.

자존심이 나의 중심을 차지하고 있을 때는 잔뜩 굳어져 있던 나의 다른 감정들이 부드럽게 풀리고 내 안을 편안하게 돌아다니며 전해주는 느낌을 나는 좋아하게 되었고 더 많은 감정을 마주하고 스스럼없이 받아들이는 내가 더 좋아졌다. 그리고 누군가에게 느껴지는 자존심을 바라보면서 느껴지는 감정을 통해 나를 더 깊게 알아가는 그 시간도 좋아하게 되었다.

지켜야 한다고 생각되는 감정 대신 느끼고 싶은 감정이 많아지면서 나는 누군가를 경계하는 대신, 그 안을 느끼기 위해 모든 순간에 깊은 호흡을 하는 것에 집중했고, 누군가가 강한 자존심을 지키기 위해 찌르는 말이나 에너지를 진하려 할 때마다 나는 그 안에 있는 다른 감정을 느끼는 것에 집중하면서 내가 원하는 현실과 모습을 만들어 갔다.

자존심의 에너지에 휘둘리고 있는 누군가를 어떻게든 그곳에서 나오게 하려는 대신, 그 감정 안에 있음을 느끼게 했고, 그곳에서 나오고 싶어 하는 누군가가 있다면 스스로가 어떤 내가 되고 싶은지에 대해 느낄 수 있게 도왔다.

자존심이라는 단단한 감정의 틀 안에서 안전할 수 있다고 믿고 있는 누군가에게는, 나는 그곳에서 머물 수 있게 도와줄 수 있는 사람이 아니라는 것을 전하며, 자신과 맞는 길을 갈 수 있게 했다. 자존심을 그만 내보내고 싶은 누군가와 자존심 안에 머물고 싶어 하는 누군가는 정반대의 선택을 한다. 그 선택으로 가려는 길이 달라지고 되고 싶은 모습이 달라진다.

나는 자존심을 지키며 스스로가 되고 싶은 모습과 멀어지는 나를 느끼면서, 자존심을 내 안에서 내보내려 했고, 누군가에게 보여지는 모습이 아닌 내가 되고 싶은 나를 선택했다. 그리고 그 선택 뒤에 있는 나의 수많은 감정을 마주하고 풀어내며, 되고 싶은 나에 가까워지는 나를 진심으로 좋아하게 되었다.

나를 더 좋아하게 될수록, 내가 아직 발견하지 못한 나의 자존심을 발견하게 될 때마다 나는 미련 없이 내보내며 나의 자존심이 나를 보호하게 하는 대신, 되고 싶은 나와 더 가까워지는 것을 선택했다.

자존심을 내보낼수록 나는 스스로에게 당당해지고 있었다. 자존심을 보호하기 위해 숨겨야 했던 나의 느낌과 감정을 편안하게 내보일수록 내 안은 가벼워졌고 느껴지는 모든 감정을 자유롭게 마주하고 느낄수록 내 안에는 자존심이 아닌 자신감이 차올랐고, 그 자신감을 느끼며 나는 내가 되고 싶은 나에게 다가가고 있었다.

자존심을 보호하는 대신, 되고 싶은 나를 잃어버리는 선택을 하게 했었던 지난 시간은, 누군가에게 보여지는 것에 매달릴수록 내가 가고 싶은 길과 되고 싶은 모습에서 멀어지게 한다는 것을 알게 했고, 그 선택을 한 나를 진심으로 좋아할 수 없다는 것을 느끼게 했다. 자존심을 보호하려다 한순간에 나의 많은 것을 내려놓게 한 그 선택은 나에게 많은 것을 느낄 수 있는 시간을 가져다주었고, 누군가의 자존심에서 느껴지는 에너지를 통해, 내가 보호하고 싶은 것이 무엇인지를 분명하게 알게 해주었다.

자존심을 지키는 것보다 더 중요한 것이 있다는 걸 스스로 느끼게 되면, 자존심을 보호하기 위해, 누군가를 이기려 하고 지게 하는 것에 더는 연연하지 않게 된다. 자존심이 내 안의 나의 느낌과 생각을 가두는 동안, 나는 나를 안내해주는 수많은 이정표를 따라가지 못해 내가 되고 싶은 모습에서 점점 멀어지고 있었다. 그리고 나에게 많은 느낌을 전해주고 내가 되고 싶은 나에게 나를 안내해주는 솔직함이라는 감정도 영영 마주할 수 없었다.

내가 무엇을 지키고 싶고, 무엇을 중요하게 여기고 싶은지는 모두 내 안의 많은 느낌이 전해주는 신호에 답이 있다. 도저히 마주할 수 없을 것만 같았던 감정도, 나의 자존심이 쳐둔 경계선이 사라지자 자연스럽게 느껴졌고, 그렇게 마주하고 해소된 감정은 내가 되고 싶은 모습에 가까워지는 길을 나에게 안내해주었다. 자존심은 내가 솔직함을 마주하기 전, 내보내야 하는 첫 번째 문과 같은 감정이었고, 자신감이라는 감정을 만나기 전, 마지막으로 내가 통과해야 하는 문과 같은 감정이기도 했다.

자존심이라는 문을 직접 열고 들어갈 수 있는 사람은, 단 한 사람밖에 없다.

자존심은 '내가 무엇을 보호하고 싶은지'를 느껴보게 하고, 그 답에 따라 내가 가야 할 길이 달라지게 한다.

그 길의 끝에는 되고 싶었던 내가 기다리고 있다.

자책은

내가 싫어하는 나의 모습을 크게 느끼게 만들어
자신의 마음을 자해하게 하는 감정이다.

자책은, 나의 마음을 스스로 해하는 자해 행위와 닮아 있다. 자책을 하는 시간이 길어질수록 나는 그 고통에 점점 더 무뎌졌고 내 안의 나는 편안할 수도 당당할 수도 없었다.

자책은 유일하게 '나'에게서 시작되는 감정이 아니었다. 나는 아주 어릴 때부터 자연스럽게 누군가가 자책을 하는 모습을 보면서 자연스럽게 그 감정을 내 안에 들여놓게 되었고, 나를 둘러싼 상황도 누군가도 나를 탓하는 것을 당연하게 생각하는 환경에 익숙해져, 나도 모르게 자연스럽게 터득하게 된 감정이 자책이었다. 그 환경 속에서 나는 나를 탓하는 사람만이 더 나은 사람이 될 수 있다고 생각하며 자랐고, 나의 선택에 대한 책임을 곧 스스로를 탓하는 것과 같은 것으로 생각했다. 내가 나를 탓하는 말이나 행동을 아무렇지 않게 하면서도 그게 절대 나에게 하면 안 되는 것이라고는 한 번도 생각해 본 적이 없었다.

'나를 탓하는 것'이 나의 마음을 자해하는 일이라는 걸, 알면서도 일부러 하고 있는 사람은 없다. 스스로를 탓하는 것과 자신을 돌아보고 책임지는 것을 같은 것으로 생각하지만, 자책이라는 감정이 스스로를 안에 가두고 정작 중요한 순간에는 아무것도 책임지지 못하고 내 안에 숨어들게 하는 감정이라는 것도, 스스로 마음의 자해를 하는 것을 아무렇지 않게 생각하거나 당연하게 느낄 만큼 무뎌지게 만들어 내 안의 느낌들을 무너지게 하는 감정이라는 것도, 나를 탓하는 것에 오랜 시간 익숙해져 있는 나는 알 수가 없었다.

'사람이라면 당연히 그래야지, 그래야 더 나은 사람이 될 수 있어'라는 생각이 당연한 환경에서 자책은 더 심해졌다. 누군가에게 당연한 듯이 자책을 강요받으면서, 나 또한 나를 탓하는 것이 당연하다 느끼고 수많은 탓을 나에게 하면서도, 누군가에게 더 나은 사람으로 보이기 위해 나의 느낌을 존중하는 것을 스스로 포기하는 것과 같다는 것을 나는 눈치채지 못하고 있었다.

나의 자책은 수많은 바깥의 기준과 누군가가 나에게 거는 기대를 따라가지 못하는 나를 향한 탓으로 가득 차 있었다. 내 마음은 점점 약해지기 시작했고, 나는 내가 가진 생각도 느낌도 누군가에게 당당히 전하지 못할 만큼 작아져 있었다. 어릴 때부터 쉼 없이 하고 있는 탓으로 인해 당당할 수도 없었고 내 안의 나를 탓하는 것이 심해질수록 나는 누군가의 말이나 행동에 쉽게 휩쓸려갔다.

어쩌다 내가 느끼는 대로 선택하려 해도, 해보기도 전에 '그러면 안 된다'거나 '그건 아니다'라는 누군가의 말이 내 귀에 들려오면 나는 내 느낌을 쉽게 부정하고 놓아버리거나 느끼는 대로 선택하려 했던 나를 경솔하다 생각하며 나의 마음을 향한 자해를 멈추지 않았다. 쉽게 내가 하고 싶은 선택을 놓아버리고 누군가의 선택을 따라가는 내가 싫다고 느끼면서 다시 또 그런 나를 탓하고 있었다. 나는 점점 그런 나를 밖으로 드러내는 걸, 극도로 꺼리기 시작했다. 자신이 없는 나를 숨기고 싶어 더 강한 척을 해야 할 때마다 내 안은 더 괴로워졌고, 혼자 있는 시간에는 스스로를 숨이 막혀올 때까지 괴롭히는 말을 하면서 또 다른 자책할 거리를 찾고 있었다.

그 시간 동안 나는 자책을 하는 것을 당연하게 생각하며 나중에는 내 탓을 하는지도 스스로 모를 정도로 자책은 나에게 익숙한 감정이 되어 있었다. 그렇게 나를 탓하는 것이 심해질수록 나를 향한 누군가의 탓도 심해졌고 나는 그 탓까지 모두 끌어안고 나를 끝으로 몰아갔다. 그 탓은 책임이라는 꺼풀을 입고, 나를 향해 차곡차곡 쌓여갔고 그럴수록 나는 그 탓을 들키지 않기 위해 있는 힘을 다해 아무렇지 않은 척을 해냈다. 나를 탓하는 누군가에게 나의 이런 약한 마음을 보이는 것보다 강한 사람으로 보이는 것이 더 낫다고 생각하는 내가 있었다. 나는 긴 시간 동안 나를 향한 어떤 탓도 받아들였고 그렇게 내 안은 모두 무너져 내렸다.

그때의 나는 모든 탓을 끌어안는 것이 내가 되고 싶은 사람에 가까워지는 것으로 생각했고 그 탓을 모두 책임질 수 있을 거라 생각했지만 그건 어둡고 비좁은 잘못이라는 상자에 스스로를 가두고 옴짝달싹 못하게 하고, 나를 그 어떤 상황에서도 누군가에게서도 벗어나지 못하도록 스스로를 묶어두는 것과 같았다. 나는 나를 계속해서 탓하는 것만이 내가 할 수 있는 최선의 책임이라 생각하고 있었다.

내 마음에 어둠이 깔리기 시작하면서 나는 혼자 있을 때도 누군가와 함께할 때도, 초조해지고 불안해지기 시작했다. 그리고 단 한 순간도 내 안은 조용할 새 없이 시끄럽게 돌아가고 있었고, 머릿속이 터질 것만 같은 느낌을 느끼고 나서야 나는 내가 만들어 놓은 '잘못'이라는 상자도, 누군가가 만들어서 내게 주는 '탓'이라는 상자도 찾아낼 수 있었다.

나는 나를 향한 모든 탓도 일도 모두 책임질 수 있을 만큼 강한 사람이 아니었다. 누군가가 스스로 한 선택이나 눈앞에 벌어지는 상황을 모두 나의 탓으로 받아내고 그 모든 사람의 탓을 대신 책임지려 할 때마다, 내 안의 나는 비명을 질러댔지만 나는 그 소리를 무시했었다.

잘못이라는 상자를 찾아낸 순간부터 나는 누군가에게 강해 보이려는 마음을 내려두기 시작했고 서서히 내 안의 나는 단단해졌다. 그리고 내가 나에게 하는 탓을 하나하나 느끼고 멈추면서 내 안은 서서히 회복되었고 그때부터 진짜의 내가 나와 느끼는 대로 선택하고, 내가 스스로 선택한 것을 책임지는 것을 즐겁게 받아들이기 시작했다.

그렇게 내 안에서 나를 향한 탓이 나를 위한 책임으로 바뀌기 시작하면서 나는 자유롭다고 느끼는 내가 신기했다. 그렇게 마음이 너덜너덜해지도록 스스로 자해를 해도, 그걸 멈출 수 있는 게 무엇인지 알 수 없었던 내가, 스스로가 좋다고 느끼는 것을 선택하고 누군가의 선택과 기준을 따라가는 내가 무엇을 느끼고 선택하며 살고 싶은지 알게 되면서 나도 모르게 계속됐던 자해가 자연스럽게 멈춰졌다.

스스로가 선택한 것에 대한 책임을 느낄수록 지난 시간 누군가의 선택을 따라갔던 것 또한 '나의 탓'으로 나에게 돌아왔다는 것을 지난 시간을 통해 느끼게 됐다.

스스로를 탓하는 이유를 내 안에서 느껴봐도 나를 시원하게 할 만한 이유는 없었다. 그저 밤낮으로 왜 해야 하는지 이유도 모르는 자책을 계속하면서도 '내가 누군가의 기대에 맞추지 못했을 때, 누군가의 기준에서 내가 벗어났을 때, 누군가의 지나가는 말을 무심코 들었을 때, 하다못해 'TV나 영화를 볼 때'조차도 스스로를 탓하고 있는 나를 눈치챌 수 없어서 나는 세상에 존재하는 모든 것을, 나의 마음을 자해하기 위한 도구로 사용했었다. 내 마음이 욱신욱신대며 이제 그만하라고 비명을 질러도 내 마음이 무너질 때까지 멈출 수 없게 하는 자책은 스스로를 탓하는 것만이 내가 더 나은 사람이 되게 하는 유일한 길이라 생각하게 했다.

나는 자책을 하면서 스스로에게 절대 좋은 사람이 될 수 없었고, 나의 마음이 그런 자해를 견디다 못해 소리를 지르고 마음속 깊이 자리 잡은 어둠이 밖으로 드러나도 멈추지 못하고, 내 안에 이유 모를 짜증과 분노를 가득 쌓아두고 나를 괴롭혔다. 그 감정들에 사로잡혀 있는 동안에는 그런 나를 있는 그대로 받아들인다는 건 나에게는 세상에서 가장 불가능한 일처럼 느껴졌었다. 내가 자책을 하고 있는 순간에는 나의 주변도 그 자책을 사용해 나를 탓하려는 누군가로 넘쳐나 마음의 자해를 당연하게 하고 있는 내가 마음이 너덜너덜해질 때까지 나를 향한 탓이 계속되었다. 내 마음은 누구보다 약해져 있으니, 나의 느낌도 보호할 수가 없었다. 스스로에게도 보호받지 못하는 나의 마음을 너무나도 쉽게 다른 누군가의 말이나 행동이 헤집어 놓을 때마다 나의 마음은 쉽게 무너졌고 무너진 마음으로는 무언가를 스스로 선택할 수도 내가 느끼는 대로 자연스럽게 움직일 수도 없었다.

자책이라는 감정은 나를 한순간에 죽게 하지는 못하더라도, 천천히 스스로를 탓하는 것에 익숙하게 해, 나의 느낌을 마비되게 하고 나를 아무것도 선택할 수 없는 사람으로 만들기에 충분한 감정이다. 책임은 나누어 질 수 있지만, 자책은 누군가와 나누어서 지고 싶어도 그럴 수 없다.

자책은 내 마음에 행하는 자해를 멈추고, 자신의 선택의 자유를 받아들일 수 있는 사람에게만 벗어날 기회를 준다.

자책에서 자유로워진 사람에게는 바라는 인생으로 갈 수 있는 티켓이 숨겨져 있다. 그 티켓을 소유한 사람은 그 무엇보다 소중한 존재는 자신이라는 것도 이미 알고 있다.

자책은 분명히 나에게서 시작되는 감정이 아니지만, 그 감정을 끝내는 것은 오직 나만이 할 수 있다.

즐거움은

내가 원하는 것을 스스로 선택하는 순간이 많아질 때
느껴지는 감정이다.

즐거움은 내가 스스로 선택할 수 있는 것이 많아질수록, 억지로 느끼려 애쓰지 않아도 자연스럽게 내 안에서 행복이라는 감정과도 이어진다.

하지만, 모두가 같은 것을 보고 있다 해도 똑같이 즐거움을 느끼지는 않는다. 오히려 모두가 즐거워하는 순간이 나에게는 괴로움이나 슬픔을 더 크게 느끼게 하기도 했다.

나의 감정 중 나에게는 가장 복잡한 감정이라고 느껴졌던 즐거움은 단순히 즐거움이라는 감정만을 느끼게 하기보다 언제나 다른 감정과 미묘하게 섞여 내 안에서 다양한 감정을 느끼게 했고, 그런 나는 모두가 즐거워 보이는 공간에서 묘하게 불편함을 느끼고는 했다.

즐거움이라는 감정은, 지금의 나와 에너지가 비슷한 공간이나 누군가와 함께 있을 때 느끼기 쉬운 감정이었다. 나와 전혀 맞지 않는다고 느끼는 공간이나, 전혀 맞지 않는 에너지를 가진 누군가와 억지로 웃으며 함께해야 할 때마다, 나는 즐거움보다는 오히려 참아야 한다는 괴로움이나 불편함을 느끼고 있었고 마음의 긴장을 늦출 수도 없었다. 나와 맞지 않는 에너지 속에서 내가 아닌 다른 누군가가 되어 그곳에 머물러 있다고 생각됐고, 그 느낌이 커져 가면서 나는 외로워지기 시작했다.

나와 맞지 않는 곳에서는 내가 스스로 선택할 수 있는 것보다 누군가와 맞추거나 비슷한 것이라도 선택해야 한다는 생각이 앞서 나는 나의 즐거움보다 누군가의 즐거움을 위한 선택을 했지만, 나와 생각이 비슷하거나 에너지가 닮아 있는 누군가와 함께하거나, 내가 좋아하는 공간에 머무르고 있을 때는 자연스럽게 내가 하고 싶은 것을 선택하며 온전히 나로 있을 수 있다는 것만으로도 행복할 수 있다는 것을 느끼면서 나의 즐거움에 대해 진지하게 생각하고 느끼기 시작했다.

내가 느끼는 즐거움 중 '단순한 즐거움'은 다른 감정보다 머무는 시간이 짧았다. 다른 감정들보다 깃털처럼 작고 가벼운 에너지를 가지고 있는 즐거움은 나에게 다가오는 감정 중 무거운 에너지를 가지고 있는 감정에게는 쉽게 자리를 내어줬고, 내가 원하는 대로 선택할 수 없는 순간을 마주할 때마다 즐거움은 내 안에서 재빠르게 사라지고는 했다.

내가 어떤 것도 선택하지 못하고 있을 때는, 즐거움 대신 괴로움이 다가와 그 괴로움에서 조금이라도 빨리 벗어나기 위해 억지로 즐거움을 느끼게 할 만한 것을 찾으려 할 때마다 내가 아무것도 선택하지 못하고 괴로워하는 시간은 더 늘어났다. 나에게 유일한 탈출구가 되어 나를 구해줄 것처럼 느껴졌던 즐거움이라는 감정이 내가 스스로 하는 선택이 많아지면 자연스럽게 느껴지는 감정이라는 것을 그때는 알지 못했다.

나는 억지로 즐거움을 찾으며 뒤에 따라오는 이유 모를 강박을 느끼면서도 즐거워 보이려 애썼다. 내가 즐겁지 않다고 느끼는 공간이나 누군가와 함께하는 순간이 많아질수록 나는 나를 잃어버리는 느낌을 느꼈지만, 누군가에게 즐겁고 행복한 사람으로 보이는 것이 나를 위한 것으로 생각하고 있었다. 내가 진심으로 즐겁다고 느끼지 않더라도 다른 누군가가 나를 즐겁고 행복한 사람이라 느끼고 있다면 그게 더 중요한 것으로 생각했고 한편으로는 모두가 즐거운 공간에서 진심으로 즐겁다고 느끼지 못하는 내가 이상하게 느껴지지 않게 더 즐거운 모습을 보이려 노력했지만, 내 안에서는 어색하고 자연스럽지 못한 나를 계속 탓하고 있었다.

내가 즐겁지 않은 이유에 대해 진지하게 느껴보려 해도, 나는 그 이유를 알 수가 없었다. 그때의 나는 내가 무엇을 좋아하는지, 무엇을 싫어하는지에 대해서도 내가 어떤 곳에서 즐거운지 즐겁지 않은지를 분명하게 느끼는 것보다, 내가 느끼고 있는 느낌을 내 안에 묻어버리는 것이 더 낫다고 생각했다.

그렇게 나는 어떤 것도 선택하지 못하고 어정쩡한 그 경계에 머물러 있는 것을 선택하고 있었다. 그 선택이 적어도 그곳에서 중간 어디쯤에라도 머물러 있을 수 있는 유일한 방법이라 생각하며, 누군가가 웃고 울 때 나도 적당히 따라 웃고 울거나, 누군가가 화를 낼 때 같이 화를 냈다. 그리고 내 안의 나는 점점 다른 누군가가 느끼는 감정이 나의 감정이라 착각하기 시작했다. 다른 누군가의 감정을 내 것과 같다고 착각하는 동안 내 안에 느껴지는 이질감도 점점 커져 갔지만, 그때는 그곳을 벗어나 나의 즐거움을 찾을 수 있을 거라는 확신이 나에게는 없었다.

즐거워야만 하는 그곳에서 즐거움을 강요받는 순간이 점점 많아질수록 내 안의 나는 점점 더 가라앉고 있었다. 누군가는 내가 즐겁지 않은 모습을 보이려 하면 내가 즐겁지 않은 것이 이상한 것이라 말했고, 나는 내가 솔직하게 즐겁지 않다고 말하는 순간에 마주하게 될 분위기와 상황을 감당하는 것이 싫어 그때마다, 다시 억지웃음을 지으며 누군가가 듣기 좋은 말과 내가 즐거워한다는 것을 보여주려 했다. 점점 내가 이상해지고 있다고 내 안의 나는 느끼고 있었지만, 나는 그 느낌을 다시 내 안에 묻어 버렸다. 그런 시간이 계속되기 시작하면서 내 안의 이질감은 자라나 크고 작은 짜증이 되어, 누군가와 즐거워야 하는 순간마다 나는 그 자리를 피하고만 싶어졌다.

웃는 가면 뒤에 수많은 나를 숨기고 있는 것도, 그런 나를 싫다고 느끼는 나를 숨기는 것도 점점 버겁다고 느껴졌지만 즐겁지 않다고 느끼고 있는 나를 누군가에게 그대로 보여줄 용기도, 다른 것을 선택할 용기도 나에게는 없었다. 그때의 나에게 중요한 건 '내가 누군가에게 어떤 사람으로 보이고 있는지'밖에 없었다. 그리고 누군가에게 보여지는 모습을 더 중요하게 생각할수록 내 안의 이질감은 걷잡을 수 없이 커져, 나는 그 이질감이 크게 느껴질 때마다 외로움과 우울한 기분에 사로잡혀 나의 에너지 또한 한없이 밑으로 가라앉기 시작했고 어느 순간, 무겁게 가라앉고 있는 나를 그곳에서 벗어나게 하고 싶어졌다. 그런 순간을 느낄 때마다 머릿속은 많은 생각으로 더 복잡해져 갔고, 사람을 만나는 것조차 피하고 싶을 정도가 되었을 때, 나는 나의 진짜 즐거움을 만나고 싶어졌고 그 즐거움과 함께 그곳에서 벗어나 진심으로 행복해지고 싶어졌다.

하지만 내가 무엇을 좋아하고 싫어하는지도 분명하게 모르고 있던 나는, 스스로 무언가를 새롭게 시작해야겠다는 생각만 해도 그 생각이 다시 '내가 할 수 있을까'라는 생각으로 이어졌고, 다른 누군가가 즐겁다고 말하는 것을 다시 따라가 보기도 했지만, 잠깐의 즐거움을 느끼고 그 즐거움은 다시 내 안에서 사라졌다. 그 뒤에는 다시 무기력이 찾아와 나는 즐거움 대신 무기력에 빠져 시간을 보냈다.

나에게 즐거움은 잠깐 동안 느끼고 싶은 감정이 아니었다. 내가 어떤 일을 해내기 위해서는 나와 꼭 함께해야 하는 중요한 감정이라 느껴질수록, 나는 나의 진짜 즐거움을 알고 싶었다. 진짜 즐거움을 찾아 내가 무언가를 끝까지 해낼 수 있게 도와주길 바랐고 그 즐거움이 나와 끝까지 함께 해주길 바랐다.

하지만 나의 즐거움이 나와 함께하기 위해서는, 내가 정리하고 마주해야 할 감정들이 나를 계속 붙들었고 나는 진짜 즐거움을 만나기 위해 단순한 즐거움을 즐기는 것을 포기하고, 어떻게든 즐거워야 한다는 강박도 모두 내려놓았다. 그리고 나를 힘들게 하는 감정이 느껴질 때마다 마주하며 그 감정을 해소하는 것에만 집중하기 시작했다. 그 감정들이 하나하나 내 안에서 해소되고 난 뒤, 마주하면서 느꼈던 괴로움과 힘들었던 순간들을 잊게 할 만한 감정을 나에게 가져다주었다. 그 감정은 내가 가장 마주하기 싫은 감정을 마주하는 것을 끝낼 때마다 나를 다독이며, 다음 감정을 마주할 수 있는 마음의 준비를 하게 도왔다.

그러다 나는 우연히 그 감정이 내가 바라던 나의 진짜 즐거움과 닮아 있음을 느끼게 됐고, 나는 내 안에서 나의 진짜 즐거움을 마주하게 됐다. 내가 즐거움을 찾기 위해 노력하고 있을 때도 나타나 주지 않았던 그 감정은 편안함이었다.

내가 나의 진짜 즐거움을 만나기 위해 느껴야 하는 감정은 편안함이었다. 그리고 나의 진짜 즐거움은 편안함과 아주 많이 닮아 있었다. 그동안의 나는 나의 많은 감정과 느낌을 묻어두고 살아오면서 나의 진짜 즐거움을 닮아 있는 편안함도 외면하며 살고 있었다. 내가 마주하는 일을 내가 원하는 대로 선택하지 못했던 나는 진심으로 즐거울 수도, 편안할 수도 없었다. 내 안에서 걷잡을 수 없이 차오르는 이질감을 마주할 때마다 누군가에게 보여지는 나를 지키는 것을 선택하며 그 이질감을 덮었고 내가 즐거울 수도, 행복할 수도 없는 것들에 온통 시선을 빼앗긴 채, 정작 내가 무엇을 즐거워하는지, 무엇을 좋아하는지, 내가 무엇을 힘들어하는지, 괴로워하는지에 대해서도 모른 채, 그저 막연하게 내가 즐겁고 행복하길 바라고 있었다. 그리고 그동안 나의 에너지는 누군가에게 보이는 나를 신경 쓰는 것에 다 빠져나갔고 나를 위해 쓸 에너지는 남아 있지 않은 순간까지 가서야 나는 나의 감정을 마주할 수 있었다.

밖으로 빠져나가던 모든 에너지를 내 안의 나의 감정을 보고 느끼는 것에만 쓰기 시작하면서 힘들었던 순간들에서 벗어나기 시작했고 내 안도 점점 가벼워지기 시작했다. 내가 어떤 순간에서든 나로 있는 것을 선택해내고 내 안에서 이질감이 느껴질 때마다 마주하고 스스로 선택해나가는 일이 많아질수록 내 안의 나는 편안함을 느끼며 즐거워했다. 나는 스스로 선택해나가는 것이 이렇게 즐거운 것이라는 것을 느낄수록, 내 안에 머물고 있는 즐거움이 더 편안하게 오래 머물게 하기 위해 더 많은 감정을 깊이 느끼고 마주해갔다.

그리고 내가 즐거울 수 있는 공간도 내가 함께하고 싶은 누군가도 선택해나가면서, 나와 함께하는 누군가의 즐거움도 나의 즐거움만큼이나 중요하다고 느끼기 시작했다. 서로가 즐겁거나 행복할 수 없다면 나는 함께하지 않는 것을 선택하며 각자의 진짜 즐거움을 찾기를 바랐다. 애써 참아가며 즐거움을 느끼려 애썼던 지난 시간들을 통해 나는 서로가 즐거워야 한다는 생각이 분명해졌고 한 번씩 내 안에서 편안한 즐거움보다 불편한 이질감이 다가올 때마다 그 감정을 정면으로 마주하며 진짜 즐거움을 위한 선택을 피하지 않았다. 그 선택은 나에게 편안한 즐거움을 느끼게 하며 내 안에서 느껴지는 나의 이질감들을 더 중요하게 대하게 했다.

즐거움이라는 감정은, 내 안에서 즐겁지 않은 감정을 외면할수록 나에게서 더 빠르게 달아나고는 했다. 내 안에서 느껴지는 즐거움은 거짓을 말하지 않았다. '즐겁지 않다고 느끼고 있는 나'와 내 안에서 느껴지는 이유 모를 이질감을 다른 감정으로 애써 덮으려 했던 나는 괴로울 수밖에 없었다. 나를 진심으로 즐겁게 할 선택을 하기 위해 나에게는 긴 시간이 필요했지만, 나의 즐거움은 그만큼의 시간이 필요한 감정이었다.

나를 힘들게 하는 감정, 나를 괴롭게 하는 감정, 나를 슬프게 하는 감정을 마주하는 것은 많은 에너지와 용기를 필요로 한다. 그 감정들을 마주하며 잠시 즐거움이 내 안을 떠나 있더라도, 나에게 더 큰 즐거움과 편안함을 주기 위해 뒤에서 기다리고 있다는 것을 잊어서는 안 된다.

즐거움은 언제나 다른 감정보다 열 걸음 늦게 도착했다. 나의 즐거움은 내가 내 안 깊은 곳에서 마주하고 느낄 수 있을 때가 되었을 때, 내가 기대하지 않은 편안함과 행복을 가득 안겨주기 위해 나에게 천천히 다가올 준비를 하고 있다.

괴로움이 도착하고, 그 열 걸음 뒤에 즐거움과 편안함이
기다리고 있다는 걸 내가 느끼고 있다면,

나에게 끝없이 찾아오는 괴로움을 피하지 않고 마주해
결국은 나의 즐거움을 만나게 된다.

즐거움은 언제나 나를 위해 기다리고 있다.
내가 괴롭거나 슬픈 그 순간에도.

질투는

내가 갖고 있는 나의 것을 아직 보지 못했을 때
느껴지는 감정이다.

질투는 내가 아닌 누군가를 향해 있는 감정이다. 스스로를 미워하거나 싫어할 수는 있어도 나에게 질투를 느낄 수는 없다. '내가 무엇을 갖고 있는지'보다, 내가 갖고 있지 않은 것을 누군가가 가지고 있을 때 느껴지는 질투는 미묘한 느낌으로 시작되어 내 안에서 점점 커져 불길처럼 치솟아 오르는 감정이었다.

아주 미세한 바늘에 찔리는 듯한 느낌에서 시작하다 점점 내가 가진 것이 아닌 누군가가 가진 것을 바라보는 순간이 많아질수록, 나의 깊숙한 어딘가에서 치솟아 오르고 있는 불길 같은 질투는 나의 다른 감정도 휩쓸리게 하고 내가 하지 않았던 말이나 행동까지 하게 만들었다.

질투가 내 안에서 커져 가고 있을 때는 혼자 있는 시간에도 내가 질투를 느끼고 있는 누군가가 머릿속에서 떠나지 않고, 누군가가 가진 것을 갖지 못한 나를 초조하게 하거나 나의 또 다른 감정인 짜증과 섞여 나를 힘들게 했다. 질투는 내가 그 감정을 느끼고 있는 누군가와 온종일 함께하고 있는 듯한 느낌이 들게 했고, 그 감정을 느끼지 않으려 애쓰는 것에 나의 모든 에너지와 시간을 사용하느라 내가 무엇을 가지고 있는지를 느낄 수 없게 했다.

내가 갖고 있는 것을 제대로 느끼지 못하는 나는, 내가 갖고 있는 것을 느껴보기도 전에 모두 하찮거나 별게 아닌 것으로 생각했고, 다른 누군가가 가지고 있는 것에 질투를 느꼈다. 다른 누군가가 갖고 있는 것이 내 것이 되길 바랄수록 내가 가진 것은 내 안으로 더 숨어 버렸다. 그리고 질투를 느끼는 누군가와 비슷하게 변해가려는 나는 내 안에서 느껴지는 느낌을 뒤로하고 질투가 안내하는 방향으로 따라갔지만, 처음부터 내 것이 아닌 것을 온전히 내 것으로 느끼거나 만들 수는 없었다.

질투를 느끼게 하는 누군가와 비슷해지려고 할수록 나는 그것이 내 것이 아님을 더 분명하게 느끼게 됐고, 나는 그런 나를 좋아할 수 없었다. 내가 가지고 있는 것을 스스로 하찮게 여길수록 누군가도 내가 가지고 있는 것을 별것이 아닌 것으로 여겼고, 나는 내가 가진 것을 제대로 느껴보는 대신, 다 내팽개치고 더 많은 누군가에게 질투를 느끼기 시작하면서 나는 나를 잃어가고 있었다. 스스로를 우습게 여기게 하는 질투는 내가 무엇을 가지고 있는지를 느끼는 것을 방해하는 감정이 되어, 나는 내가 가지고 있는 것을 스스로 느껴보기 전까지 질투라는 감정에 휩쓸려 제대로 나를 느끼거나 마주하지도 못했다.

나는 누군가가 타고난 것 중 나에게 있었으면 하는 것에 대해 질투를 느끼는 사람이었다. 누군가가 타고난 것 중 나에게 없는 것을 느낄 때마다 그 재능이 나에게는 없다는 것도 내가 아무리 노력을 해도 타고난 것을 넘어갈 수는 없다는 것이 나에게는 넘지 못할 벽처럼 느껴졌다. 누구에게나 타고난 것이 있다는 것을 알면서도 나에게는 없는 것으로 생각했고, 아직 내가 느끼지 못한 나의 것을 찾지 못한 나는 쉽게 누군가에게 질투를 느꼈고, 그 질투에 내 안의 다른 감정은 매번 발목이 잡히고는 했다.

내가 원하는 것을 할 때도, 나는 많은 노력을 해야 하는 것에 대해 쉽다고 말하는 누군가에게 질투를 느낄 때마다 나는 그 부분을 좋아지게 하려고 하는 대신, 질투에 사로 잡혀 아무것도 하지 않는 것을 선택하고 내 안에서 질투라는 감정을 더 키워나갔다. 질투는 나와 누군가의 사이를 미묘하게 어긋나게 하며, 더 가까워지지도 못하게 가로막았고 질투를 느끼고 있는 스스로를 탓하게 했다.

질투가 가로막은 것은 그게 다가 아니었다. 질투를 느끼는 동안, 나는 내가 가진 것을 느끼거나 마주하지 못해 모든 일에서 자신감을 잃어갔고, 그것을 숨기기 위해 나는 더 강한 척을 해야 했다. 아무렇지 않은 척, 강한 척을 하고 있는 내가 마음에 들지 않더라도 나는 질투를 느끼는 나를 누군가에게 들키는 것이 더 싫었다. 질투가 점점 더 내 안에서 커질수록 나는 내가 누군가에게 질투를 느끼고 있다는 것도 받아들이고 싶지 않았고 그러는 동안 질투는 내 안에서 점점 치솟았고, 큰 불길 같은 감정이 되어 나는 내가 느끼는 질투를 숨기지 못하고 드러내고 있었다. 밖으로 질투가 드러날수록 나는 내가 질투를 느끼고 있다는 것을 보이는 것을 피하고 싶었다. 그렇게 한동안 나는 질투에 나를 온전히 내맡기고 있는 동안 스스로를 더 나아지게 하지 못했고, 좋아지게 하지도 하지 못했다. 나는 질투에 사로잡혀 있는 동안 그 자리에만 머물러 있었다.

누군가가 가진 것에 시선을 둔 채, 나는 내가 가진 것이 무엇인지 마주하려는 생각조차 하지 못하고, 누군가가 가진 것을 닮아가기 위해 노력하는 나를 느낄 때마다 내 안의 나는 삐거덕거리기 시작했다. 아무리 애써도 이미 그것을 가지고 있는 누군가보다 자연스럽게 해낼 수 없었고, 그때마다 내가 아닌 누군가의 옷을 빌려 입은 듯한 어색한 느낌을 떨쳐 버릴 수가 없었다.

내가 하고 싶지 않은 노력을 할수록 내 안의 나도 '나'를 마주하게 하는 대신에, 온통 '누군가'의 생각에 휩쓸려

갔다. 내 안에서 느껴지는 것은 자꾸 안으로 숨어들었고 그럴수록 나는 누군가의 시선과 말에 쉽게 휘둘리는 나를 미워하게 됐다. 그리고 그 감정을 느끼고 있는 나를 스스로 괴롭히며 내 안을 잔뜩 어지럽히는 질투라는 감정도 싫어졌다.

그 감정을 느낄수록 나는 괴로워져만 갔고, 누군가를 향해 나의 질투 어린 짜증과 자존심이 뒤섞여 전해지고 있었다. 내가 질투를 느끼고 있는 것을 자존심은 나를 보호하기 위해 애써 다른 감정으로 덮으려 했고, 내 안의 질투는 나의 열정을 만나게 되면서 더 불타올랐다.

열정과 만난 질투는 내가 노력한 만큼의 무언가를 가져다주기는 했지만, 열정보다 질투가 더 커져 있을 때 얻은 것은 나에게 온전한 행복도 기쁨도 되지 못했다. 누군가를 향한 질투로 타올라 움직이는 내가 무언가를 해낼 때마다 그것을 해낸 나를 느끼기보다 누군가가 해낸 또 다른 것으로 시선이 가게 했고, 나는 정말이지 누군가에게 향해 있는 나의 시선을 이제 그만 '나'에게 돌리고 싶어졌다.

계속 이렇게 무언가를 해내고 이루어가는 것에 나는 지쳐갔고, 누군가가 해내는 것을 순수하게 기뻐하지 못하는 나를 느낄 때마다 괴로웠다. 내 안에는 무엇이 있는지를 알고 싶었고, 그게 어떤 것이라도 이제 내 것을 소중히 하고 싶었다.

나는 내 안의 내가 무엇을 갖고 있는지를 찾는 것에 시선을 돌리기 시작했다. 자꾸만 다른 누군가를 향하는 시선을 내 안의 나에게 돌리는 것부터가 쉽지 않았다. 다른 누군가가 가진 것은 내 눈에 너무나도 잘 보이고 느껴졌지만, 내 안은 텅 비어 있을지도 모른다는 생각이 들 때마다 나는 나를 느끼는 것에 집중할 수 없었다. 그럴 때마다 나는 누군가에게 느껴지는 것을 일부러 차단하며 내 안의 나를 느끼는 것을 해나가며 마주해갔다.

그리고 시간이 지나 어느 순간, 나는 내가 가진 것을 느끼기 시작했다. 그 시간을 통해 찾아낸 건 결코 하찮은 것이 아니었다. 누구보다 내가 잘 알고 있었던 나의 것이었지만 나는 그것을 한 번도 중요한 것으로 생각해본 적이 없어서 스쳐 지나왔지만, 그건 나만이 가지고 있는 나의 것이었다. 그것과 비슷한 것을 가지고 있는 누군가도 있겠지만 내가 가진 것은 나의 느낌과 감정이 연결된 온전한 나의 것이었다.

내가 가진 것을 하나하나 찾아낼수록 나는 자신감을 얻어갔다. 그리고 가진 것에 만족하기보다 그것을 더 크게 키우고 좋은 방향에 쓰기 위해 나는 나를 위한 노력을 시작했다. 그리고 누군가가 나를 향해 보내는 질투가 하나둘 늘어가는 것을 느끼게 되면서, 나는 질투라는 감정을 조금씩 마주할 수 있었다.

질투는 겉으로 보기에는 복잡하게 느껴졌지만, 그 속은 단순한 감정이었다. 질투는 나를 향해 느낄 수 있는 감정이 아닌 누군가를 통해서만 느낄 수 있는 감정이었고, 내 눈에는 누군가가 가지고 있는 것을 돋보기를 통해 보고 있는 것처럼 크게 느끼게 했지만, 그것을 가지고 있는 누군가는 그 부분을 느끼지 못하고 있었다.

질투는 내 것은 아주 작게 보이게 하고 누군가의 것은 아주 크게 보이게 해, 서로 자신이 가진 것을 쉽게 느끼거나 보지 못하게 하는 감정이었다. 내 눈에 크게 보이는 누군가가 가지고 있는 것을 내가 특별하게 여길수록, 내가 가진 것은 점점 작아져 내 눈에서 벗어났다. 처음부터 없었던 것이 아니라 내가 느끼지 못하고 있으면 내가 발견할 수 없을 만큼 작아지는 것이 나의 것이었다. 내가 누군가를 향해 있는 눈을 돌려 내가 가진 것을 발견하는 것에만 집중하면 내가 가진 것은 다시 커져 나의 눈에 띄기 시작했고, 나는 그것을 마주할 수 있었다.

그때부터, 나는 질투라는 감정을 느끼는 것을 싫어하지 않게 됐다. 미묘한 질투를 내 안에서 느낄 때마다 나는 그것을 누군가가 가진 것을 느껴볼 수 있는 도구 같은 감정으로 질투를 사용하기 시작했고, 누군가가 보내는 질투를 느낄 때마다 그 질투를 사용해 자신의 안에 있는 것을 느끼게 하는 것에 사용했다.

질투는 그 사람의 고유함을 되찾게 하는 감정이기도 했다. 질투는 나를 괴롭히는 감정에서 나를 도와주는 감정이 되어 내가 무엇을 갖고 있는지, 무엇을 원하고 있는지를 분명하게 느끼게 해주는 감정이었고, 누군가에게 질투를 느끼고 있을 때는 아주 쉽게 누군가가 가지고 있는 좋은 것을 느끼고 전해줄 수 있는 감정이 되어주었다. 나는 내 안에서 느껴지는 질투를 능수능란하게 사용하기 시작했고,

누군가가 나에게 전해주는 질투를 통해, 내가 느끼지 못한 내가 가진 것을 더 많이 찾게 되었다. 나는 그렇게 찾은 내가 가진 것을 하나하나 키워가며, 내 것으로 만들어 갔다.

그렇게 사용한 질투는, 내가 원하지 않는 노력을 하며 누군가를 닮아가지 않아도 내가 가진 나의 것을 사용해, 해내고 싶은 것을 자연스럽게 하게 하면서 그렇게 이뤄낸 것에 애정과 기쁨을 느낄 수 있게 했다. 내가 가진 것을 더 크게 키우고 단단하게 만드는 것을 해나갈수록 누군가에게 질투를 느끼고 있는 나를 편안하게 마주하며 누군가가 가지고 있는 좋은 것을 살려주기 위한 말과 에너지를 전하며 내가 질투를 느끼는 누군가와도 가까워질 수 있었다.

분명히 그 감정은 질투였지만, 그 감정을 전해 받는 사람들은 기뻐했고 즐거워했다. 질투는 나도 누군가도 그 감정에 많은 에너지를 소모하게 하는 감정이었지만, 반대로 나도 누군가도 많은 에너지를 채울 수 있게 만들 수도 있는 감정이었다. 그게 가능했던 건, 내가 가진 것을 스스로 느끼고 마주하기 시작하면서부터였다. 나는 질투를 나와 누군가에 대한 관심을 깊게 하는 감정으로 자연스럽게 사용하면서 질투가 보내주는 시그널의 의미를 더 많은 사람에게 전하고 싶어졌다.

질투가 나를 알아가고 누군가를 알아가는 것에 많은 도움을 주는 감정이라는 것을 안다면, 자신이 가진 것을 찾기 위해 질투를 마주하고 싶은 누군가에게 많은 도움이 될 감정이라 느끼게 되면서, 나는 나에게 질투를 느끼고 전해오는 사람들에게도, 넌지시 질투가 보내는 시그널에 대해 전하기 시작했다.

나에게 질투를 느끼고 있는 사람들 중에는, 예전의 내가 질투를 느꼈던 사람들도 있었다. 내가 가진 것을 키워내 점점 커지자 내가 그랬던 것처럼 그들의 눈에도 내가 가진 것이 자신이 가진 것보다 점점 크게 보이면서 스스로 무엇을 갖고 있는지 잊어버렸다. 하고 싶지 않은 노력을 하며, 그 질투를 스스로를 주저앉히는 감정으로 사용했고, 누군가에게 질투를 느낄 때마다 그 누군가가 되기 위해 노력하거나 그 감정을 느끼고 있는 스스로를 부정하거나, 질투를 느끼게 하는 누군가를 자신의 마음에서 밀어내고, 깎아내리기도 하면서 질투는 시기라는 감정으로 변해갔다.

질투에서 시기로 변한 감정은 누군가를 건너서는 안 될 강을 건너게 하고, 넘어서는 안 될 선을 넘게 하는 감정이 되었다. 시기는 좋은 것을 가지고 있던 스스로를 망치며 그 감정에 폭주하게 했고, 시기로 변해 버린 자신도 그 마음도 되돌리지 못했다.

나에게 질투를 느꼈던 또 다른 누군가는 질투를 통해, 자신이 갖고 있는 것을 새롭게 찾아내기 시작했다. 그리고, 질투라는 감정을 다르게 사용할수록 그 사람이 가진 것이 점점 커져 가면서, 가지고 있었던 좋은 것이 쏟아져 나오기 시작했다. 그동안 스스로 발견하지 못해, 안에 웅크리고 숨어 있던 것이 나오면서 지금까지와는 다른 모습이 나왔고 해내지 못했던 것을 하나하나 자신의 현실에 나타나게 하기 시작했다. 그들은 누군가의 질투에 흔들리거나 넘어지는 대신, 그 질투를 통해 자신의 안에 있는 더 좋은 것을 발견하는 것에 사용했다. 그리고 어느덧 누군가가 질투를 느낄 수 없을 만큼 자신을 더 나아지게 한 누군가는 자신이 되고 싶은 모습을 마주하는 것에만 집중하고 있었다.

질투라는 감정을 느꼈을 때, 어떻게 받아들이고 사용하고 싶은지는 모두 나에게 달려 있었다. 질투도 다른 감정처럼 모든 사람 안에 머물고 있는 자연스러운 감정이었다. 특별히 나만 느끼는 것도 누군가만 느끼는 것도 아닌 질투를 내 안으로 숨겨서 느낄수록 그 감정은 숨겨야만 하는 감정이 되어 내 안 깊은 곳에 더 큰 불길로 타올랐다.

내가 누군가에게 질투를 느끼는 이유조차 느끼려 하지 않고 나는 그 감정을 느끼지 않는 척을 하는 것에 에너지를 소모하고, 내가 갖지 못한 누군가의 가진 것에 사로잡혀 내가 가진 것을 마주하지 못했었다. 질투는 내가 누군가에게 질투를 느끼고 있다고 해서, 내가 가진 것이 하찮게 변해버리게 하는 감정이 아니었다. 그저 나와 누군가가 가진 것을 더 잘 느낄 수 있게 도와주고 스스로 가지고 있는 것이 어떤 것인지 마주하게 하는 감정이었다.

질투를 내가 무엇을 가지고 있는지를 알기 위해 사용한다면, 그 감정을 느낄 때마다 나는 내가 가지고 있는 것은 어떤 것인지 확인할 수 있게 되고 내가 가진 것을 어떻게 사용하고 싶은지를 내 안의 나에게 물을 수 있게 된다. 질투를 느낄 때, 누군가가 가진 것에 사로잡혀 있는 스스로를 느끼지 않으려 할수록 질투는 점점 시기라는 감정으로 변해가고 그 감정은 나를 잃어버리게 할 수도 있다. 그리고 끝내 내가 가진 것을 느끼려 하기보다 또 다른 누군가가 가진 것에 사로잡히기를 계속하게 한다.

질투는 내가 가진 것을 사용하여 내가 될 수 있게 하는 감정이었다. 나로 사는 것을 도와주는 질투는 내가 가진 것과 누군가가 가진 것 모두를 발견하게 하고, 그 모두를 살리게 하는 감정이었다. 그렇게 사용되기 위해 질투라는 감정은 스스로에게는 절대 느낄 수 없게 만들어져 있다.

내가 아닌 누군가에게만 느낄 수 있는 질투는, 서로를 '나로 살게 하기 위해' 존재하는 감정이었다. 혼자서는 알아차릴 수 없는 내가 가진 것을, 누군가를 느끼면서 알아차리게 하고 질투가 보내는 진짜 시그널을 느끼는 사람에게는, 자신이 느끼는 질투나 누군가가 보내고 있는 질투의 불길에 휩싸여 시기가 되기 전에 자신이 가진 것과 누군가가 가진 것 모두를 살리게 하고, 스스로 가고 싶은 길을 향하게 했다.

내가 느꼈던 수많은 질투에는 그 감정이 나에게 보내고 있는 시그널이 담겨 있었다.

그 시그널을 통해 나에게 전해진 메시지에는, 내가 가진 것과 다른 누군가가 가진 것을 모두 살릴 수 있는 방법이 함께 전해졌다.

질투의 정체를 알아차린 순간부터, 나는 내가 가진 것도 누군가가 가진 것도 가리지 않고 모두 소중하게 대하며, 나와 누군가를 발견하고 그 에너지를 살리는 감정으로 질투를 느끼고 있다.

질투의 속은 투명하고 단순하다. 내가 가진 것도 누군가가 가진 것도 모두 비춰주는 질투는, 내 안 깊은 산속에 꼭꼭 숨어 있다.

집착은

눈앞에 있는 것에 사로잡혀
그 하나밖에 보이지 않을 때 느껴지는 감정이다.

집착은 내가 해내고 싶은 일에서나 나와 가까이 있는 누군가에게 느끼게 된다. 내가 집착을 느끼고 있는 것이 내가 원하는 대로 되고 있지 않다고 생각될 때, 더 그것에 집착하게 되고 나에게 중요한 것은 그것밖에 없다고 느낄수록 집착의 에너지는 더 강해졌다.

내가 집착을 느끼고 있는 일이나 내가 오랜 시간 선망하고 바라왔던 것이라 느껴질수록, 집착을 하고 있다는 것을 느끼기가 어렵다. 내가 그 감정이 집착이라는 것을 느끼게 된 순간에는 이미 내 안에서 내가 원하는 일이나 누군가를 놓고 싶어도 놓지 못하고 어떻게 할 수 없는 나를 그저 손 놓고 바라보게 하는 감정이었다.

집착을 느낄 때의 나는 원하는 대로 무언가가 되지 않을 때마다 짜증이나 분노를 느끼기 시작했고, 초조함을 내 안에서 더 키워나갔다. 시간이 지날수록 나의 집착은 더 강해졌고, 집착을 느낄 때마다 나는 나의 집착을 더 강하게 만드는 쪽으로 모든 생각이 향해 갔고, 내가 하는 생각들은 그 집착을 더 놓지 못하고 꽉 붙들게 했다.

집착을 강하게 느끼고 있을 때는, 좋아지는 것을 보려 하기보다 좋지 않은 것을 더 많이 찾고 느끼게 되어, 앞으로 더 나아가지 못하게 제자리를 맴돌고 있는 것처럼 느껴졌다. 내가 원하는 일이나 누군가에게 집착을 느낄수록, 그 모든 것은 내가 원하는 방향이 아닌 내가 원하지 않는 방향으로 흘러갔다. 그럴 때마다 나는 내가 집착하고 있는 것을 내 안에서 더 강하게 붙잡으려고 하는 나를 느끼며 힘들어했다. 내가 원하는 대로 되어 가도, 내가 원하는 대로 되어 가지 않아도 나는 내 안 깊은 곳에서 올라오는 초조함을 느껴야만 했다.

무언가에 집착하고 있는 동안에, 나는 그 집착에 점점 익숙해져 가는 중이었다. 집착을 느끼고 있는 내가 괴롭더라도 그 상황과 누군가에게 벗어나는 것이 두려워 벗어나는 것을 선택하려 하지 않았고, 다른 누군가가 나에게 집착하고 있는 것을 느낄 때도 그 집착이 나를 향하길 바라고 있었다. 나에게 집착하는 누군가도 내가 변하거나 성장하길 바라는 대신, 자신의 곁에서 지금 모습 그대로 자신의 손이 닿는 곳에서 떠나지 않고 영원히 머물기를 바랐다. 나는 서로가 주고받는 집착을 느낄 때마다 느껴지는 이유 모를 안정감이 좋아 변하지 않는 것을 선택했었다.

무언가에 기대어 살고 싶었던 나에게 집착은 내가 붙잡을수록 기댈 수도 있는 감정이 되어 그 집착을 통해 내게 필요한 것을 채웠다. 하지만, 집착이 내 안에서 점점 커져갈수록 내가 집착하고 있는 것이 나에게서 떠나갈까 나는 불안해졌고 초조해졌다. 내가 집착하는 것이 조금이라도 나에게서 멀어지고 있다고 느껴질 때마다 내 머릿속은 나의 뜻대로 되지 않는 순간과 생각으로 가득 차, 초조함을 느끼면서도 내가 아닌 다른 존재가 나를 휘두르고 있다는 것이 불편하고 불쾌하게 느껴지는 순간이 찾아오면서, 나는 내가 하고 있는 집착도 누군가가 나에게 하고 있는 집착도 모두 그만 느끼고 싶다는 생각을 하기 시작했다.

하지만, 이내 내가 무언가에 집착하기 전 느꼈던 내 안의 공허함과 하루하루 살아가는 것을 무의미하게 느꼈던 내가 떠올라 나는 집착을 하고 있는 것도 느끼는 것도 힘들어하면서도 쉽게 놓지 못했다. 내가 집착을 느끼고 있는 것 이외에는 즐거움을 느끼지 못해 이내 싫증을 냈고, 쉽게 그만두는 것을 계속하면서 힘든 집착이 아닌 내가 즐거울 수 있는 것을 많이 느끼고 싶었다. 나에게는 스스로를 아무것도 아니라고 생각하는 나를 변하게 하고 의미 있는 존재로 만들어 줄 것이 필요했다. 집착은 내가 집착을 느끼고 있는 대상만 바꿔가며 모든 순간에서 집착이 내 안에 있음을 느끼게 했다.

어느 날 해보고 싶은 것이 생기고, 해내고 싶은 것이 생겼을 때도 집착은 내 안에서 움직이기 시작했다. '나'라는 사람을 의미 있는 존재로 만들어 줄 것이 간절했던 나는 하고 싶은 것을 찾았고 그것에 모든 에너지를 쏟아내며 그 일에 빠져들었고, 그 일만큼은 중간에 포기하지 않으려 최선을 다했고 그렇게 한 만큼 나는 내가 원하는 것을 얻게 되었다.

한순간에 쏟아지는 인정과 달라지는 평판이 아무것도 아닌 나를 의미 있게 해주고 있다 생각하게 되면서 나는 더 많은 인정을 얻기 위해 눈앞에 보이는 것을 닥치는 대로 하며 해내고 싶었고, 하루하루가 무의미하게 느껴졌던 어느 날로 돌아가지 않기 위해, 내가 '인정받을 수 있는 일'과 나를 '인정해주는 사람'에게 더 커져 가는 나의 집착을 느끼면서도 그 감정을 누르려 하지 않았다. 나는 눈앞의 목표에 집착하며 그 목표가 뜻대로 되지 않는 순간마다 스스로를 탓하며 괴로웠고, 더 많은 누군가의 인정과 내가 원하는 평판을 얻기 위해 내 안의 다른 감정은 모두 누르고 모든 순간을 고군분투하게 해주는 집착이라는 감정을 키우는 것에만 나의 에너지를 쏟아부었다.

그럴수록 점점 내 안의 나는 더 날카로워지고 예민해져 갔다. 내가 집착을 느끼고 있는 누군가의 말 한마디에도 내 안은 크게 흔들렸고, 누군가가 나에게 내가 원하는 만큼의 인정을 주지 않을 때는 스스로를 괴롭히며, 누군가의 말 한마디 행동 하나에 흔들리고 있는 내 안의 나를 덮어버렸고, 더 많은 일과 더 많은 누군가에게 인정받지 못하는 스스로를 연민하며 불쌍하게 여기기 시작했다.

나는 내가 집착하고 있는 것에 더 매달리며, 누군가의 인정을 받고, 의미 있는 존재가 되기 위해 노력했다. 내가 집착하고 있는 것에 도움이 되지 않는 나의 느낌이나 감정들은, 모두 시시하게 보였고 그런 것을 느끼는 것에는 소홀해졌고 내 안의 나도 점점 무뎌져 갔다.

해냈다는 성취감과 그 뒤에 따라오던 인정에 집착하며 나는 내 안의 공허함을 빠르게 채워가고 있다 생각했고, 나만이 느낄 수 있는 그 느낌과 기쁨을 누군가에게 빼앗기지 않기 위해, 집착이 나를 어떻게 만들고 어디로 데려가는지 느낄 새도 없이, 그렇게 내가 집착하는 것만을 향해 달려갔다. 스스로에게 무언가를 느낄 만한 빈틈이나 여유도 내어주지 않고, 내가 바라는 인정을 더 얻어내기 위해 안간힘을 쓰며 노력하고 또 노력했다. 누군가에게 인정받지 못했던 지난 시간의 보상 같았던, 그 인정을 마음껏 누리고만 싶었다. 그럴수록 내 안의 나는 더 얻지 못하는 인정에 목말라하며 점점 더 집착에 빠져들기만 했다.

'이렇게 사는 게 재미있는 거였구나, 원하는 대로 하나하나 되고 있다는 기분이 이런 것이구나'라고 느끼면서도 마음 한편에서는 집착이 불러온 다른 감정들이 나를 계속 찾아오고 있었지만, 나는 그 감정을 철저하게 마주하지도 느끼지도 않고 싶었다. 그 감정을 마주하는 순간, 나를 채워주고 강하게 만들어주는 집착이 끝나버릴까 두려웠고, 나는 내가 집착하는 것을 쉽게 포기할 생각이 전혀 없었다.

나의 집착이라는 감정이 나중에 어떤 식으로 나에게 반격하게 될지 모른 채, 나는 내가 원하는 모든 것에 더 집착을 느끼며, 더 많은 인정을 얻어내기 위해 움직였다. 내 머리는 쉴 새 없이 돌고 있었고, 내 몸은 모든 일을 해내기 위해 언제나 딱딱하게 긴장하고 있었다.

시간이 지나 혼자가 아닌 누군가와 함께하기 시작하면서, 나를 향한 인정은 그 숫자만큼 점점 쪼개져 다른 누군가에게 향했고, 그것을 느낄 때마다 내 안의 나는 이루고자 하는 것에 더 맹렬하게 집착을 느꼈다. 누구도 해내지 못할 더 큰 것을 해내야만, 내가 가지고 있는 것도 내가 가질 것도 빼앗기지 않고 지켜낼 수 있다고 믿었고 내 안의 나는 집착을 느낄 때마다 폭주하고 있었다.

집착은, 내가 다른 감정을 마주하기를 바라지 않았다. 내 안의 나도 오직 집착만을 느끼고 더 키우는 것을 계속하며 즐거움이라는 감정도 행복이라는 감정도 느끼지 못했다. 집착이 강하지 않았을 때, 즐거움으로 타올랐던 열정도 집착에게 자리를 내어주었고, 집착은 내가 그 감정 대신 다른 감정을 마주하려 할 때마다 초조함을 느끼게 해, 다시 집착을 하는 나로 돌아가게 했다.

내가 가진 에너지가 모두 집착을 위한 것으로 쓰이게 됐고, 집착이 나에게 전해주던 것이 서서히 끊기기 시작하면서 내 안의 에너지는 점점 사라지고 있었다. 그리고 누군가는 그런 나를 느끼면서도 내가 집착하고 있는 것을 내려놓는 것을 도와주기보다 그 집착을 사용해 얻어낼 것을 먼저 생각하고 있었고, 나는 이제 내려놓고 싶어도 내려놓지 못하는 집착에 나를 맡기며 나의 에너지가 바닥이 날 때까지 달리고 달렸다.

그리고 나의 모든 에너지가 바닥이 나서야 나는 집착이라는 감정이 가진 뒷면을 마주하기 시작했다. 집착은 나에게 진짜 중요한 것을 느끼는 것을 가리고, 내가 중요하다고 믿고 싶은 것을 따라가게 하는 감정이었다.

내가 중요하다고 믿고 싶은 것들은 나에게 진짜 중요한 것을 모두 시시하다고 느끼게 했고, 나의 느낌과 감정을 느끼는 것보다 누군가에게 얻는 인정과 평판이 더 중요하다고 나에게 말하고 있었다. 그리고 나는 채워도 채워도 내 안에 가득 채워지지 않는 나를 향한 누군가의 인정에 목말라하며, 집착하고 있었던 나를 마주했고, 내가 집착을 느끼고 있는 것도 누군가도 조금씩 마주하기 시작했다.

집착을 느낄 때마다, 나는 그 집착이 어떤 것인지를 느끼려 했고, 무엇에 대한 집착인지를 분명하게 알고 싶었다. 그리고 내가 집착을 느끼고 있는 누군가가 내미는 인정을 내 안에 넣으려 하는 대신, 밖으로 흘려보내며 내 안의 나의 느낌을 누군가가 준 인정에 덮이지 않게 하고 싶었다. 누군가에게 얻은 인정은 내가 나의 느낌과 생각대로 움직이게 하지 못하는 역할을 하고 있는 것을 느끼기 시작했고, 그때부터 나는 내가 집착을 느끼는 것들에서 점점 멀어지고 있었다.

내가 집착을 느끼는 것에 멀어질수록, 나의 주변의 많은 누군가도 눈에 들어오기 시작했다. 내가 집착을 강하게 키우는 동안, 나의 주변도 누군가의 인정에 집착하는 사람들로 가득했다. 그 집착을 놓지 못하는 이유는 모두에게 있었지만, 그 감정을 마주하며 집착을 느끼는 자신의 이유를 알고 나서도 집착을 놓으려는 누군가보다 집착을 놓지 않으려는 누군가가 더 많았다. 집착으로 힘들고 괴로워하면서도 집착을 하지 않는 것보다 집착을 느끼는 것에 익숙해진 누군가는 집착을 내려놓기를 원하지 않았다.

내가 원하는 것에 집착했던 것처럼, 내 주변에도 나에게 인정을 얻기 위해 집착하고 있는 누군가가 나에게 인정을 받기 위해 매달렸고, 그게 아무 의미가 없는 것이라 전해도 이미 강해진 누군가의 집착은 내가 집착의 뒷면에 대해 전할 때마다 그 모든 것을 받아들이고 싶어 하지 않았고, 자신이 집착하고 있는 것을 얻어내지 못할까 초조해하고 긴장하느라 자신의 느낌이나 감정을 느끼기보다 집착하고 있는 것을 더 키우는 생각으로 스스로를 향하게 했다.

점점 집착이라는 감정과 멀어지고 있던 내 안의 나는 초조함 대신 편안함을 느끼기 시작했고. 나는 이 느낌과 감정을 집착을 느끼는 누군가에게 전하고 싶었다. 집착과 멀어지면서 찾아온 것을 알게 된다면 스스로 집착을 놓고 진심으로 편안해질 수 있을 거라 생각하며, 집착을 마주할 수 있게 하려 애썼지만, 그때마다 나는 그들이 내는 집착에 다시 휘말려가고 있었다.

그들이 하고 있는 집착을 놓게 하기 위해 내가 많은 것을 하려고 할수록, 내 안의 나는 다시 그들에게 집착을 느끼기 시작했고 나는 놓지 못하는 그들을 느끼며 놓게 하는 것에 집착했고, 스스로에게 집착을 느낄 때보다 더 빠르게 내 안의 에너지는 바닥을 드러내려 하고 있었다. 누군가의 집착을 놓게 할 수 있다는 나의 집착이 다시 시작되어, 내 마음을 걷잡을 수 없게 괴롭게 했고 집착을 놓고 싶어 하지 않는 그들을 보며 나는 초조함을 느끼고 있었다.

'이 집착의 끝에는 무엇이 기다리고 있을까, 내가 바랐던 것이 하나라도 있긴 한 걸까' 나의 또 다른 집착이 시작되자 나는 어두컴컴한 집착의 터널 안에 갇혀버렸다. 나는 그 터널에 갇혀 있는 동안, 내가 집착하고 있는 것이 무엇인지를 느끼는 시간을 가졌고 그 집착을 느끼며 올라오는 의심도 함께 마주하기 시작했다.

'내가 그들과 정말 함께하고 싶은 걸까, 내가 그들에게 집착을 놓게 하는 것이 정말 그들을 위한 것일까' 그 의심을 통해 나에게는 집착을 할 만한 에너지가 없다는 것도, 무언가에 강하게 집착하면서 또다시 나의 에너지를 바닥나게 하고 싶지 않은 나를 느꼈고, 견딜 수 없는 한계까지 나를 몰고 가는 집착을 향해 달려가는 것을 나는 그만 멈추고 싶었다. 그리고 나는 한 걸음 한 걸음 다시 내가 하고 있던 집착에서 멀어졌고, 나에게 집착하는 그들과도 한 걸음 한 걸음 멀어지는 것을 선택했다.

그리고 내 안의 내가 전하는 느낌과 나의 감정이 전하는 것을 한 발 한 발 따라가면서, 내 안의 내가 진짜 바라는 곳을 향해 걸음을 옮겼다.

'어떻게 해야 하지'라는 생각이 머릿속에 떠오를 때마다, 나는 내 안의 느낌과 감정을 느끼는 것을 계속하며 아직 남아 있는 집착에서 느껴지는 초조함과 불안이라는 감정을 모두 마주하며, 내 안에서 느껴지는 또 다른 느낌을 따라갔다. 그 느낌이 나의 답인지 그때의 나는 알 수 없었지만, 집착을 느낄 때마다 그저 두 눈을 꼭 감은 채, 어디로 향하는지도 모르고 내달리기만 했던 나를 멈추게 할 거라는 것을 나는 알고 있었다.

그리고 나의 느낌과 감정은 집착을 느끼는 동안, 스스로에 대한 '화'로 엉망진창이 되어 있는 내 안의 나를 마주하게 했고, 내 안 어딘가 처박혀 있었던 수많은 감정을 마주하게 했다. 내 안에 날카롭게 얼어붙어 있는 감정도, 스스로가 낸 상처에 굳은살이 박여, 무뎌져 있는 감정도 모두 마주하며 나는 집착을 내려놓으면서 느껴지기 시작하는 초조함이라는 감정에 대해서도 마주할 수 있었다.

내가 제대로 보지도 않고 집착했던 것을 마주하기 시작하자,

그동안 내가 집착으로 겪었던 일과 누군가가 내 안을 스쳐 지나갔고, 나는 나의 집착이 나에게 했던 일을 정리하며, 앞으로의 나의 길을 집착으로 채우는 대신 즐거움으로 채우고 싶은 나를 느꼈다.

즐거움은 내 안에 집착이 다시 자라고 있는지 아닌지를 쉽게 느낄 수 있게 하는 감정이 되어, 즐겁지 않은 것이 느껴질 때마다 내 안에서 집착이 다시 자라나고 있음을 내가 발견할 수 있게 했고, 집착은 내가 감당할 수 없을 만큼 커지기 전에 해결할 수 있는 감정이 되어 내가 원하지 않거나 즐겁지 않은 길에 들어서려 할 때마다 나에게 그 길이 아니라는 신호를 보내주었다.

그리고 집착이 주고 있다 생각했던 누군가의 인정은 나에게 연기 같은 환상으로 느껴졌고, 손에 잡히지 않는 연기 같은 누군가의 인정 대신, 나의 느낌과 감정에 집중하며 나는 누군가가 나에게 보내는 인정과 집착이 가진 뒷면에 대해서도 마주하는 시간을 가졌다.

누군가가 나에게 준 인정이라는 환상은 나를 움직이게 했고, 나에게 집착을 했던 누군가는 그 환상을 나에게서 얻고 싶어 했다. 그리고 자신들이 만들어낸 나를 보며 환상대로 움직여주길 바랐고, 그 환상대로 움직여주지 않는 나는 받아들이려 하지 않았다.

실체가 없는 나를 만들어 나에게 집착했고, 나는 그 집착에 나를 맡겨보았다. 그리고 집착을 멀리하기 시작하면서부터 내가 그토록 얻어내고 싶었던 인정과 평판을 뒤로할수록, 내가 얻었던 것이 연기처럼 사라지기 시작했고, 자신들의 환상으로 만들어낸 나에게 주고 있던 인정과 평판이 통하지 않게 되자, 환상과 다른 나를 탓하면서 다시 집착을 느끼는 나로 돌아오길 바랐다.

누군가에게 얻는 인정과 좋은 평판은 받을수록 내 안의 나를 무뎌지게 했고, 무겁게 했다. 오히려 좋은 평판과 과한 인정을 얻을수록, 나는 그것을 주는 누군가와 상황에 얽매어 버렸고 그것을 등지려 할 때, 그것이 나를 향한 탓으로 변해가는 것 또한 모두 지켜보았다.

나는 내 안의 집착과 멀어지면서 나에게 누군가가 보내는 인정도, 나에게 인정을 바라는 누군가도, 최대한 나에게서 멀찌감치 떨어뜨렸고 그렇게 하는 만큼 내 안의 나는 솔직해졌다. 내 안의 내가 솔직해질수록 나는 누군가의 인정이 아닌 스스로를 인정할 수 있을 만한 선택을 하고 싶어 했고, 그 선택을 하고 결정을 하는 나를 스스로 응원했다.

누군가에게 집착하는 대신, 그가 진짜 선택하고 싶은 것이 무엇인지에 대해서 느끼며, 그가 스스로 선택하고 싶은 것을 위한 나의 느낌과 생각을 전했고, 나에게 집착하려는 누군가가 느껴질 때마다 그 집착을 즐겁거나 유쾌하게 느끼지 못하는 나의 느낌을 전하며, 나에 대한 환상 대신 진짜의 나를 내보였고, 그런 나와 함께하고 싶은 사람들과 함께하는 것을 선택했다.

누군가의 인정을 얻어내기 위해, 그리고 누군가의 선택을 바꾸기 위해 사용했던 나의 에너지와 시간은 나를 느끼고 다른 누군가를 진심으로 느끼는 것에만 사용하게 되었고, 더는 누군가를 어떻게 하려 하지 않아도, 진짜의 나를 원하는 사람들만 내 곁에 다가와 주었다.

그리고 나는 내 안의 나를 더 파고드는 것에 집중하기 시작하면서, 내 안에 있는 또 다른 집착을 마주하기 시작했다.

내가 느끼고 있는 느낌이나 감정 중 내가 바라는 느낌과 감정만을 느끼려 하는 나를 발견했고, 나는 그것에서 느껴지는 초조함을 마주하며 나의 모든 감정을 똑같이 느끼고 마주하고 싶어졌다.

내 안에서 느껴지는 느낌과 감정을 하나하나 제대로 느끼고 마주하면서, 나는 어떤 상황이나 누군가의 느낌과 감정을 들을 때도 나의 느낌과 감정을 느끼는 것처럼 할 수 있게 되었고, 모두가 어떤 감정을 느끼고 있더라도 진짜의 나를 느낄 수 있는 기회라고 자연스럽게 생각할 수 있게 됐다.

느낌과 감정에 대한 집착을 내려놓게 되면서 나는 주변의 상황이나 반응에도 휘둘리기보다 내 안의 내가 전해주는 느낌과 감정을 분명하게 해나갔고 그만큼 나의 중심도 단단해져 갔다. 나의 중심이 단단해질수록 초조함을 느끼는 자리에는 여유가 들어찼고, 그 여유는 내가 더 많은 감정을 느끼고 받아들일 수 있게 나를 도와주었다.

집착이라는 감정은 내가 진짜 바라는 것이 무엇인지, 나에게 중요한 것이 정말 무엇인지, 다시 한번 나에게 되짚고 가게 하는 중요한 감정이었다. 스스로 눈을 질끈 감고 어딘가를 향해 내달리는 동안, 나는 에너지가 바닥이 날 때까지 멈추지 못했고, 그 에너지가 내 안에 다시 채워지기도 전에 다시 한번 집착에 휘둘리고 있는 나에게 집착이라는 감정이 어떤 것인지 느낄 수 있게 했다.

나를 어디로든 달리게 했던 집착이 내 안에서 숨겨놓은 메시지를 느끼는 순간마다, 집착은 내 눈을 가리지 않고 내가 마주한 현실을 보게 했다.

그리고 '내가 진심으로 원하는 것이 무엇인지'를 느끼게 하는 즐거움이라는 감정이 집착 대신 그 바통을 이어받았다.

집착을 느끼고 있는 나에게는 하나의 선택밖에 보이지 않지만, 즐거움을 느끼고 있는 나에게는 내 안의 내가 보내는 수많은 선택들이 보인다.

짜증은

무언가에 대한 '탓'과 함께 시작되는 감정이다.

짜증은 느끼고 있는 그 순간부터 그 감정에 사로잡혀, 나 외에 다른 것이나 누군가를 느낀다거나 짜증을 느끼게 하는 상황이나 누군가를 다시 한번 살펴볼 시간을 나에게 주지 않는다. 짜증에 사로잡힌 순간부터 내 안에서는 그런 나를 알아주길 바라는 마음이 순식간에 커져 짜증을 느끼는 나 이외의 것은 보이지도 느껴지지도 않았다. 그리고 나에게 짜증을 느끼게 한 무언가를 탓하고 싶은 생각이 뒤따라 커지면 나는 그 짜증에 사로잡혀 짜증을 느끼고 있는 나를 느끼려 하기보다 나에게 짜증을 느끼게 한 무언가에 사로잡히고 만다. 짜증은 그동안 내가 느끼고 생각해왔던 나의 모든 생각과 감정을 일순간 마비시키고, 무언가를 탓하고자 하는 생각에만 사로잡히게 해, 나를 느낄 여유조차 느끼지 못하게 하는 감정이었다.

짜증이라는 감정 또한 다른 감정과 마찬가지로 나에게서 시작되는 감정이지만, 나는 나에게 짜증을 느끼게 하고 만들어 내는 것을 탓하며 짜증을 상황이나 누군가에게 떠넘기려 했었다. 짜증을 느끼고 있는 내가 아닌 상황의 탓, 시간의 탓, 누군가의 탓, 물건 탓, 날씨 탓 등을 찾아내, 작은 짜증들을 내 안에서 뭉쳐서 그 짜증이 자라나게 내버려 두었다.

짜증은 내 안에 무언가를 탓할 틈을 만들어 내고 그 틈에서 분노라는 싹을 틔워내, 그 싹이 내 안을 뒤덮을 만큼 커졌을 때, 분노가 가진 에너지가 내 안과 밖을 헤집어 놓거나 주체할 수 없을 때가 되면, 나는 내가 느끼는 짜증이 나에게서 시작되고 있다는 것을 받아들이는 대신, 나에게 짜증을 느끼게 하는 무언가의 탓을 받아들여 내 안을 시끄럽게 만들었다.

짜증은 그 감정을 받아줄 것 같은 누군가를 만나면 내 안에서 더 쉽게 튀어나오며, 더 멈추지 못하게 그동안 내 안에 쌓여 있던 감정을 쏟아내게 하는 감정이었다. 내 안의 짜증이 누군가가 가지고 있는 짜증과 부딪히게 되면, 그 짜증은 몇 배로 부풀고 순식간에 분노기 되어 나의 현실과 누군가의 현실을 헤집어 놓았다. 그 순간이 지나고 나면, 찾아오는 죄책감과 자책이 내 안을 뒤덮게 된다는 걸 알면서도 이미 내가 주체할 수 없을 만큼 내 안에서 자유롭게 활개 치는 짜증에 나는 져버리고 말았다.

짜증을 느끼고 있는 것은 '나'라고 보는 것보다 누군가와 상황을 탓하는 것을 더 편하게 느끼고 있는 내 안의 나는 이미 짜증에 마비되어 있었다. 그때부터 나는 내가 짜증을 내거나 느끼고 있다는 것조차 모를 만큼, 짜증에 마비되어 무언가를 탓하고 있는 나에게도 점점 더 관대해지고 있었다. 나를 느끼고 있다 생각하면서도 내 안의 나의 시선은 내가 탓할 것들을 향해 있었고, 무언가를 탓할 때마다 솟구치는 짜증과 분노를 크게 키워나갔다.

짜증은 그 감정을 느끼고 있는 나의 마음보다 짜증을 느끼게 하는 것을 돋보기로 보는 것처럼 크게 보이고 느끼게 했고, 무언가를 받아들일 수 있는 내 안의 문도 점점 작아지게 했다. 그 문이 작아지면서 내 안의 마음의 크기와 깊이도 작고 얕아지자 내가 마주하고 있는 현실에서 내가 받아들이고 싶은 것도 받아들일 수 있는 것도 줄어들기 시작했고, 나는 점점 아무것도 받아들이고 싶지 않은 사람이 되어 점점 작아지고 있는 내 마음 안에 스스로를 가둬버렸다.

그렇게 작아진 내 안에서 활개 치고 있는 짜증을 느낄 때마다 나는 뒤틀리고 꼬이는 느낌을 자주 느꼈다. 그 느낌에서 벗어나려 더 무언가를 탓하며 그 느낌을 떠넘기고 싶어 하는 나를 느낄 때마다 짜증은 더 활개를 쳤고, 내 안이 내가 머물 공간도 없을 만큼 작아지면서 그동안 쌓여 있던 짜증을 밖으로 쏟아내 버렸다. 짜증을 느끼고 있는 것이 나라고 생각이 드는 순간, 내가 무언가에 보낸 탓이 내 안에 아픈 화살로 돌아오는 것이 두려워 나는 내 안에서 느껴지고 밖으로 튀어나오는 짜증을 어떻게 할 수 없는 순간을 마주할 때마다 탓할 무언가를 찾고는 했다.

그리고 짜증을 느끼고 있는 나를 누군가가 대신 알아줘야 한다고 생각하면서도 그게 이상하다는 생각을 쉽게 할 수 없었다. 아주 어릴 때부터 누군가가 나에게 떠미는 짜증과 탓에 마비되어 있던 나는 짜증이라는 감정은 항상 누군가와 상황이 그 감정을 느끼게 하는 것으로 생각했다.

누군가가 나에게 떠민 짜증에 익숙해져 있었고, 누군가가 하는 탓을 어릴 때부터 보고 자란 나는 새삼 짜증이라는 감정을 새롭게 생각해보거나 느껴볼 생각을 하지 못했다. 나를 둘러싼 가족, 학교, 친구를 비롯해 그 누구도 무언가를 탓하지 않는 사람이 없었고, 함께 무언가를 탓하는 것에 익숙해져, 그 무엇도 탓하지 않고 짜증을 통해 스스로를 마주할 수 있다는 것도 몰랐다. 무언가를 탓하는 것을 아무렇지 않게 할수록 나는 내가 무언가를 탓하고 있다는 것을 느끼지 못했지만, 다른 누군가가 무언가를 탓하거나 나에게 그 탓을 떠넘기려 하는 순간만큼은 그 탓이 잘 느껴졌고 나는 나에게 탓을 떠넘기는 누군가를 다시 탓했다.

서로를 탓하고 있는 순간에는 누군가의 느낌이나 감정도 느껴지지 않고, 전하려는 것도 귀에 들리지 않았다. 서로에게 그 느낌과 탓을 떠넘기는 것에만 집중하게 했던 짜증은 서로가 원하는 것이 무엇인지 느끼지 못하게 방해하는 감정이었다.

어느 순간부터 나는 짜증을 밖으로 내지 않고서는 내가 원하는 것을 표현하는 것을 어려워했고, 나는 내가 느끼고 있는 짜증에 더 많이 휘둘리게 됐다. 내가 원하는 대로 되어 가지 않는 순간마다 아주 작은 짜증과 무언가를 향한 탓이 뒤섞이고 뭉쳐 감출 수 없을 만큼 커졌을 때 밖으로 튀어나왔고, 그럴 때마다 나는 내가 무엇을 원하는지를 잊어버리고 짜증에 사로잡힌 나와 상황을 흔들어대기 시작했다.

상황이나 누군가에 대한 탓을 밖으로 꺼낼 수 없을 때도, 내 안의 짜증과 무언가를 향한 탓은 내 안에 퍼져나가 더 깊게 자리 잡았고 그렇게 퍼져 나간 짜증은 내가 현실에서 해내고 싶은 것 대신 나에게 짜증을 느끼게 하고 있다고 생각하는 무언가에 집중하게 했다.

그럴 때마다 나는 내가 원하는 대로 되지 않는 순간을 마주하게 됐고, 그 순간 나의 짜증은 밖으로 튀어나와 폭발해버렸고 짜증이 지나간 뒤, 나의 현실은 점점 나빠지고 있었다.

그때부터 나는 더 나빠지려야 나빠질 수 없을 만큼의 현실을 만들지 않기 위해, 짜증을 내 안 깊은 곳에 누르고 숨기려 했다. 무언가를 탓하지 않는 것보다 그편이 더 쉽다고 생각한 나는, 내가 숨겨둔 짜증의 에너지가 나도 모르게 밖으로 튀어나왔을 때, 그 감정을 짜증이 아니라 말하며, 짜증을 느끼고 있는 스스로를 숨기려 애썼고, 짜증이라는 감정을 안에서 느끼면서도 그것을 짜증이라 받아들이거나 인정하지 않았다. 짜증을 낸 것이 아니라고 둘러대고 변명하는 나를 느끼고 있었지만, 그것을 받아들이는 순간 나의 탓을 해야만 하는 것도 그 탓이 나에게 돌아오게 하는 것도 나는 싫었다.

그렇게 내 안에 가둬두려 애썼던 짜증은 내가 바라는 현실을 하나하나 무너뜨려 가고 있었다. 그리고 나는 그때를 마주하면서 내가 무언가에게 하고 있는 수많은 탓이 만들고 있는 나의 현실과 내 안의 나를 마주할 수 있었다.

이미 짜증은 내 안의 나를 마비시키고 있었다. 즐거움을 느끼는 대신 짜증을, 행복을 느끼는 대신 짜증을 느꼈고 짜증을 느끼고 있는 나에게는 누군가가 웃고 있는 모습도 짜증을 느끼게 하는 무언가가 되어 있었다. 짜증이 마비시킨 내 안에서 내가 느낄 수 있는 감정은 자책, 괴로움, 무기력, 분노가 전부였다. 짜증을 느낄 때마다 그 감정들이 짜증과 함께 차례차례 나를 휘젓고 갔고, 나는 그게 괴로워 다시 상황과 누군가의 탓을 하며 차라리 짜증을 느끼는 것을 선택하고 있었다.

나는 짜증이 나의 현실을 무너뜨리고, 내가 그동안 누군가와 상황에 떠넘겼던 탓이 모두 나에게 돌아오는 것을 느끼기 시작하면서, 짜증에 마비되어 있는 내 안을 마주하기 시작했다.

짜증에 마비되어 있는 시간 동안, 나는 솔직함이라는 감정을 잃어버렸다. 짜증이 섞인 나의 솔직함은 솔직함을 가장한 분노였고, 자책이었다. 내가 솔직함이라 생각했던 분노와 자책은 날카로울 대로 날카로워져 나를 찌르고 누군가를 찌를 듯이, 나의 감정을 전하거나 내보이고 있었다. 그리고 나는 그런 나의 감정들이 밖으로 튀어나올 때마다, 나의 것인 그 감정들을 쉽게 멈추지도 못했다.

나는 거기서부터 나를 마주하기 시작했다. 어떤 감정도 나의 느낌이나 생각을 듣고 멈추지 않는 것을 느끼면서, 그런 스스로를 솔직하게 마주했다. 무언가를 탓하고 있는 나도 짜증을 느끼고 있는 나도 마주하며 그동안 보고 싶지 않았던 나의 모습을 느끼며 나는 그 모든 감정이 시작되는 나에게 집중하기 시작했다.

나의 현실을 무너뜨리고 있는 짜증이 울려준 경고가 내가 보고 싶지 않았던 나의 모습에서 눈을 떼지 못하게 했고, 나는 내가 느끼는 짜증이 나에게서부터 시작된다는 것을 받아들이기 위해 내가 느끼는 짜증 하나하나의 이유를 내 안에서 찾으며, 무언가를 탓할 때마다 느껴지는 뒤틀리고 꼬이는 느낌을 통해 누군가의 탓이 다시 시작되고 있음을 느끼고 다시 내 안으로 시선을 돌리는 것을 계속했다.

짜증이 나를 향해 오는 탓을 지켜주는 감정이라 생각했던 나도, 내가 해내지 못한 일의 핑계를 무언가의 탓으로 돌리던 나도 마주하면서 내 안은 더 시끄러워지고 내 안을 활개 치며 뛰어다니는 짜증이 더 커질 때도 있었지만, 그 순간이 지나고 나면 내 안은 고요해져 갔다.

무언가에 대한 탓을 다시 시작하려 할 때마다, 나는 그런 나를 전보다 쉽게 느끼고 있었고 그럴 때마다 나는 내 안에서 느껴지는 느낌과 감정에 집중하고 그 이유를 나에게서 찾는 시간을 계속 가졌다.

좋지 않은 날씨 탓, 눈앞에 보이는 물건에 대한 탓, 나를 둘러싼 환경에 대한 탓, 그리고 누군가의 탓이 한꺼번에 느껴지는 순간에는 내가 탓을 하고 있다는 것을 받아들이는 것부터가 내가 넘어야 할 첫 번째 과정이라는 것을 알게 된 순간부터 그때가 찾아올 때마다 나에게 묻기 시작했다.

'내가 해내고 싶은 것을 포기하는가,
무언가를 향한 탓을 멈추는가'

이 두 갈래의 질문에서 나는 무언가를 향한 탓을 멈추는 것을 선택하며 힘겹게 첫 번째 문을 넘어갔고, 그 뒤에 시작되는 아직 탓을 멈추지 못하는 나를 향한 자책을 넘어가야 했다. 자책이 시작되고 나에 대한 탓이 시작될 때마다 내 안에 화살이 꽂히는 것처럼 아프게 느껴지는 순간도 있었지만, 어느 순간부터 자책을 하는 대신 그 무엇도 탓하고 싶어 하지 않는 내 안의 나를 느끼게 되면서, 그런 나를 스스로 안아줄 수 있을 만큼 내 안의 내가 넓어지고 있다는 것도 알게 되었다.

나는 내 안에서 느껴지는 짜증을 없애려 하기보다 짜증이 느껴질 때마다 내 안을 느낄 수 있는 기회로 사용하기 시작했다. 내가 느끼는 짜증에는 내 안의 나를 넓어지게 할 수 있는 다른 감정이 숨겨져 있다는 것을 알게 됐고, 그때부터 짜증이 느껴질 때마다 누군가를 탓하는 대신, 나 스스로에게 짜증을 느끼는 이유를 편안하게 물었고, 짜증에 숨겨져 있던 내가 풀어내야 하는 나의 또 다른 감정인 자존심을 마주할 수 있는 기회를 얻었다.

나의 짜증이 나의 자존심과 만났을 때, 시작되는 탓을 느끼거나 나의 짜증이 나의 불안과 만나 시작되는 탓을 느끼기 시작하면서, 나는 내가 무언가를 책임을 지는 것을 두려워하고 있다는 것도 알게 되었다. 무언가를 탓을 하는 것도 내가 책임지기 두려워하는 것에서 조금이라도 벗어나고 싶어 하는 선택이었다는 것을 느끼면서 나는 내가 생각하고 느끼는 책임이 나를 향한 탓과 닮아 있다는 것을 느꼈고, 책임과 탓은 같은 것이 아니라는 것도 나를 탓하지 않아서 더 많은 것을 책임질 수 있다는 것도 알아갔다.

나는 나를 탓하는 대신, 내가 책임지고 싶은 것에 대해 느끼는 시간을 보내며, 내가 책임지고 싶고 책임질 수 있는 것이 많아질수록 내가 원하는 나와 가까워진다는 것을 알게 되었다. 그와 동시에 무언가를 향한 탓 대신 내 안의 나에게 '그때 내가 할 수 있는 것은 무엇이었는지'를 묻게 했고, 나는 그 질문에 대한 답을 스스로에게 얻기 시작하면서 전처럼 짜증에 사로잡히는 대신, 그 감정을 통해 느껴지는 것을 스스로 책임지고 싶다고 느끼게 하는 감정으로 변해 있었다.

내 입에 자연스럽게 붙어 있던 탓은 내가 하는 생각과 말을 스스로 관찰하면서 변해갔지만, 누군가가 나에게 보내는 탓과 짜증은 많은 연습이 필요했다. 누군가가 나에게 보내는 탓과 짜증이 느껴질 때마다 나는 그 에너지에 휩쓸리지 않기 위해 오히려, 그 짜증과 탓을 더 자세하게 느끼고 듣는 연습을 했다.

그리고 자신의 짜증을 마주하고 싶은 누군가에게는 짜증과 탓을 하나하나 되짚어서 스스로가 느끼고 있는 짜증을 마주하고 풀어낼 수 있는 기회를 느끼게 하고 싶었다. 그리고 짜증을 마주하고 싶어 하지 않는 누군가에게는 짜증과 탓은 내가 받아들여 줘야 하는 감정이 아님을 분명하게 전했다.

또 다른 감정인 솔직함과 만난 짜증은 더 많은 순간들을 나의 책임으로 보게 했고, 내가 마주하고 싶지 않아 했던 다른 감정들 또한 나에게서 시작되는 감정이라는 것을 느끼게 하며, 다시 누군가를 향한 탓과 짜증을 떠넘기며 나의 다른 감정으로 숨어드는 악순환을 계속하지 않고 나를 잃어버리지 않도록 하는 감정이 되어주었다.

내가 숨기고 싶은 느낌이나 감정을 누군가에게 내보였을 때 느껴지던 수치심과 괴로움이라는 감정도 짜증이 내 안에서 다른 감정이 되어가기 시작하면서 솔직하게 모습을 드러내 주었다. 수많은 감정 사이를 방황하던 나에게 짜증은 모든 감정을 연결해주는 다리가 되어주었고, 모든 감정이 시작되는 곳을 더 쉽게 찾을 수 있도록 도와주었다.

끊임없이 계속되는 깊은 자책에서 벗어나고, 솔직함이라는 감정이 더 풀어지기 시작하면서 나는 내가 어떻게 살아가고 싶은 사람인지를 더 분명하게 느끼기 시작했고, 내 안에서 느껴지는 짜증을 없애거나 멈추려 하기보다 내가 느끼는 모든 느낌의 시작의 문이 되어 주는 짜증을 점점 더 중요한 감정으로 느끼고 다루기 시작했다.

짜증은 누군가를 위해서가 아닌, 오직 나를 위해서 멈추고 싶어졌을 때 나를 도와주는 감정이 되어주었다.

내가 했던 탓들은, 짜증 외에도 다른 나의 감정을 누군가에게 떠넘기고 그 감정에 대한 책임까지 떠넘기게 했지만 스스로 무언가를 선택하고 바꿀 수 있는 권리까지 사라지게 한다는 것을 나에게 느끼게 했다. 탓을 할수록 내가 선택할 수 있는 것들은 줄어들고 내가 원하는 나의 현실이 나에게서 점점 멀어지게 된다는 것을 느끼게 한 짜증은 누군가가 나의 마음을 알아주었으면 하는 마음에서 시작됐다. 그렇게 시작된 짜증은 누군가에게 떠넘겨지면서 내가 나의 중요한 것을 선택할 수 있는 기회도 누군가에게 넘어가게 한다는 것을 나에게 알게 하면서, 내가 무엇을 책임지고 싶은지, 어떤 것을 선택하고 싶은지를 내 안의 나에게 물어볼 수 있는 기회를 끊임없이 주는 감정이다. 무엇을 책임지고 선택하고 싶은지에 대한 기회가 나에게 있다는 것을 안 후부터, 나는 무언가를 탓하는 대신 내가 선택하고 싶은 것을 더 많이 선택해 나갈 수 있는 기회를 붙잡기 위해 나의 짜증이 주는 신호를 놓치지 않았다. 끊임없이 해왔던 탓이 내 안에서 멈추자 나에게도 평화가 찾아오기 시작했고, 제자리만 맴돌던 나의 현실도 점점 변해가기 시작했다. 그리고 내가 나의 느낌과 감정을 마주할수록, 누군가의 느낌과 감정도 그대로 나에게 전해지고 있었다.

스스로에게서 그 이유를 찾는 것보다 누군가를 탓하는 게 더 편하다고 생각하는 누군가는 자신의 짜증이나 탓을 받아줄 사람이 필요해 나를 찾았고, 스스로 그 감정을 마주하고 풀어내고 싶어 하지 않았고, 나는 누군가의 그 느낌과 감정을 모두 받아들이며 느꼈다. 그 시간이 지나고 나면 짜증을 마주하고 싶은 누군가와 짜증을 나에게 띠넘기려 하는 누군가에게 필요한 나의 느낌을 전하고 현실과 주변을 정리해나갔다.

모든 감정이 그러하듯, 모두의 감정이 나와 같을 수 없다는 것을 받아들이기 시작하면서, 나는 내가 느끼는 감정을 누군가의 감정과 비슷하다 생각하지 않았고, 나의 감정을 더 분명하게 느껴갈수록 누군가가 전해오는 감정에 쉽게 휩쓸리거나 흔들리지 않았다.

그렇게 정리한 감정들은, 내가 무엇을 선택해야 하는 순간마다 감정에 휩쓸려 원하지 않는 선택을 하지 않을 수 있게 도와주었고 내 주변의 사람들도 두 갈래의 길로 나누어지기 시작했다. 누군가를 탓하는 것을 그만하고 싶은 누군가와 탓을 계속하고 싶은 누군가는 서로 다른 방향으로 가는 것을 선택하며, 스스로 살고 싶은 모습을 선택했다.

깊은 자책을 하는 순간을 넘어서 스스로의 인생을 선택하고 책임지며 살고 싶은 누군가는 나와 같은 길을 선택해 내 곁에 남아 힘이 되어주었다.

짜증은 언제나 나에게 무언가를 선택할 기회를 준다.

누군가에게 나의 선택을 떠넘길 기회와

스스로 선택을 할 수 있는 기회를.

편안하다는

나를 그 자리에만 머무를 수 없게 하는 감정이다.

내 안에서 나를 불편하게 하는 감정을 마주하고 난 뒤, 언제나 나에게 찾아왔던 편안함은 내가 다른 감정을 또 마주하기 전에 떠나갔다. 내가 나의 감정을 마주하고 있을 때는 그 감정도 그 감정을 느끼려는 나도 방해하지 않기 위해 떠나가지만, 그 과정이 끝날 때마다 편안함은 어김없이 찾아와 내 안을 느슨하게 해주었고, 편안함을 붙잡으려 하는 나의 마음에는 잡혀주지 않았다. 편안함이 찾아올 때마다 나는 몇 번이고 내 안에 잡아두려 했지만, 그럴 때마다 편안함은 연기처럼 내 안에서 서서히 사라져 가는 감정이었다.

내 안에서 여러 가지의 감정이 섞여 동시에 올라오고 있을 때마다 나는 편안함이라는 감정이 절실했다. 하지만 편안함은 그 모든 감정을 내가 천천히 느끼고 마주한 뒤에 찾아올 것을 기약하며, 내 안에서 사라졌다. 나의 모든 감정이 내 안에서 멈추지 않고 흐르고 있는 것처럼, 편안함도 그 흐름을 따라서 움직이는 감정이었다. 편안함은 내가 가장 붙들고 싶어 하는 감정이 되어가면서, 나에게서는 더 멀어져 갔다.

나는 편안함이 내 안에 잠시 머물렀을 때의 느낌을 좋아했다. 그래서 나는 일부러 내 안에서 편안함을 닮은 안일함을 통해서라도 편안함을 느끼고 싶었다.

내 안에서 느껴지는 감정이 거슬리거나 불편하게 느껴질 때마다, 나는 안일함을 선택하며 나의 감정을 마주하지 않았고, 그렇게 내 안에 수많은 감정들이 쌓여가며 나는 나에게 찾아오는 편안함을 더는 느낄 수가 없게 됐다.

편안함과 닮은 안일함은 나를 움직이지 않게 하며 아무것도 하지 않아도 괜찮다고 느끼게 하는 감정이었다. 한동안 나에게 아무것도 하지 않아도 된다고 전해주는 안일함과 함께하면서 나는 내 안에서 느껴지는 감정을 홀대하기 시작했다. 굳이 지금 마주하지 않아도 된다고 생각하며, 나는 내 안에서 느껴지는 느낌과 감정을 마주하는 것을 뒤로 미루다 그 작은 감정이 내 안에 제법 쌓여가고 있다는 것을 느낄 때는 내 안은 벌써 위태로워지고 있었다.

어떤 감정이 내 안을 휩쓸고 지나가면, 또 다른 감정이 그 바통을 이어받아 내 안을 뒤흔들었다. 안일함을 붙잡고 있던 나는 나의 감정을 마주하는 느낌과 마주해나가는 과정을 잊고 있었다. 한동안 내 안을 뒤흔드는 감정에 맥없이 휘둘리며, 떠밀려 다녔다. 그리고 누군가의 감정에도 쉽게 휘말리기 시작하면서, 내 안은 그동안 쌓인 감정이 섞여 폭발하듯 밖으로 쏟아져 나왔다.

내 눈에 보이는 것이 모두 거슬리고, 내가 하고 싶은 일에 흥미를 잃기 시작했고, 그렇게 선명했던 나의 느낌은 모두 희뿌옇게 변해버려 나는 무엇을 느끼고 생각해야 하는지도 감을 잡지 못했다. 감정을 마주하는 것에 익숙해졌던 나는 온데간데없고, 수많은 머릿속의 생각에 사로잡히고, 누군가의 말과 에너지에 사로잡혔다. 이 정도 했으면, 잠깐 아무것도 느끼지 않으려 해도 괜찮을 거라 생각하며 안일함을 선택한 나는 내가 마주했던 느낌과 감정을 느끼는 것에도 둔해졌다. 많은 생각과 감정이 섞일수록 나는 혼란스러워졌고, 내가 무엇을 느끼고 있는지를 분명하게 느끼는 것을 많은 생각들이 방해하는 것을 느끼면서도 어디서부터 다시 마주해야 하는지를 몰라, 마음의 방황은 커져만 갔다.

나는 다시 생각이 많아졌고, 내 안은 다시 다른 감정들이 모두 뒤엉켜 복잡하고 시끄러워졌다. 그런 순간에도 편안함을 닮은 안일함은 나에게 그 자리에 머물러 있어도 괜찮다고 전하고 있었고, 내가 안일함이 전하는 대로 할 때마다, 나의 현실도 편안함과는 거리가 더 멀어지고 있었다.

안일함이 전해주는 방법들은 내 머릿속을 더 복잡하게 했다. 모든 감정이 엉망으로 뒤엉켜 나뒹굴고 있는 내 안을 느끼고 있는 나에게 잘하고 있다는 신호를 보내주었지만, 나는 그 신호를 느낄 때마다 더 거세게 올라오는 다른 감정을 느끼기 시작했고, 그 감정들이 보내주는 신호가 안일함이 보내주는 신호보다 크게 느껴졌을 때, 나는 다시 감정을 마주하기 시작했다.

하지만, 안일함이 주는 한가한 느낌에 젖어 있던 나는 전저럼 세대로 감정을 마주하려 하지 않았고, 내 안에서 느껴지는 느낌 중 마주하기 쉽다고 느껴지는 것을 골라, 마주하고 있다고 내 안의 나의 감정들에게 전했지만 마주하며 잠잠해지는 듯했던 감정들은 얼마 가지 않아 더 큰 에너지로 나를 사로잡으려 했다. 그리고 내 머릿속은 내가 진짜 하고 싶은 것을 생각하게 하는 대신, 누군가에게 보여주기 그럴듯한 허황된 생각을 만들어 내며 그 생각에 온통 정신을 팔리게 했다.

허황된 것을 바라는 생각에서 깨어나 나의 현실을 마주할 때면 나는 나의 생각과 다른 나의 현실이 싫어 또 다른 허황된 것을 만들어내고 그 생각 안에 머무르며, 그 생각을 현실에서 해내기 위해 그 무엇도 하지 않았다. 내 머릿속과 내 안은 더 희뿌옇게 변해갔고, 나는 몽롱하고 기분 좋은 생각에서 나오고 싶지 않아 그 생각에 더 깊게 빠질 수 있는 방법을 만들어 내고 있었다. 나의 진짜 현실에서는 아무것도 느끼거나 생각하고 싶지 않아, 나는 잠에 빠져들기 시작했고 그럴수록 내 안의 나도 나를 움직이게 할 만한 느낌을 더는 전해주지 않았다. 그렇게 나의 현실에서 벗어나고 싶었던 나에게, 안일함은 좋은 친구인 듯 내 안에 머물렀다.

그리고 나의 현실이 벼랑 끝에 다다르게 되었을 때, 허황된 생각이 만들어 낸 꿈에서 깨어날 수 있었다. 내가 편안함을 닮은 안일함을 선택하고 있는 동안, 나는 아무것도 해낼 수 없었고, 그 어떤 감정도 마주할 수 없었다.

그사이, 더 내 안으로 깊게 숨어버린 감정들을 다시 느끼기 위해서는 그전에 해왔던 것을 모두 지워야 했다. 내가 그동안 해왔던 대로 마주하려 하면 다시 내 안의 감정은 숨어들어 내 안과 현실을 흔들었다. 나는 내 머릿속의 허황된 생각부터 지워나가며, 나의 현실을 위해 지금 해야 할 것이 무엇인지를 느끼기 시작했고, 그때마다 내 안에서 올라오는 감정을 닥치는 대로 다시 마주하기 시작했다.

분명히 다 정리되었다고 생각했던 감정도 다시 마주하자, 그때와는 또 다른 것을 나에게 마주하게 했다. 내가 그 자리에 머물러 있는 동안, 나의 감정은 계속 내 안에서 흐르고 있었고, 이전보다 더 많은 것을 느끼고 받아들이길 원하고 있었다.

누군가를 만나고 나면, 그전에는 느끼지 못한 느낌들이 쏟아져 들어왔고 나는 그 느낌을 붙잡고 내 안에서 올라오는 감정을 마주하며 안일함과 무기력이 내미는 손을 밀어냈다. 다시 안일함과 무기력에 사로잡히면, 그 늪에서 빠져나올 자신이 없었고 서서히 안개가 걷히고 선명해져 가고 있는 나의 느낌과 감정을 마주하는 것을 다시는 놓고 싶지 않았다.

그전보다 힘들고 괴로운 과정이 이어졌지만, 나는 안일함이 만들어 내는 허황된 환상에 사로잡히기보다 지금의 내 안에 있는 감정과 현실을 마주하는 것을 선택했다. 나의 현실은 다시 앞으로 나아가며 변해가기 시작했고, 나의 시간은 내가 했던 허황된 생각이 아닌 내가 진짜 바라고 해내고 싶은 것을 생각하는 순간으로 가득 차고 있었다.

눈앞의 현실을 피하고 싶을 때마다, 나는 내 안의 느낌과 감정에 더 집중했고 내 안에서 전해오는 신호를 더 받아들이는 것을 선택했다. 그리고, 편안함을 닮은 안일함 대신, 나에게 다시 찾아올 편안함을 기다리며 내가 해내고 싶은 것을 위해 나를 느끼고 움직여 나갔다.

나의 여러 감정이 내 안에서 다시 안정이 되어 가고 있는 것이 느껴지면서 내가 그 감정을 느꼈던 이유에 대해서도 알아가기 시작했고, 그 이유를 알고 난 뒤 찾아오는 고요함을 느꼈다. 그리고 내 안의 느낌과 감정을 느끼고 마주하며, 길고 깊은 호흡을 내쉴 때도 느껴지는 고요함이 내 안에 머무는 시간이 점점 늘어나는 것을 느끼면서 나는 그 느낌이 무엇인지 알고 싶어졌다. 내가 느꼈던 편안함과 닮아 있었지만, 그때의 느낌보다 훨씬 가볍고 깊은 고요함은 내가 다른 감정을 마주할 때 떠나버렸던 편안함과 다르게 언제나 내 안에 함께해주고 있었다.

고요함이 함께하기 시작하면서, 나는 나의 감정을 마주하는 것을 혼자 있는 시간 이외에도 할 수 있게 되었다. 누군가를 마주하고 있을 때도 내 안의 고요함은 그 사람에게서 전해지는 느낌과 에너지를 그대로 내 안의 나에게 전해지게 도왔다.

그리고 나는 고요함이 나의 깊은 호흡과 함께하는 감정이라는 것을 알게 되었고, 그 감정이 내 안에 머무는 것을 당연하게 느낄 정도로 익숙해질 때쯤, 그 감정이 내가 느끼고 싶었던 편안함이었다는 것을 알 수 있었다.

그 순간부터 나는 편안함을 내 안에 머물게 할 수 있는 방법이 무엇이었는지를 알게 되었고, 나는 편안함을 붙잡으려 하는 대신, 더 길고 깊은 호흡을 하는 것을 선택했다. 그리고 에너지가 강한 집착이나 두려움, 불안, 괴로움과 같은 감정을 느낄 때마다, 길고 깊은 호흡을 하며 내 안에 머무는 고요함이 그 감정을 더 편안하게 마주할 수 있도록 도와주는 것을 느꼈다.

내 안의 내가 누군가의 느낌과 감정에 휩쓸리려 하면, 나는 길고 깊은 호흡을 하며 누군가의 느낌과 감정이 아닌 내 안의 내가 전해주는 느낌과 감정을 먼저 느꼈고, 누군가의 느낌과 감정에 휩쓸리지 않고 그대로 마주하며 지켜볼 수 있게 되었다.

전에 느꼈던 편안함은 내 안에서 떠나갈까 두려워 다시 붙들고 싶게 하는 감정이었지만, 내가 다시 느낀 편안함은 길고 깊은 호흡을 통해 내 안에 계속 머물고 있음을 알려주는 감정이 되었다. 그리고, 어떤 감정을 마주하더라도 더는 숨을 쉬는 것이 답답하다고 느끼지 않게 되면서 나는 나의 감정을 더 깊게 느끼는 것을 할 수 있게 되었다.

내 안에 고요하게 머물고 있는 편안함이 느껴질 때마다, 나는 그 자리에 머무는 것이 아닌 나아가는 것을 선택했고, 더 많은 것을 느끼고 해내는 것을 두려워하는 대신, 즐기고 있는 나를 함께 느꼈다. 편안함은 내가 한 자리에 오래 머물지 않기를 바라는 감정이었다. 편안함이라는 감정을 통해 더 많은 것을 현실에서 느끼고 얻어내길 원했고, 내 안의 감정을 내가 하나하나 모두 진지하게 마주하길 원하는 감정이었다.

그렇게 편안함이 내 안에 머물게 되면서, 나의 감정을 느끼고 편안하게 그대로 전하는 것을 보면서 누군가는 내가 느끼고 있는 편안함을 느끼고 싶어 했다. 스스로에게 느껴지는 감정을 마주하는 것도, 마주하고 풀어내는 것도 모두 편안하게 하고 싶어 했지만, 대부분은 편안함을 닮은 안일함이 내민 손을 잡았다. 그 감정이 편안함이라고 생각하는 누군가는 점점 현실이 아닌 허황한 것을 말하거나 전하기 시작했고, 감정을 마주하고 뒤이어 찾아오는 편안함을 붙들고 집착하기도 했다.

그들의 마음에는 내가 전하는 길고 깊은 호흡이 주는 고요함이 온전히 전해지지 않았고, 자신의 감정을 마주하고 씨름하는 것에 지친 누군가는 안일함을 선택하고, 그것이 자신의 편안함이라 전해왔다. 그리고 자신이 해내고 싶은 것을 전하면서도, 그것을 해낼 수 있는 것을 하지 않고 그 자리에 머물러 있고 싶어 했다. 그리고 나는 그 에너지에 다시 휩쓸리지 않기 위해, 길고 깊은 호흡을 하며 모두의 안에 자리하는 안일함이 만들어 내는 상황을 지켜봤고, 점점 커져 가는 허황된 생각을 지켜봤다.

안일함과 허황된 생각에서 벗어나려 하는 누군가는 얼마 지나지 않아 그것에서 벗어나 길고 깊은 호흡을 하며 스스로의 감정을 마주하며, 자신의 현실과 정말 해내고 싶은 것을 위해 움직이기 시작했다. 허황된 생각과 안일함이 내민 손을 놓지 못한 누군가는 허황된 생각과 안일함에서 나온 계획을 자신과 함께해주길 기대했고, 나의 느낌과 감정을 전할 때마다 더 큰 허황된 생각으로 나를 덮으려 했다. 그 생각을 들을 때마다 내 안의 나는 불협화음을 느끼기 시작했고, 나는 내 안에서 느껴지는 그 느낌을 통해 내가 누구와 함께하고 싶은지를 느꼈다.

고요한 내 안에 울려 대는 불협화음은 내가 함께하고 싶지 않은 누군가와 함께하고 싶은 누군가를 구분하고 선택할 수 있게 하는 신호가 되어주었고, 그 신호를 소중히 했다. 나는 안일함이 주는 환상 대신 내가 진짜 해내고 싶고, 함께 해나가고 싶은 누군가를 선택하면서 점점 더 고요해져 가는 내 안을 느끼고 있었다.

내가 편안함을 닮은 안일함을 선택하고 있을 때는, 편안함은 내 안에 찾아오지도 머물지도 않았다. 내가 편안함을 내 안에 머물게 할 수 있는 내가 되기까지, 나는 많은 감정을 마주해야 했고 그 과정을 통해, 나는 고요한 편안함이 내 안에 자리 잡을 수 있는 방법을 알 수 있었다.

편안함이 고요하게 내 안에 머물기 시작한 순간부터, 나는 편안함이라는 감정을 붙드는 대신, 편안함이 머무를 수 있는 자리를 마련하기 위해 길고 깊은 호흡을 모든 순간에 잊지 않고 계속해나가는 것을 계속했다. 길고 깊은 호흡에 익숙해졌을 때, 나는 더 많은 순간에 나의 느낌과 감정을 더 마주할 수 있었고 어떤 감정을 느끼더라도 크게 흔들리지 않는 나를 느끼며 다음을 향해 나아갔다.

안일함은 나에게 환상 같은 편안함을 안겨주며 내가 그 자리에 계속 머물러 있길 바랐지만, 나의 감정과 현실은 환상에 머물러 있지 못했다. 언제나 멈추지 않고 있는 나의 감정과 현실이 나를 환상에서 깨어나게 했고, 다시 편안함을 만나게 해주었고, 내 안에 머무를 수 있게 했다.

지금 내 안에 머물고 싶어 하는 고요한 편안함은, 점점 더 나의 많은 감정과 느낌을 마주하게 하면서 내가 마주하는 수많은 상황과 누군가를 편안하게 느끼게 도와주고 있다.

편안함은 나에게 현실을 살게 한다.

그리고, 그 현실에서만 나와 함께한다.

행복은

내가 나를 선택할 수 있는 기회를 주는 감정이다.

행복이라는 감정은 나라는 사람이 어떤 사람인지, 무엇을 원하는 사람인지를 내 안의 내가 계속 느끼게 하며, 그 느낌 그대로 선택할 기회를 주고 그 선택이 가져오는 과정이나 결과까지 스스로 책임지고 싶게 만드는 감정이었다.

내가 누군가의 시선과 잣대에 사로잡히거나 행복을 선택하고 난 뒤의 과정이나 결과를 믿지 못하고 행복을 선택하는 것 자체를 두려워하고 있을 때, 나는 내가 선택해야 하는 행복을 대체해 줄 단순한 즐거움을 찾아다니며 내가 선택하지 않아도 나에게 행복이라는 감정을 전해줄 것을 찾아다녔다.

하지만 한순간에 끝나버리는 단순한 즐거움과 누군가가 전해주는 행복은 내가 나의 행복이 무엇인지 알지 못하는 상태에서는 그것들에 더 집착하게 했다. 나는 행복을 알지 못하는 나를 숨기고, 누군가가 행복이라 말하고 보여주는 것을 토대로 나의 행복을 만들어 냈다. 그리고 나는 나의 행복을 위한 선택이 아닌 누군가가 했던 행복을 위한 선택을 따라 하며, 행복하지 않음을 고르는 순간이 많아져 갔다.

그리고 그 선택 뒤에 찾아오는 과정과 결과를 마주할 때마다 나는 그 선택을 후회하기 시작했다. 누군가가 했던 행복을 위한 선택과 누군가에게 내보이기 좋은 것을 선택하며 가고 있었던 나는 어느덧 길을 잃어버렸고, 내가 무엇을 선택하고 싶어 했는지도 잊어버렸다.

대신, 행복과 닮아 있는 감정을 나의 행복이라 생각하며 그 순간 나를 행복하게 할 것을 고르는 것에 익숙해져 갔고, 누군가가 이걸 선택하면 행복해질 거라 말하는 것을 선택해나갔다. 누군가가 행복해질 거라 말하는 것을 선택하고, 내가 행복해지지 않으면 그 누군가를 탓하다 계속되는 탓에 지쳐 억지로라도 행복이라는 감정을 내 안에 되뇌며 내가 행복하다고 말하면 그게 언젠가는 나의 행복이 될 거라 생각했다.

내가 행복하다고 느끼지 못하는 순간에는 행복하지 않은 나를 숨기고, 행복하다는 말을 더 많이 하기 시작했고, 그럴수록 내 안에서 느껴지는 외로움은 더 깊어져만 갔다. 그 외로움에도 익숙해졌을 때, 나는 누군가의 행복한 모습을 보며 그게 나의 행복이라 생각하며 내 안에서 나의 행복을 느끼는 것을 뒤로 미뤘고, 나의 행복이라 느껴지는 것이 내 안에서 느껴질 때마다 그 행복을 불편하게 느꼈다.

나는 나의 행복이 모두를 행복하게 하는 것이 아닌 누군가를 불편하게 만들 수도 있는 감정이라는 것을 안 순간, 그 행복을 내 안 깊은 곳에 숨기고 덮어버리려 했고 그 행복을 선택할 기회 또한 스스로에게 주고 싶지 않았다.

내가 나의 행복을 선택하기 위해서는, 수많은 상황과 누군가가 느끼는 행복의 눈치를 봐야 했고, 내가 나의 행복을 선택하는 순간, 내가 하는 선택의 기준은 모두 나의 행복이 만들어 낼 거라는 것을 나는 알고 있었다. 그리고, 내 주변에는 내가 나의 행복을 선택하지 않음으로 인해 자신이 행복을 느끼는 누군가가 많았고 나는 내 행복을 위해 누군가가 느끼는 행복을 거둬들이고 싶지 않아 했다.

나의 행복을 덥석 고르기에는 나는 너무나 많은 것을 신경 쓰며, 염려하고 있었고 내가 질 수 없는 누군가의 행복에 대한 책임을 대신 지려 하고 있었다. 누군가가 행복하지 않으면 그게 나의 탓인 것처럼 여겼고, 누군가가 행복하면 그 행복은 그 사람의 것이 되었다. 그러는 동안, 나는 나의 행복을 참고 있었고, 나의 행복을 위한 선택을 참아내고 있었다.

그렇게 참아낸 행복은 어느새 내 안에서 점점 자라나, 나도 모르게 밖으로 튀어나왔고, 나의 행복을 들은 누군가는 내가 그 행복을 선택할 수 없도록 그 행복을 선택하려는 나를 책임감이 없는 사람으로 만들려 애쓰며, 자신과 함께 자신의 행복을 책임져주길 바랐다.

그럴수록 행복은 나를 나쁘게 생각하게 만드는 감정이 되었고, 매일 내 안에서 느껴지는 나의 행복을 부정했다 인정하기를 계속하면서, 내 안에서는 전쟁이 벌어졌다. 그리고 항상 나의 행복을 부정하는 나의 승리로 끝이 났고, 나의 행복을 선택한 뒤에 찾아올 수많은 과정과 책임을 지는 것이 두려웠던 나의 행복을 인정하는 나는, 행복을 위한 선택을 부정당할수록 점점 더 누군가의 행복까지 책임져야 하는 나의 현실을 받아들이기 어려워하고 있었다.

나는 나의 현실에도 내 안의 나에게도 집중하지 못하는 순간이 많아지는 것을 느낄수록, 나의 행복이 무엇인지에 대한 질문을 하기 시작했고, 그 질문이 쌓이면서 나는 나의 행복을 위한 선택을 하게 될 그 순간을 위한 준비를 나도 모르게 시작하고 있었다.

그리고 누군가가 나의 행복이라 전하는 것을 그대로 받아들이지 않았다. 누군가가 나의 행복이라 전하는 것은 전부 그 누군가의 행복이지 나의 행복은 아니었다. 그렇게 전하는 누군가도 그것을 느끼고 있었지만, 내가 자신의 행복을 대신 책임져주길 바라는 마음을 나에게서 거둬들이려 하지 않았다.

그때부터 나는 나의 행복을 누군가에게 쉽게 꺼내어 보이거나 전하지 않았다. 대신, 내가 선택하고 싶은 나의 행복이 무엇인지, 그 행복을 어떻게 현실에서 느낄 수 있게 하는지를 생각했다. 내 안에서 나의 행복이 무엇인지가 분명하지 않으면, 스스로 그 행복을 선택할 용기조차 나질 않는다는 걸 알게 된 순간부터 나는 내가 좋아하는 것, 싫어하는 것을 분명하게 내 안에서 구분해내려 했고, 내가 좋아하는 것에서도 내가 싫어하는 것에서도 왜 그렇게 느끼는지에 대한 분명한 이유를 내 안에 물으며 찾아냈다. 거기서부터 시작된 나의 행복을 위한 질문은 내 안에 끼어 있는 짙은 안개를 걷어 주었고, 누군가가 말하는 나의 행복이나 누군가가 행복해하는 선택이 아닌 나의 행복을 위한 선택을 서서히 해나가기 시작했다.

그리고 무언가를 참으려 노력하는 대신, 내가 참아야 하는 것이 무엇인지를 분명하게 마주하기 시작했다. 그동안 누군가의 행복을 위해 참아왔던 나의 행복은 내 안에서 싫은 것을 더 도드라지게 만들었고, 그것을 더는 참지 못하게 했다.

참아왔던 것이 싫은 것으로 변하면서, 내가 싫어하는 것들을 내 안에서 걸림돌처럼 툭툭 걸려대며 내가 싫어하는 것을 마주할 수 있도록 했다. 그리고 그 이유를 알게 하면서 내가 싫어하는 걸 좋아하려 애쓰고 참으려 할 때마다 나에게 신호를 보내주었다. 나는 내가 싫어하는 것을 알아가면서 내가 좋아하는 것이 무엇인지를 더 분명하게 알아가기 시작했고, 내가 어떤 사람인지에 대해서도 느껴가고 있었다.

누군가의 행복한 모습을 보는 것만으로도 행복하다고 생각했던 나는 내가 아니었다. 누군가의 행복을 위해서 나의 행복을 위한 선택을 미루고 있던 나도 내가 아니었다. 누군가의 행복을 위해 나의 행복을 포기하고 살아가려 했던 나도 내가 아니었다.

나는 내가 가지고 있는 것을 모두 사용해볼 수 있는 기회를 나에게 주고 싶었다. 그 기회는 내가 나의 행복을 위한 선택을 하게 될 때 주어지는 것이었고, 내가 그 행복을 선택한 뒤에 겪게 되는 과정도 결과도 모두 스스로 책임지고 받아들일 수 있는 기회로 나에게 주어지는 것이었다.

그 기회가 주어지는 사람도 그 행복을 선택할 수 있는 사람도 모두 나였다. 나는 그 기회를 기회로 느끼지 못하고 나의 행복을 선택하는 것을 주저하며, 누군가의 행복을 대신 책임져주려 했고 그건 나에게도 모두에게도 기회가 아닌 덫으로 사용되었다.

행복이라는 감정으로 서로를 붙들고, 스스로 책임져야 할 행복을 누군가가 대신 책임져 주길 바라는 누군가가 내 주위를 둘러싸는 동안 나는 나의 행복을 위한 선택을 가치 없는 기회로 생각했고, 내가 가지고 있는 것을 사용하는 대신, 내 안 깊은 곳에 묻어두려 했었다. 좋은 것보다 싫은 것을 더 많이 느끼는 스스로를 탓했지만 그게 내 안에서 행복을 선택하게 하기 위해 보내는 신호일 거라고 나는 생각하지 못했고, 싫은 것을 느끼는 스스로 싫어하며 괴로워했었다.

누군가의 행복을 위해 사는 동안, 내 안의 행복은 제대로 모습을 드러내지 않은 채, 내 안에서 나를 죽기 직전까지 몰고 가다 놓아주기도 했고, 누군가의 잣대에 나를 묶어두고 괴롭히는 것을 더 느끼게 하며, 여러 가지 방법으로 스스로 마음의 자해를 하는 나를 생생하게 느끼게 했다. 그런 감정이 나에게 행복을 선택하게 하기 위한 감정이라 느끼지 못한 나는 그때마다 나의 감정이 나에게 전해오는 것을 진지하게 느끼거나 들을 생각을 하지 못하고 꺾으려고만 했었다. 그때의 나는 스스로의 행복을 느낄 준비도, 선택하고 책임질 준비도 되어 있지 않았다.

그 준비가 되기 시작한 건, 나의 마음을 자해하고 있는 자책이라는 감정이 내 안에서 서서히 잦아들기 시작하면서 부터였다. 그때부터 나는 내가 느끼는 나의 행복과 나의 행복을 위한 선택을 준비할 수 있었고, 그 행복을 마주하기 시작했다.

그리고 그 행복을 나를 둘러싼 누군가가 느낄 수 있도록 하나하나 내보이며, 내가 변해가고 있음을 알렸다. 그리고 내가 선택한 그 행복을 다시 자신의 행복으로 사용하려는 누군가를 마주했고, 자신의 행복을 선택할 준비가 되어 있지 않은 누군가는 내가 자신의 행복을 대신 이끌어주고 선택해주길 바랐다. 그리고 자신이 선택하고 싶은 행복이 무엇인지 자신의 안에서 느끼기 시작한 누군가도 있었다.

행복을 스스로 책임질 준비가 안 된 사람들은 '행복'을 머릿속의 저울에 올리고 계산하며, 나의 행복이 자신의 행복에 어떤 것을 가져다주는지를 생각했다. 내가 선택한 행복과 자신의 행복이 같은 것이라 나에게 전해왔지만, 그 행복을 선택해야 하는 순간마다 주저했고, 힘들어했다. 그 모습을 보는 나도 누군가도 나의 행복이 그 사람의 행복과는 다르다는 것을 쉽게 느낄 수 있었다.

자신의 행복이 아닌 것을 선택하려는 누군가는 그 행복을 선택한 뒤에 찾아오는 과정과 결과를 의심하거나 집착했다. 그리고 자신의 감정을 마주하면 그것이 자신의 행복이 아니라는 것을 알게 될까 봐 두려워했다. 누군가가 행복이라 전하는 것을 선택하고 있었던 내 모습과 닮아 있는 그 모습을 보며 나는 나의 행복을 함께할 수 있는 사람은 누구인가 라는 질문을 내 안의 나에게 하기 시작했고, 행복을 내가 나를 선택하는 기회를 주는 감정이라 느끼고 있는 사람과 함께하며, 서로의 행복을 존중하고 마주할 수 있는 누군가와 함께하고 싶다는 답을 얻게 되었다. 나는 나의 행복을 선택해가며, 그 선택으로 나에게 주어지는 기회를 하나하나 마주했다.

내가 '함께하고 싶은 누군가'를 선택할 기회, 내가 함께하고 싶은 누군가가 '어떻게 그것을 해내고 싶은지'를 선택할 기회, 내가 함께하고 싶은 누군가와 어떻게 그것을 해내고 '무엇을 얻고 싶은지'를 선택할 기회, 그리고 '어떤 마음으로 함께하고 싶은지'를 선택할 기회까지 나는 나에게 주어진 기회들을 모두 주저 없이 사용했고 그 기회들은 내가 행복을 위해 하는 선택을 더욱 더 단단하게 만들어주었고, 그 뒤에 따라오는 과정도 결과도 모두 내가 기꺼이 책임지고 싶다고 느끼게 만들었다

나에게 주어진 기회가 없다고 생각할 때, 나의 행복을 선택하는 건 도박을 하는 것처럼 느껴졌었다. 그 과정과 결과를 알 수 없어서 겁이 났고 두려웠다. 행복에는 많은 기회가 주어진다는 것을 알고 그 기회를 사용하게 되면서 나의

행복은 내가 바라는 것이 무엇인지 더 분명하게 나에게 느끼게 하는 감정이었다.

내가 나의 행복을 선택하고 가는 길에 나에게 주어진 기회들이 처음 가는 길에서도 길을 잃지 않게 모든 것을 알려주었고, 내가 무엇을 좋아하는지, 누구와 함께 걸어가고 싶은지, 어떻게 하고 싶은지, 무엇을 얻고 싶은지에 대해 내 안의 나에게 묻게 했다. 행복이 가져다주는 나에게 주어진 기회를 사용할 수 있다는 것만으로 나의 행복을 선택해나가는 과정이 즐겁게 느껴지기 시작했고, 그렇게 선택한 나의 행복을 통해 어떤 결과가 오더라도 후회하지 않도록 나에게 주어진 기회를 최선을 다해 사용하게 했다.

내가 나의 행복을 하나하나 선택해나가면서, 나는 나의 행복과 나와 함께 있는 누군가의 행복을 그 무엇보다 중요하게 느끼는 내가 되어갔고, 서로의 행복을 위한 선택만을 생각하게 되었다. 그 누구라도 나와 함께하는 것이 행복을 위한 것이 아니라고 느껴지거나 누군가와 함께하는 것이 나의 행복을 위한 것이 아니라고 느껴질 때는 서로의 행복을 위한 것을 선택해나갔고, 나의 행복을 누군가가 받아들여야 한다거나, 누군가의 행복을 내가 받아들여야 한다고 생각하지 않았다.

나와 누군가가 스스로의 행복을 위한 선택과 그 행복을 통해 주어지는 기회를 놓치지 않길 바랄수록 내 안에서 느껴지는 행복은 더 깊어졌고, 나에게 더 많은 기회가 있음을 느끼게 해주었다.

내가 나의 행복을 선택할수록, 사라지지 않을 것만 같았던 내 안을 서늘하게 했던 외로움이 걷히고, 서로의 행복을 존중하는 누군가와 더 많은 기회를 사용하기 시작하면서 외로움이 머물던 자리에는 감사가 그 자리를 대신했다.

행복에는 나를 위한 따뜻한 기회가 쏟아지고 있다. 쏟아져 내리는 기회 아래에서 나의 행복은 더 빛난다. 한낮에 내리쬐는 태양처럼.

희생은

순수한 얼굴과 순수하지 않은 얼굴을
모두 가지고 있는 감정이다.

나의 희생은, 누군가를 위하고 싶은 나의 순수한 마음에서 시작되었다. 내가 무언가를 선택할 수 없었던 그때부터 나는 줄곧 희생을 선택하며 살아왔다. 내가 그 감정에 대해 분명히 마주하고 선택한 기억은 없어도 나는 희생을 내가 해야 하는 당연한 것으로 생각했었고, 희생을 하며 나의 보람을 느끼려 하는 순간도 있었지만, 내가 그 감정을 마주하고 선택할 수 있는 순간이 왔을 때 나는 희생을 선택하고 싶지 않아도 선택하고 있는 나를 느꼈고, 그 선택을 누군가가 당연한 것처럼 여길수록 나는 내가 해야 할 더 많은 희생을 견뎌야 한다는 생각에 괴로워져만 갔다. 나의 희생이 누군가에게 당연한 것이 되어 갈수록 내가 하는 희생은 순수함과 사랑을 잃어버리고 희생을 통해 내가 얻게 되는 인정만이 내가 희생을 선택하는 유일한 이유가 되어주었다.

누군가가 했던 희생을 대단한 것으로 전하는 누군가와 누군가의 인생을 비춰주는 영화와 역사, 드라마 등에서 전하고 있는 희생은 아름다웠지만, 그때마다 내 안에서 느껴지는 묘한 불편함이 무엇인지는 알 수 없었다. 희생이 가진 두 얼굴 중 아름다운 얼굴만을 비춰주는 것을 그대로 전해 받으며 나도 아름다운 희생을 선택하려 했다.

내가 희생을 선택할 때는 내 안에서 순수하게 아무것도 바라는 것 없이 시작되었지만, 나의 희생을 당연하게 생각하는 누군가가 많아질수록 내 머릿속에서는 '내가 이만큼 희생을 하고 있는데, 모두 왜 당연하게 생각하는 걸까' 하는 생각이 떠나질 않았다. 그리고 나의 희생을 바라는 누군가를 향해 느껴지는 감정에 이유 모를 죄책감까지 느끼며, 나는 내가 원하는 것을 선택하려 할 때마다 만약 그 선택이 나를 이기적이고 나쁜 사람으로 느껴지게 하는 선택이라면, 희생의 터널로 다시 제 발로 걸어 들어가는 걸 선택했다.

그때부터, 나의 희생은 순수함을 점점 잃어버리기 시작했다. 다른 누군가가 내가 마지못해 선택한 희생으로 인해 행복해하거나 좋아하는 것을 보면서도, 나는 같은 행복을 느끼는 대신 다른 감정을 느끼고 있었고, 누군가가 나에게 떠맡기듯 희생할 거리들을 전해올 때마다 내 안의 나는 감당하기 힘든 희생보다 그 희생을 당연하게 여기는 누군가를 느끼며 답답함과 죄책감을 번갈아 느꼈다. 계속 이어온 희생에서 벗어나고 싶어 한 번이라도 선택하지 않으면, 그 희생을 선택하지 않은 나에게 누군가의 비난이 쏟아졌고 나는 다시 희생을 선택하며 그 비난을 잠재우는 것을 해나갔다.

나의 희생을 당연하게 생각하는 누군가는 다른 누군가가 자신에게 한 희생을 아름답다고 전하면서도 그 희생을 자신이 한다 해도 아름답게 느껴지는가에 대해 물으면, 자신은 할 수 없는 것이니 그걸 선택하는 누군가가 대단한 것이라 전하며 자신은 누군가의 희생을 받아야만 하는 사람인 것처럼 당연하게 여기고 있었다. 그리고 나는 당연히 내가 해야 하는 희생을 계속 선택했다. 희생을 선택하면 인정이라도 받는다 생각했던 나는 희생을 선택하지 않았을 때, 나에게 쏟아지는 비난을 받아들일 자신이 없었다.

선택하고 싶지 않은 희생을 계속 선택할수록 내 안에는 누군가의 인정이 아닌 스스로에게 느끼는 답답함과 죄책감이 커져 내 안을 짓누르기 시작했다. 그때마다 나는 희생이 아름답다 전하는 것을 보거나 들으며, 희생이 가진 두 얼굴을 마주하려 하지 않았고, 그 선택에서 벗어나고 싶다고 느끼는 나를 내가 누군가에게 하는 '희생'을 내 안에서도 당연한 것처럼 만들어버렸다. 그리고 내가 선택한 희생을 받는 것을 당연하게 생각하는 누군가는 나에게 고마움이나 인정보다 더 많은 희생을 선택하길 원했고, 나에게 당연하게 받아야 하는 것처럼 여기는 것을 느끼면서도 나는 희생을 선택하지 않는 것보다 희생을 선택하는 것이 차라리 낫다고 생각하고 있었다. 그럴수록, 나는 나의 행복과 점점 더 멀어졌고, 나에게 주어진 행복의 기회를 마주하기보다 누군가가 전해주는 희생의 기회를 선택해나갔다. 나는 그것이 누군가의 가족으로서, 누군가의 동료로서, 누군가의 친구로서 당연히 해야 하는 일이라 내 안의 나에게 강요했고 그 선택을 밀어붙였다.

그렇게 내가 했던 당연한 희생은 또 다른 더 큰 희생을 선택할 수 있는 사람이라고 누군가에게 생각하게 하는 증거가 되어 나는 어디서든 누군가에게 희생을 끊임없이 요구받게 됐다. 그들에게는 내가 그 희생을 원하는지, 원하지 않는지는 중요한 것이 아니었다. 내가 선택해야 하는 희생은 내가 감당할 수 없을 만큼 많아졌고, 그 희생을 선택해나가며 나의 몸과 마음이 망가지고 있다는 것을 느꼈지만, 나의 희생을 받고 있는 누군가가 나에게 기대올 때마다 나는 그것을 뿌리칠 수 없었다. 나는 그들의 마음을 외면하지 못했고, 상처를 주고 싶지 않다는 생각에 그들의 마음과 감정을 대신 알아주고 느껴주는 것에 나의 모든 에너지를 쏟았다. 내가 그 마음과 감정을 느끼며 괴로운 만큼 그들도 괴로울 것으로 생각했고, 그것을 내가 조금이라도 나눠 들 수 있다면 내가 어떻게 되더라도 나중의 일이라 생각하고 있었다. 그 시간이 계속되면서 나의 몸도 마음도 시끄러울 정도로 나에게 경고를 보내고 있었지만, 나에게는 내가 선택한 희생을 끝까지 책임지는 것이 더 중요했다.

희생을 선택하면 그렇게 되는 것이라는 것을 나는 아름다운 희생을 보여주는 무언가를 통해 이미 알고 있었고 그래야 나의 희생이 아름답게 남을 수 있는 것으로 생각했다. 묵묵히 내가 희생하고 견디면 내 앞의 누군가도 언젠가 힘든 것도 괴로운 것도 모두 넘어가 더 행복할 수 있을 거라 생각했다. 나는 더 많은 희생을 선택하지 못하는 나를 탓하며, 몸과 마음이 주저앉을 때까지 밤낮을 가리지 않고 나의 희생을 계속 이어갔다. 누군가가 나에게 에너지를 얻기를 원하면 그 에너지를 주기 위해, 누군가가 자신의 괴로움을 털어놓고 싶어 하면 잠을 자지 않고 밤을 새우면서 나의 시간을 누군가를 위해 쓰는 것을 주저하지 않았다. 그리고 그것이 누군가에게 잘 쓰여진다면 그것으로 또 다른 나의 에너지가 채워질 것으로 나는 생각했다.

하지만, 긴 시간 동안 더 많은 희생을 선택하고, 더 많은 시간을 누군가에게 쏠수록 내 안은 텅 비어가고 있었다. 그리고 나의 희생을 보며 누군가는 감동을 받았다 말하며 더 많은 희생을 선택하도록 부추겨댔지만, 자신은 어떤 희생을 선택할 수 있는가 하는 질문에는 대답하지 못하거나 자신은 그 희생을 선택할 수 없는 사람이라 전해왔다. 그리고 나는 내가 선택할 수 있는 더 큰 희생을 선택하려다 온전히 비어 있는 내 안의 나를 발견하게 되었다. 그리고 아무것도 남아 있지 않은 나의 현실도 마주하게 되었다.

내 안에는 아무것도 남은 것이 없었고, 내 옆에는 내가 선택하는 희생을 나눌 수 있는 누군가도 없었다. 내가 마지못해 선택해왔던 희생의 결과는 '아무것도 없음'이었다. 그때부터 나는 희생이라는 감정을 마주하기 시작했고, 아름다운 희생에 가려진 또 다른 희생의 얼굴을 마주했다. 내가 마주한 아름다운 희생의 또 다른 얼굴은 대리 희생이었다.

내가 희생을 선택해나가는 모습을 보며 누군가를 위해

싶어서 선택해왔던 것이 아니었던 나의 희생은 아름다운 희생이 될 수가 없었다.

나의 대리 희생을 받은 누군가도 자신의 희생이 필요한 순간이 다가오면 모두 뒷걸음질 쳤고, 자신을 대신해 희생할 누군가를 원하고 기대어 있기를 선택했다. 자신의 옆에 좋은 사람이 있다는 것에 만족하며 자신이 더 좋은 사람이 되어 대리 희생을 선택하고 싶지는 않아 했고, 대리 희생을 당연하게 받으면서도 자신이 받고 있는 희생을 누군가에게 하고 싶지는 않다고 나에게 전해왔다. 그리고 누군가를 위해 하는 희생이 자신의 행복을 가져다주는 기회를 놓치게 하고 자신의 발목을 잡을까 두려워하는 모습을 보이기도 했다.

또 다른 희생의 얼굴인 아름다운 희생은 순수했다. 무언가를 바라고 선택하는 것이 아닌 그저 내 안의 내가 하고 싶어서 선택하게 했고 그 감정을 선택하는 동안, 저절로 내 안의 나에게 더 많은 에너지로 돌아와 주는 감정이었다.

아름다운 희생은 누군가가 그 희생을 대신해주길 바라지 않았고, 누군가가 희생을 당연하게 생각하는지 귀하게 여기는지보다 내가 하고 싶어서 선택하는 것이라는 것을 내 안의 내가 더 강하게 느끼게 하는 감정이기도 했다.

나는 내가 선택해 왔던 희생을 하나하나 돌아보기 시작하면서, 선택하고 싶지 않은 희생을 선택하지 않았을 때 쏟아질 비난이 더는 신경 쓰이지 않았다. 나의 대리 희생을 긴 시간 당연하게 받아온 누군가를 내 안에서 마주하며, 나는 나의 대리 희생이 누구에게도 도움이 되지 않았음을 받아들였고, 내가 순수하게 선택한 희생은 내가 바라지 않아도 내 안의 나에게 무언가를 남겼다는 것을 알게 되었고, 내가 선택한 희생이 남기고 간 것을 통해 내가 선택하고 싶은 희생이 무엇인지를 느껴가기 시작했다.

희생을 하는 사람과 희생을 받는 사람이 날 때부터 정해져 있는 것처럼 생각하는 누군가는 자신을 위해 희생을 하고 있는 다른 누군가의 마음이 어떨지 느끼지 못했다. 그저 희생을 원하는 자신의 마음이 가장 중요했고, 그 희생을 대신 하고 있는 누군가에게 만족감을 느꼈고, 그 희생을 더는 선택하지 않겠다는 말도 쉽게 받아들이지 못했다. 대리 희생을 선택하지 않겠다는 말을 전할 때마다, 내가 선택하지 않은 희생에 대한 비난을 쏟아냈지만 자신도 그 희생을 선택하지 않는 사람이라는 것을 느끼지 못하고 짜증과 분노를 쏟아내기도 했다.

나는 그때부터 내가 선택하고 싶은 희생도 대리 희생을 원하는 누군가에게 전해지면 순수하게 전해질 수 없다는 것을 느꼈고, 대리 희생을 원하는 누군가를 진심으로 위하는 것은 아무것도 전하지 않는 것이 될 수도 있다는 것을 깨달았다.

누군가에게 보여주기 위한 희생이나 누군가에게 얻을 것을 위한 희생을 선택하지 않게 되면서, 나의 가치를 올리기 위해서나 좋은 사람으로 인정받기 위해 하고 있는 것을 모두 그만두었다. 습관처럼 선택하고 싶지 않은 것을 선택하며 대리 희생을 주고받으려 할 때마다, 내 안의 나는 그것이 서로를 위한 것이 아님을 알게 하기 위해 나의 느낌과 다른 감정들을 내 안에서 요동치게 만들었고, 더는 대리 희생을 선택하며 내 안의 나를 지치지 않게 만들어주었다. 그리고 대리 희생이 아닌 스스로가 선택하고 싶은 아름다운 희생을 느끼고 싶은 누군가의 마음의 길을 열어주며, 긴 시간 해왔던 대리 희생을 마주할 수 있도록 도왔다.

대리 희생을 긴 시간 해 온 사람일수록, 자신의 몸과 마음의 모습을 숨기며 대리 희생을 선택하는 스스로를 쉽게 멈추지 못했다. 대리 희생을 선택하는 약한 마음의 틈을 비집고 들어와, 희생을 멈추려는 사람을 향해 자신들을 놓지 못하게 하며, 또 다른 대리 희생을 자신도 모르게 선택하게 하고 자신의 곁에 머물게 하려는 것을 마주하는 것은 생각보다 쉬운 일은 아니었다.

스스로 대리 희생을 또다시 선택할 때마다 어쩔 수 없는 자신을 탓하며 미워할수록 대리 희생을 다시 선택하기 쉬운 길로 들어서게 되고, 사랑을 닮은 연민을 느낄수록 자신이 선택하고 싶지 않은 희생을 아름다운 것으로 포장하려 애쓰게 된다. 그리고 희생을 받는 것을 당연하게 생각하는 누군가에게 상처 입고 주저앉을 때마다 다시 자신을 탓하는 것을 계속하게 된다.

아름다운 희생이라 생각했던 희생을 주고받고 난 뒤에도, 내 안이 괴로워지거나 행복하다고 느껴지지 않는다면, 그건 서로에게 도움이 되지 않는 대리 희생이 만들어 낸 결과였다. 나와 모두가 아름답다고 생각했던 대리 희생은 누군가를 괴롭게 만들고, 서로를 진심으로 행복하게 하지도 못했다.

대리 희생은 서로를 희생을 주고받는 사이로 만들어, 누군가의 희생을 받고 있는 누군가도 선택하고 싶지 않은 희생을 선택한 누군가도 스스로를 불쌍하고 가여운 자신으로 느끼게 하는 연민을 키우게 한다. 누군가의 희생을 받는 누군가는 스스로 서지 못하고 약해져 그 자리에 주저앉아 버렸고, 더 큰 희생을 누군가에게 바라며, 자신도 모르게 희생을 선택하는 누군가의 약한 마음을 건드려 비집고 들어가 죄책감이나 자책을 느끼게 해 자신을 선택하는 희생을 그만두지 못하게 하거나 희생을 선택하지 않으려는 누군가에게 그동안 받은 희생의 대가를 비난으로 돌려주게 했다.

내가 선택하고 싶은 희생을 선택하고 전하면, 내 안의 나는 그것을 선택한 나를 알아달라고 하는 대신 그 선택을 한 나를 느끼게 했고, 누군가가 알아주지 않아도 서운하거나 슬픈 감정이 느껴지지도 않았다. 그리고 희생을 받는 역할에 익숙해진 누군가 대신, 자신이 선택하고 싶은 희생을 선택하려는 누군가로 내 곁은 채워졌다. 그 누군가는 대리 희생을 선택하며 느껴왔던 외로움과 허탈함, 공허함을 한순간에 내 안에서 사라지게 할 만큼 내 안의 나에게 크고 따뜻한 에너지를 계속해서 보내주었다.

그리고 나는 내 안에서 느껴지는 어떤 느낌도 소홀하게 대하지 않고, 느껴지는 느낌과 감정을 내가 선택하고 싶은 모든 것을 위해 사용하기 시작했다. 내가 하고 싶은 선택을 나에게 주어진 기회라고 생각하며, 감사하게 선택해나갔고 나와 함께하는 누군가가 진심으로 즐겁고 행복하길 바라는 나를 느낄 때마다 나는 내가 선택하고 싶은 희생에 대해 자연스럽게 느끼고 선택하며, 하고 싶은 선택을 하게 하는 내 안의 나에게 감사했다.

긴 시간 선택하고 싶지 않은 대리 희생을 선택하는 동안, 나는 그 희생을 선택한 뒤 찾아오는 감정에 괴로워했다. 당연한 듯 내가 선택해왔던 대리 희생은 한 방향만을 향해 나아갔었다. 한 방향만을 향해 가고 있던 대리 희생은 에너지의 자연스러운 순환이 죄책감과 자책이라는 큰 바위 같은 감정에 막혀 나를 힘들게 하고 내 안의 에너지가 모두 비워질 때까지 계속되게 하며, 그 누구도 행복할 수 없게 했다. 서로의 행복은 누군가의 대리 희생으로 만들어지는 것이 아니었고, 대리 희생은 서로의 행복을 위한 선택도 존중받지 못하게 했다.

아름다운 희생은, 물이 막힘없이 돌고 돌아 제자리에 돌아오듯 서로의 행복을 위한 선택을 존중하는 사이에서 돌기 시작했고 또 다른 누군가에게 전해져 다시 돌고 돈 후에는 더 큰 에너지가 되어 내 안의 나를 채워주었다.

아름다운 희생의 대가는 서로의 행복으로 돌아와 스스로 행복이라는 감정에 숨어 있는 수많은 기회를 다시 선택하고 싶게 하고, 그 행복을 위해 더는 선택하고 싶지 않은 대리 희생을 선택하지 않게 하거나 그것이 아름다운 희생이 아님을 알아보게 한다.

메마른 희생의 강에서는
돌고 돌아도 물이 계속 줄어들지만,

풍요로운 희생의 바다에서는
마를 날 없이 끝없이 물결이 차오른다.

깊은 호흡이, 자신의 내면의 감정을 내어준다.

저자소개 _ (주)사람의감정 공동 대표   안호연
감수소개 _ (주)사람의감정 공동 대표   신주하

감정
이 세상에서 단 한사람만이 온전히 가질 수 있는

ⓒ 안호연, 신주하 2022

2022년 02월 03일 1판 1쇄 발행   저자 안호연   감수 신주하
교정교열 안지은   디자인 이설, 신주하   발행처 사람의 감정
ISBN 979-11-977071-0-0   03810
http://www.saram-gamjung.com

이 책은 저작자의 지적 재산으로서 무단전재와 복제를 금합니다.
이 책의 내용의 전부 또는 일부를 이용시 반드시 저작권자의
서면동의를 받아야 합니다. 이 책의 정가는 뒤표지에 있습니다.
잘못된 책은 구입하신 곳에서 바꾸어 드립니다.